非正规金融：根源、运行及演进

Informal Finance: Origin, Mechanism and Evolution

杨农　匡桦　著

图书在版编目（CIP）数据

非正规金融：根源、运行及演进 / 杨农，匡桦著. —北京：北京师范大学出版社，2012.9
（国家社科基金后期资助项目）
ISBN 978-7-303-15446-3

Ⅰ. ①非…　Ⅱ. ①杨…②匡…　Ⅲ. ①金融—研究—中国　Ⅳ.①F832

中国版本图书馆 CIP 数据核字（2012）第 222888 号

营销中心电话　010-58802181 58805532
北师大出版社高等教育分社网　http://gaojiao.bnup.com.cn
电子信箱　beishida168@126.com

FEIZHENGGUI JINRONG：GENYUAN YUNXING JI YANJIN
出版发行：北京师范大学出版社 www.bnup.com.cn
北京新街口外大街 19 号
邮政编码：100875
印　　刷：北京市易丰印刷有限责任公司
经　　销：全国新华书店
开　　本：165 mm × 238 mm
印　　张：12.75
字　　数：210 千字
版　　次：2012 年 9 月第 1 版
印　　次：2012 年 9 月第 1 次印刷
定　　价：35.00 元

策划编辑：马洪立　　责任编辑：马洪立　陈婧思
美术编辑：毛　佳　　装帧设计：毛　佳
责任校对：李　菡　　责任印制：孙文凯

前 言

改革开放三十多年来，我国正规金融体系得到长足发展，由货币市场、股票市场、债券市场等共同组成的正规金融市场逐渐成熟。与此同时，我们可以观察到这样一个事实：无论是经济较发达地区，还是经济较落后地区，都仍然存在着大规模的非正规金融，这种地上地下二元化金融格局引起众多学者的关注和思考。

本书基于国内外学者针对非正规金融展开的已有研究，包括非正规金融产生的原因、非正规金融的声誉约束机制、非正规金融的潜在风险和非正规金融的演进路径，遵循制度经济学范式，从非正规金融内部这一崭新视角，通过实验经济学方法阐释非正规金融的产生、运行、风险及其发展，为进一步探索我国中小微型企业融资制度创新，解决民营经济发展的瓶颈问题，促进我国金融深化与发展提供一定的理论依据。

本书的研究重点是：非正规金融产生的原因究竟是什么，非正规金融是内生的还是外生的；声誉约束机制与非正规金融的关系，声誉约束机制在非正规金融交易中扮演的角色是什么；非正规金融的风险源自何处，非正规金融风险具有什么特征；非正规金融遵循何种路径演进，其未来情况如何。

本书的主要结论和创新之处在于以下方面。第一，基于强调制度原因的金融抑制理论和强调金融机构信贷配给的交易成本理论，围绕正规金融"隐性约束"构建局部均衡模型求解正规金融、非正规金融和借款者三方博弈的均衡结果，即"隐性约束"是借款者选择何种途径贷款的主要影响因素，对借款者存在挤出效应，而非正规金融将人情、关系、面子等无形资本有形化，避免了正规金融机构为防范风险设置的"隐性约束"。进而使用 Logit 因果检验和主成分因子法分析问卷数据证明结论。第二，基于声誉理论，运用海萨尼转换解释非正规金融参与者声誉既是行为主体过去行为及导致结果的综合性信息，又是一种特殊"资产"或"资本"，能给行为主体带来“声誉租金”并形成竞争优势。运用信号传递博弈模型和隐性契约条件下的KMRW声誉模型解释非正规金融的声誉约束机制具有信息和资本双重效应，通过信息效应，可以有效抑制贷前逆向选择行为；通过资本效应，可以有效抑制贷后机会主义行为。并采用结构方程验证性因子分析予以证明。但是声誉约束机制发挥作用需要同时满足重复交易、信息有效传递和可置信威胁三个条件。第三，基于动态博弈理论，运用纳什议价模型分析非正规金融个人借贷导致的高利率风险，运用利率期限结构解释非正规金融组织内部存在的套利机会以及由此而产生的“博傻”行为，运用子博弈纳什均衡和贝叶斯纳什均衡分析声誉约束机制失灵的内外部原因，一旦非正规金融内外部诸多原因导致声誉约束机制失灵，非正规金融就会爆发风险，从一个理性的起点，到达一个非理性的终点。第四，基于制度经济学理论，运用边际的方法解释运用边际的方法解释正规金融的规模经济和非正规金融的规模不经济。由于非正规金融缺乏规模经济，因此在扩张规模和边际成本的共同作用下，非正规金融存在规模的最大边界以及扩张的最优区间。对非正规金融而言，外部监管和自我发展的“度”极为关键，即通过有效的监管实现非正规金融参与者信息的有效传递、保证交易者间互相了解对方的交易历史，通过完善的法律抑制非正规金融参与者败德行为的动机、给予短视的非正规金融参与者足够惩罚和警示可以有效防范非正规金融风险，促进非正规金融健康发展，维护金融安全和社会稳定。

本书主要包括七部分内容。

一是绪论。对全世界范围的非正规金融进行概要性描述，并客观介绍有关非正规金融的讨论和争议。对非正规金融的内涵和外延进行定义并圈定研究范围，同时描述非正规金融的表现形式。对研究的主要内容、分析框架、研究方法进行介绍。

二是相关研究述评。对本书研究的相关理论进行归纳、总结和评析。首先，对非正规金融根源的两大传统理论进行评述，包括金融抑制理论和交易成本理论，结合实验经济学的有关思想，引入非正规金融产生原因的最新研究成果——借款者选择理论。其次，对非正规金融运行规则

(声誉约束机制)的研究成果进行述评，包括声誉机制如何形成，声誉机制有什么作用以及声誉机制发挥作用需要的条件三个方面。再次，对非正规金融潜在风险的研究成果进行述评，包括非正规金融潜在风险的逐渐暴露，非正规金融风险的根源以及非正规金融风险的防范。最后，对我国非正规金融演进路径的研究成果进行述评，包括我国非正规金融的历史发展进程和我国非正规金融演进的主要影响因素两个方面。

三是非正规金融根源。主要研究非正规金融产生的必然性。首先，遵循金融抑制理论，提出利率管制和资金定向分配双重管制是非正规金融的制度根源；然后遵循交易成本理论，分析商业银行为了防范道德风险而采取信贷配给导致非正规金融产生的市场行为。其次，围绕正规金融"隐性约束"构建局部均衡模型解释正规金融挤出效应导致借款者主动放弃正规金融贷款；然后求解正规金融、非正规金融和借款者三方博弈的均衡结果，解释借款者因为非正规金融可以实现自身的声誉价值而选择非正规金融。最后，运用 Logit 和主成分因子分析的方法围绕问卷数据对理论推导的命题进行证实和证伪。

四是非正规金融运行。主要研究非正规金融内部的声誉约束机制。首先，基于声誉理论运用海萨尼转换解释非正规金融参与者声誉的形成，赋予非正规金融参与者声誉以内涵，并运用动态博弈解释非正规金融参与者声誉的形成过程和变化过程。其次，围绕资金市场中存在的"柠檬问题"，发展非正规金融市场中的信号传递博弈模型，运用声誉约束机制信号传递博弈模型解释声誉约束机制如何抑制市场中的逆向选择行为；围绕资金市场中存在的道德风险，发展非正规金融市场中隐性契约条件下的 KMRW 声誉模型，运用声誉约束机制的 KMRW 声誉模型解释声誉约束机制如何抑制市场中的道德风险。再次，运用验证性因子分析的方法围绕问卷数据解释非正规金融市场借款者声誉的组成、声誉的信息效应和声誉的资本效应。最后，提出声誉约束的实施机制和声誉约束的作用条件。

五是非正规金融的风险。主要研究非正规金融的弊端和潜在风险。首先，通过描述我国的非正规金融风潮，归纳总结非正规金融的局限性。

其次，运用动态博弈方法分析个人借贷导致的高利率风险，以及非正规金融组织的利率期限结构产生的套利机会，进而这些套利机会导致非正规金融参与者的“博傻”行为，并根据非正规金融风险产生的过程分析声誉约束机制失灵的内外部原因。最后，证明声誉约束机制失灵导致非正规金融风险爆发。

六是非正规金融的演进历程。主要研究非正规金融的演进路径与发展方向。首先，遵循制度经济学的理论基础分析制度变迁的动力以及制度变迁的主体。其次，通过第三、四、五章正反两方面的分析，提出非正规金融演进过程中存在的悖论，基于这样的悖论，分析非正规金融扩张过程中的最优区间和最大边界。再次，介绍美国、日本和我国台湾非正规金融演进的成功案例和经验，描述我国非正规金融演进的路径和过程，并预测非正规金融未来可能的演进方向。最后，结合当前宏观背景，分析我国非正规金融未来的发展趋势。

七是非正规金融的未来发展。概括研究结论，并结合近年来非正规金融风险以及中小微型企业融资难问题，提出淡化非正规金融、防范非正规金融风险以及解决中小微型企业融资难问题的对策建议。

杨农　匡桦

目　　录

第1章　绪论

1.1　非正规金融概述

1.1.1　非正规金融遍及全球

麦金农(1973)和肖(1973)之后，许多经济学家意识到长期研究的金融制度之外，还存在着另一套按照自身特有规则运转的金融制度。为了与主流经济学研究的金融制度相对应，称呼这种金融制度为“非正规金融”(Informal Finance)。非正规金融广泛存在于世界各国，无论是发展中国家还是发达国家。然而，对于非正规金融规模和发展情况的准确估计一直被公认为是件非常困难的事情，甚至被认为是不可能的任务。这是因为有一大部分的非正规金融处于政府监管之外；即使处于政府监管范围之内的非正规金融机构，为了规避政府管制，也不愿公布非正规金融市场的具体交易细节。因此，只能通过支离破碎的信息对非正规金融进行了解。

1. 全世界范围的非正规金融概况

(1)美国的非正规金融

Tony E. Smith et al.(2008)认为，无论理论研究是否重视，非正规金融从未远离人们的经济与金融生活。在美国很多小城镇，享受金融服务既不方便又很昂贵，这些被正规金融系统所遗忘的角落，为非正规金融提供了生存的土壤。

Light 和 Pham(1998)基于大量史学文献记载，认为20世纪上半叶亚洲国家与加勒比海国家进入美国的移民曾广泛使用过轮转储蓄和信贷协会(Rotating Savings and Credit Associations，ROSCA)。而 ROSCA 在美国当代移民社区中仍然广泛存在，包括韩国、越南、墨西哥、萨尔瓦多、危地马拉、特立尼达和多巴哥、牙买加、巴贝多以及埃塞俄比亚等国的移民仍广泛使用 ROSCA。

各国移民组织的 ROSCA 规模与每期需要交纳的股份数额以及参与成员的经济状况相关，较为富有的韩国移民所组织的 ROSCA，每期股份数额就会比较为贫穷的萨尔瓦多移民组织的ROSCA大很多。同一国移民所组织的ROSCA的每期股份也有很大差异，例如韩国移民中企业主组织的ROSCA的每期份额就比工人组织的金额大很多。

各国移民组织ROSCA的目的也不尽相同。拉丁美洲移民从ROSCA获得的资金大部分用于婚礼或是购买耐用消费品；亚洲移民和加勒比移民则把从ROSCA获得的资金用于经营，或者是开办小企业的启动经费，抑或是应付企业暂时的资金短缺。最为关键的是，ROSCA在一定程度上解释了为什么不少贫穷的美国移民购买房产的增长速度远快于当地的贫穷居民。

Severens和Kays(1997)研究发现，1995年，美国的47个州共有328个小额信贷组织(Microcredit)，其中85%都是1986—1995年这10年间新成立的。这些组织总共对171 555个客户共计发放1.26亿元小额贷款。在36 211户借款企业中，35%为新成立企业。75%的小额信贷组织的客户主要为女性，62%的借款者为有色人种。这些小额信贷组织的服务对象主要是被商业银行遗忘的群体。

(2)中国台湾地区的非正规金融

中国台湾地区的非正规金融异常繁荣，这源于当地的实体经济结构。中国台湾地区经济以中小微型企业为主，民营企业数量最多时占全部企业的98%。中国台湾地区非正规金融的主要形式包括地下钱庄、合会、信用借贷、质押贷款、远期支票借款等。

由于耐用品消费与家庭资本积累的需要，中国台湾地区很多家庭都参加了合会(也可看做是轮转储蓄和信贷协会的一种)。1989年的调查资料显示，1984年参加合会的家庭占中国全台湾地区家庭总数的51.60%，1989年这个比例为49.91%，基本上一半家庭都参加了合会。有趣的是，在城镇化程度较高、经济水平较为发达的地区，参加合会的家庭多于城镇化程度较低、经济水平较为落后的地区。

表1-1 中国台湾地区家庭参加合会概况 (单位:%)

		1984年			1989年		
		合计	参加合会	未参加	合计	参加合会	未参加
全省		100.00	51.60	48.40	100.00	49.91	50.09
城镇化程度	都市层	100.00	54.24	45.76	100.00	50.87	49.13
	乡镇层	100.00	50.00	50.00	100.00	52.25	46.75
	乡村层	100.00	49.51	50.49	100.00	43.21	56.79

资料来源：南投"台湾省政府主计处"：《台湾省家庭储蓄概况与意向调查报告》，1989，第49页。转引自姜旭朝等：《民间金融理论分析：范畴、比较与制度变迁》，载《金融研究》，2004(8)。

Levenson 和 Besley(1996)也发现中国台湾地区参加合会的家庭均拥有稳定且较高的收入来源，这些家庭参与合会的目的在于获得耐用消费品资金支持，合会为这些家庭提供了正规金融之外的又一投资选择。同年的另一篇文章，Besley 和 Levenson(1996)也给出了中国台湾地区家庭参与合会的比率(见表 1-2)，每年大约有 15%～25%的岛内家庭参与合会，不过 1983—1985 年，受大规模违约和倒会风潮的冲击，参会率骤然降低，关于非正规金融风险以及可能产生的冲击，下文将详细讨论。

表 1-2 Besley 和 Levenson(1996)给出的中国台湾地区家庭参与合会比率

(样本数：212 046)

年份	平均值	年份	平均值	年份	平均值
1977	0.240	1982	0.267	1987	0.162
1978	0.265	1983	0.219	1988	0.163
1979	0.308	1984	0.120	1989	0.180
1980	0.290	1985	0.053	1990	0.199
1981	0.260	1986	0.179	1991	0.225

(3)发展中国家的非正规金融

非正规金融的研究，自发展中国家始，因而有关发展中国家非正规金融发展情况的文献更为丰富和多样。在发展中国家，一个普遍的现象是，各种形式的非正规金融非常繁荣，发挥着无法替代的经济功能。对于低收入者和农民而言，非正规金融不仅是一种金融交易需求，更是一种保险机制和保障手段；对于中小微型企业而言，非正规金融不仅是一种融资渠道，更是一种预防周转不灵、平滑各期现金流的财务策略；对于资金供给者而言，非正规金融是偏好高风险高收益的“金融家”乐园。当然，非正规金融也潜藏了金融投机、金融诈骗等道德陷阱。

有关发展中国家非正规金融的发展情况，几乎没有官方的统计资料。事实上，非正规金融参与者为了保持信息优势或是规避政府监管，偏好采取隐匿的交易方式；非正规金融交易行为的多样性，增加了官方搜集和获取相关资料的成本。因此，这些发展中国家非正规金融的发展情况主要来自于其他文献的收集与转述(见表 1-3、表 1-4)。

表 1-3　全球部分国家和地区非正规金融的发展情况(a)

国家和地区	非正规金融与正规金融比率(%)	参与非正规金融人数占总人口比率(%)	原始文献
孟加拉国(农村)	63	36.5	Germidis et al. (1991)
玻利维亚(城市)	49.4	>33	Berthoud and Milligan(1995) Adams and Canavesi(1989)
喀麦隆	27	70	Schrieder and Cuevas(1992)
多米尼加	20		Christen(1992)
印度(农村)	39		AIDIS(1981)
印度尼西亚	>80		Robinson(1994)
冈比亚	67		Aryeetey(1984)
韩国(城市)	50		Yearbook of Agric and Forestry (1986)
老挝	46.5	38	UNDP/UNCDF(1997)
马拉维	>100	>19	Chipeta and Mkandawire(1991)
马来西亚(农村)	62		Van Neiukoop(1986)
墨西哥(农村)	50~55		Germidis, Kessler and Meghir (1991)
尼日尔(农村)	45		Graham(1992)
尼日利亚	65	85	Udry(1987)
尼泊尔(农村)	57.1		Nepal Rashtra Bank(1982)
巴基斯坦(农村)	69	33	PRCS(1985)
菲律宾(农村)	59	33	Social Weather Survey(1987)
斯里兰卡	45		Central Bank of Ceylon(1976)
中国台湾地区	23.9		Shea(1994)
泰国	21(50)		Vongpradhip(1985) Siamwalla(1989)
巴勒斯坦		38.6	Hamed(1998)
赞比亚	84		Nagle(1987)
津巴布韦	87		Nagle(1987)

资料来源：转引自 Kellee S. Tsai, *A cycle of subversion*: *Formal policies and informal finance in China and Beyond*, Paper presented at the 1999 Annual Meeting of the American Political Science Association.

表 1-4 全球部分国家和地区非正规金融的发展情况(b)

国家和地区	非正规金融在金融总量的占比(%)	数据说明
孟加拉国(农村)	33～67	乡村借款总额的份额
印度(农村)	38	1982 年非正规金融借款
印度(城市)	40	
韩国(农村)	51	农户非正规金融的未偿债务
尼泊尔(农村)	76	1976—1977 年农户的非正规金融借款
巴基斯坦(农村)	69	1985 年农户的非正规金融借款
菲律宾(农村)	70	1987 年非正规金融借款
菲律宾(城市)	45	
斯里兰卡(农村)	45	1975—1976 年农户的非正规金融借款
泰国	66	1987 年非正规金融借款

资料来源：转引自 Peter J. Montiel，Pierre-Richard Agenor，*Informal financial markets in developing countries*，Blackwell Publisher，1994，p. 19.

这些较为久远的有限的间接信息难以形成一个系统的方法来评价非正规金融的规模和发展情况。尽管如此，这些零碎信息仍然证实了这样一个结论：发展中国家的非正规金融是整个金融系统中一个不可或缺的重要组成部分，是绝对不能忽视的一种经济现象。

2. 中国的非正规金融发展情况

与全世界其他国家和地区类似，在中国，无论是农村或城市，都普遍存在着与正规金融平行运转的非正规金融，钱小安(2003)就推测当时全国非正规金融涉及的资金有三万亿之巨。尽管缺乏政府的统计数据，但国内学者们还是尽可能地通过案例和实际调研对非正规金融进行研究。

(1)浙江(温州地区)的非正规金融

浙江温州地区一直吸引着经济理论界的关注，其“温州模式”，在我国制度变迁和经济改革中一直发挥着非常重要的影响与示范作用。与当地非常繁荣的非国有经济相匹配，温州自发形成了规模巨大的非正规金融。

卢慧(2009)认为，温州地区的非正规金融主要经历了四个发展阶段：

1978—1985 年是温州非正规金融的产生时期。至 1985 年 4 月，温州家庭企业(包括联户企业)达到 13.3 万户，出现 393 个专业市场，形成以 10 万农民推销员为骨干的小商品、大市场格局。这一时期的非正规金融市场规模和范围较小，资本形态主要是以谋取利差为主的债权资本，融资方式除民间借贷外，还存在少量内部集资。

1986—1991 年是温州非正规金融的兴盛时期。1985 年，中共中央发布1号文件要求“适当发展民间信用”。于是各种形式和不同组织化程度的非正规金融中介层出不穷，资本规模和影响程度越来越大，出现了“银背”、“合会会首”等以融资中介为职业的个人中介和以借贷利差为目的的私人钱庄、“挂户公司(资金公司)”和当地有关部门批准成立的农基会等机构。由于缺乏有效监管，这些非正规金融中介机构屡屡发生风险，从而导致政府进行了严格的清理整顿，使得温州地区的非正规金融由兴盛转为衰落。

1992—2000年是温州非正规金融的调整时期。1992年邓小平南方谈话以后，温州地区的民营经济进入了一个全新的发展阶段，但非正规金融的监管则进一步加强，各类非正规金融中介组织被强制清盘，当地央行还建立起了对民间借贷活动的监测系统。但同期正规银行机构逐渐从县域撤出则为非正规金融的发展提供了广阔的市场，逐渐出现了非正规金融资本市场。

2001年至今是温州非正规金融的深化时期。非正规金融逐渐由单纯的借贷发展为借壳投资、实物投资、金融产业投资等，原先的非正规金融资金借贷市场则逐渐演化为非正规金融资本市场。较大规模的城市商业银行和农村信用合作社逐渐呈现股本民营化，正规金融与非正规金融不断融合。

按照李丁富(2000)的推测，当时温州地区的民间借贷金额涉及高达300多亿元。人民银行温州中心支行则估算2004年年末温州民间资本规模超过3 000亿元，至2009年5月底民间资金逾6 000亿元，民间借贷涉及金额约650亿元。

(2)广东的非正规金融

中国人民银行广州分行课题组(2002)则于2001年对辖内十个地区进行民间金融发展状况抽样调查，主要调查对象是货币形式的民间借贷活动。据调查估计，被调查地区民间借贷资金共涉及153.3亿元，相较2000年增加了19.1亿元，增长14.2%，是当地正规金融机构存款总量的4.8%。其中，自有资金125.7亿元，占82%，借入资金19亿元，占12%；资金运用133.61亿元，相较2000年增加12.5亿元，占正规金融机构的7.1。其中信用借款111.7亿元，占83.6%；担保借款10.7亿元，占8%；抵押借款5.6亿元，占4.2%。基于这一调查结果，在广州分行辖区内，民间借贷资金来源约占正规金融机构存款的5%，资金运用约占7%。根据广州分行辖区金融运行结果推算，辖区内民间借贷资金来源约1 140亿元，资金运用1 080亿元。

(3)私募基金的情况

私募基金是非正规金融的一种典型形式，指相对于受政府主管部门监管、向非特定投资人公开发行受益凭证的证券投资基金(公募基金)而言的另外一种集合投资单位。私募基金很少有非公开的宣传，一般由自然人(主要是证券经纪人和职业股民)或券商私下向特定少数投资人发起募集资金而形成，销售与赎回都是通过基金管理人与投资者私下协商进行。

在国际上，私募基金是证券市场中非常重要的投资主体，也是其他金融市场的重要交易主体。而在国内，私募基金一直处于极为特殊的位置。从20世纪90年代初我国组建证券交易所以来，私募基金一直都是市场关注的焦点，但由于私募基金极为隐蔽，证券监管部门很难准确把握它的具体规模和运转方式。中央财经大学课题组(2004)对北京、石家庄等十个城市进行调查和估算后，认为全国私募基金占全国投资者证券交易资金的比重在30％～35％之间，足见私募基金之繁荣。

表1-5 1996—2003年中国证券市场私募基金估算

日期	全国证券交易资金规模(亿元)	私募基金占交易资金比重(％)		私募基金规模估算(亿元)	
		下限	上限	下限	上限
1996-12	3 171.62	30	35	951.49	1 110.07
1997-12	7 493.27	30	35	2 247.98	2 622.65
1998-12	9 427.02	30	35	2 828.11	3 299.46
1999-12	12 259.61	30	35	3 677.88	4 290.86
2000-12	19 514.53	30	35	5 854.36	6 830.09
2001-12	25 354.09	30	35	7 606.23	8 873.93
2002-12	20 454.13	30	35	6 136.24	7 158.95
2003-12	17 810.66	30	35	5 343.20	6 233.73

资料来源：转引自中央财经大学课题组：《私募基金合法化是市场发展的大趋势——中国证券市场私募基金规模及影响的调查与测估》，载《证券时报》，2004-07-29。

1.1.2 有关非正规金融的争论

1. 对非正规金融的负面看法

全世界范围内广泛存在的非正规金融，经济学家们提出了自己的看法。传统的金融抑制理论认为，伴随着正规金融体系的成熟，非正规金融将退出历史舞台，但现实情况并非如此。从中国台湾地区的经验来看，20世纪90年代初期，在中国台湾地区逐步向工业化转变的进程中，民间借贷并未出现显著下滑，反而与经济周期一同进行循环波动，即使在全岛实现金融自由化后，仍保持私营企业全部借款额的30%左右(罗家德，2001)。诸如美国、英国这些金融自由化国家，同样存在着非正规金融行为。在中国，无论经济较发达地区，还是经济较落后地区，都同样存在一定规模的非正规金融行为。这些非正规金融在正规金融体系之外运转，利率高于正规金融利率，而且在一个区域之内，利率波动幅度不大；一般借助私人信息甄别借款者和投资项目，对实物抵押要求很低甚至不需要抵押。更有意思的是，这些非正规金融行为的违约概率反而比正规金融低，契约的有效执行主要依靠现有正规法律体系之外的各种社会机制。

然而对于非正规金融，大多数评论和观点都偏负面。麦金农和肖一致认为，非正规金融是一种效率低下的融资机制，虽然在短期内非正规金融对经济发展可能产生一定作用，但在长期范围，作用并不大。国内学者从政策管理的角度出发，为了防范金融风险、稳定金融秩序，绝大多数与非正规金融相关的理论研究都被界定在一个狭义的主流经济学内，甚至只是在利率分析的范围内进行，这些研究得出的结论往往增加了政府在金融风险方面的担忧。甚至一些人往往把民间金融(非正规金融)与高利贷、黑市交易、非法买卖、破坏金融秩序等丑恶现象相提并论，认为非正规金融应是打击和取缔的对象。

2. 非正规金融的合理性

即便非正规金融交易普遍存在于全球，也不能断言非正规金融具有合理性。虽然黑格尔认为“凡合乎理性的东西都是现实的，凡现实的东西都是合乎理性的”，但我们依然需要遵循艾尔弗雷德·马歇尔的建议：“从经济学争论中得到的经验显示，在用理性来考察和解释事实以前，是不可能从事实中学到任何东西的。”因此，摒弃对非正规金融的各种偏见和歧视，秉承哲学理念来探讨所观测到的、广泛存在的各种非正规金融行为背后的社会经济原因以及非正规金融本身的特征、规则乃至规律具有非常重要的意义。

事实上，就可观测的非正规金融行为而言，普遍存在的非正规金融行为并不意味着我国正规金融部门资源配置存在功能缺陷，而是在某些特定领域或者特定行业，或者说在某些时间或空间中，非正规金融对于资源配置的效率高于正规金融，从而吸引了大量的参与者。因此，从经济学理性的角度出发，非正规金融的存在是一种合理和必然。特别是在我国经济高速发展的过程中，非正规金融为民营企业、中小微型企业提供了巨大的金融支持，提高了资金在整个经济体中的配置效率。但是，巨大规模的非正规金融在缺乏政府有效监管的情况下，运行于正规金融体系之外，时常爆发金融风险，严重影响了经济发展甚至是社会运转。这看似矛盾的两个方面，恰好概括了非正规金融的本质特征——配置资源的高效与抵御风险的脆弱。

中国改革开放进程中，大力倡导使用市场化手段合理配置资源，特别是配置金融资源方面，健全金融市场、发展直接融资，一直是金融体系深化改革的重点工作。然而，非正规金融的风险脆弱性又使这种配置金融资源的方式难堪大任，所以关于非正规金融的讨论，并不能取得像"民营经济"、"民间投资"等方面的一致性结论。党的十六大报告指出："要在更大程度上发挥市场在资源配置中的基础性作用，创造各类市场主体平等使用生产要素的环境，促进商品和生产要素在全国市场自由流动。"党的十七大报告指出："推进金融体制改革，发展各类金融市场，形成多种所有制和多种经营形式、结构合理、功能完善、高效安全的现代金融体系"，"优化资本市场结构，多渠道提高直接融资比重。加强和改进金融监管，防范和化解金融风险"，"要放手让一切劳动、知识、技术、管理和资本的活力竞相迸发出来，以造福于人民"。2010年5月13日，国务院下发了《关于鼓励和引导民间投资健康发展的若干意见》。这是继2005年国务院颁布《关于鼓励支持和引导个体私营等非公有制经济发展的若干意见》(简称"非公经济36条")之后，中国政府对民营经济、民间投资发展的又一份重要的指导性政策文件。由于这次的文件也为36条，故被称为"新36条"。"新36条"直接就民间资本的准入范围、投资环境从制度建设及投资方式方面作出明确规定，鼓励民间资本进入包括金融、交通运输、资源、铁路、核电站、电信、油气勘探，乃至军工在内的多个产业和行业领域。

然而在鼓励民间投资的同时，我国尚未出台有关非正规金融的新的政策解释或相应的政策措施。这是因为，非正规金融的确可以在一定程度上节约融资成本、提升资源配置效率，但更为关键的是，非正规金融自身具有风险脆弱性且缺乏抵御外部冲击的能力，如果贸然开放，其后果不堪设想。所以，如何发挥其灵活自主、快捷便利的优势，同时降低非正规金融风险、减少其脆弱性对金融体系乃至经济和社会的冲击是讨论非正规金融的真正目的所在。我们认为，对非正规金融而言，"疏堵并重、疏重于堵"，方是在现今背景下，进一步发挥非正规金融支持经济建设的积极作用、健全现代金融服务体系的根本思路。

1.2　非正规金融的内涵和外延

1.2.1　非正规金融的概念

关于非正规金融的研究，麦金农(1973)进行了开创性的工作，他较早地关注了发展中国家普遍存在非正规金融现象，并由此提出金融“二元化”概念，他认为“具有较高组织化程度的商业银行在服务广大的农村地区以及小额借款者方面，很不成功”。

麦金农进一步指出，商业银行更愿意为受高度保护的制造业、大跨国公司以及政府控制的公司服务提供融资服务，因而“经济领域中其他产业部门的融资需求，只能依靠高利贷、当铺和合作社的有限资金满足”。在这样的情况下，一国金融系统就被划分为两个部分，一部分是以商业银行、资本市场为代表的组织化程度较高的现代化金融机构和市场；另一部分则是以轮转储蓄和信贷协会(ROSCA，国内称为“会”)、当铺、私人钱庄等为代表的组织化程度较低的传统类金融机构和市场。这种现代与传统并存的金融结构就是典型的二元金融结构。

沿袭麦金农描述二元金融结构中“传统”的金融机构和金融市场，许多学者提出其他类似但不完全相同的概念。包括有非正规金融(Informal Finance)、非组织金融(Unorganized Finance)、灰黑色金融(Gray and Black Finance)、地下金融(Underground Finance)以及民间金融(Folk Finance)等。这些概念指代的对象大致相同，但侧重点和观察角度相异。

国外学者较多使用“非正规金融(Informal Finance)”和“非组织金融(Unorganized Finance)”这两个概念。斯蒂尔等(Steel et al.，1997)认为，非正规金融是处于央行和金融监管当局规范和监管之外的金融行为。他们按照是否受到政府规范和监管来区分正规金融与非正规金融，即正规金融是指获得央行许可，被纳入政府金融监管当局规范和监管之中的金融机构与金融行为，而非正规金融则是指除了正规金融之外的其他金融机构与金融行为。此外，非正规金融机构和行为不受央行法定存款准备金、资本充足率、资产负债比等制度约束，在确定利率方面拥有自主权，区别于受到管制的正规信贷市场利率；其日常经营活动也不受监管部门控制。

“非组织金融”概念与“非正规金融”概念较为接近，但它更侧重于金融机构与金融行为在组织特征方面的区别。与现代化商业银行和组织化程度较高的资本市场相比，非组织金融机构大多是在前工业化时代就已形成的一些传统的“落后”的形式，如借贷、典当、轮转储蓄和信贷协会、私人钱庄等。它们不具备商业银行和资本市场等现代金融组织的经营规范性和运转持续性，往往以个人的名义进行。例如自然人之间的借贷行为，他们没有固定的交易场所，金融交易更多通过业余时间完成。即使组织程度更高的典当、轮转储蓄和信贷协会和私人钱庄，也不具备类似商业银行严格规范的组织结构和规章制度。

灰黑色金融(Gray and Black Finance)、地下金融(Underground Finance)则是从法律角度对金融机构和金融行为进行定义。在伊斯兰世界，高利贷、当铺、私人钱庄等以盈利为目的私人金融活动是不允许存在的，政府认为这些金融活动处于自己的控制范围之外，会引发各类社会、经济以及金融问题，因此这类金融活动只能转入地下，游离于法律之外，因而被称为黑色金融或者地下金融(Dahlia El-Hawary et al.，2007)。国内早期一些学者也曾使用这一概念来界定当时不被法律认可的私人钱庄、合会、非法集资等金融行为，如朱德林、胡海鸥(1997)等。另外，黑色金融还被用来描述非法的外汇市场(Gabriele Camera，2001)。在作者看来，灰黑色金融是消极的、对社会具有负面效应的金融机构或金融行为，例如虚假承诺揽储之后卷款潜逃的欺诈行为、为不法活动(如赌博、贩毒等)提供贷款的行为等，这些金融机构或者金融行为既不能得到法律制度的许可，更不能够提升社会整体福利；而非正规金融则是以从事生产和正当交易为目的达成的金融契约，对资源配置具有明显的帕累托改进，具有经济上的合理性。因此，本课题所研究的非正规金融与灰黑色金融截然不同。

民间金融(Folk Finance)这一概念在国内研究中最为普遍，相应的还有民营金融、体制外金融。然而这些表述方式都受到中国传统的官本位思想影响，具有明显的所有制色彩。民间金融与国有金融相对，意指除了国家或国有以外的所有金融机构或金融行为。“民间金融”这一概念在国内经济学界的使用范围非常之广(姜旭朝，1996；史晋川等，1997；李丹红，2000；郭斌、刘曼路，2002 等)，以至于使用其他概念代替收效甚微，为了尊重学术传统，本课题偶尔会使用“民间金融”的说法。与民间金融相对于国有金融类似，体制外金融这一概念与体制内金融相对，前者指主要为体制外经济(集体经济和个体私营经济)提供金融支持的非国有金融部门，后者则指为体制内经济(国有经济)提供金融支持的国有金融部门(张杰，1999)。

表 1-6　与非正规金融概念相关的其他概念

概念	对应的概念	侧重点
非正规金融	正规金融	是否处于政府的规范和监管之内
非组织金融	有组织金融	金融机构和金融活动的组织化与规范化程度
灰黑色金融、地下金融	地上金融	是否具有合法性
民间金融	国有金融	所有制色彩
体制外金融	体制内金融	主要支持的产业部门

与非正规金融相关但又不同的这些概念，所指代对象大致上是相同的，就是指处于政府规范和监管范围之外的，组织化和规范化程度较低的金融市场、金融机构和金融行为。但这些概念的侧重点不同，在许多情况下不能相互替代，例如合会和私人钱庄是典型的非正规金融，但一些国家的法律并不禁止，这样就不能称其为黑色金融或者地下金融。相反的，通过正规金融机构所进行的违法行为，如“洗钱”，属于灰黑色金融，但这并不是本课题所描述的非正规金融。再比如，民间金融这一建立在所有制基础上的概念，随着金融改革深化进程的推进，逐渐渗透到国有金融系统中，成为国有金融中非常重要的非国有成分；而越来越多的民营银行，显然是非国有的、民间的，却不是非正规和无组织的。

事实上，本课题所关注的非正规金融，更希冀于以系统论的视角对其进行深入研究。所谓系统，是指由两个以上有机联系、相互作用的要素所组成，具有特定功能、结构和环境的整体(汪应洛，2003)。这个定义包含了四个方面的含义，即系统具备两个或以上要素，系统是由要素组成的，在不同层级的系统中，要素与系统相互转化；系统存在于环境中，并与环境相互作用；系统具备一定的结构，这是系统诸要素间相互关联的方式；系统具备特定的功能，这是系统存在的作用与价值，而功能受系统环境与结构的影响。另外，系统具备整体性、关联性以及环境适应性三大基本属性。

非正规金融具有极明显的系统特征。首先，非正规金融具有完备的组成要素，包含众多的自然人参与者、具备一定组织程度的机构参与者等；其次，非正规金融处于经济、金融大环境之中，随宏观环境的变化发生着变化，一些情况下，非正规金融还会反作用于其所处的宏观环境；再次，非正规金融按照自身规则运行，并依据这些规则建立起非正规金融市场，为组成要素提供了相互作用的平台；最后，非正规金融有效平滑了参与者跨期收入，也为参与者提供了投资保值盈利的渠道。

因此，本课题所描述的非正规金融概念，更为看重的是商业银行和资本市场之外的另一套金融运转机制，是包含了金融市场、金融机构以及金融行为的一套自组织系统(李富有，2002)。它们其中的一部分已经浮出水面，被纳入政府的规范和监管中；还有一部分尚未浮出水面，但实际促进着经济的发展。这种从系统论角度出发界定的广义非正规金融，更适合基于非正规金融内部的运转机制研究，并且在国家大力支持“民间投资”的背景下，这一广义的非正规金融会获得更大的发展。

1.2.2　非正规金融的表现形式

非正规金融作为一个系统性概念，表现形式多种多样，在不同时期、不同国家具有非常大的差别。

如果从交易性质分析非正规金融的表现形式，非正规金融主要表现为非正规信贷交易、非正规权益交易以及非正规外汇交易。其中非正规信贷交易是指从事非正规债务性交易的个人、机构及其行为，包括个人之间的借贷行为、透过非正规金融中介组织的吸收存款、发放贷款、票据贴现、资金拆借等信贷交易；非正规权益交易包括无须政府监管注册或审核的非公开募集的股票发行、股票交易等；非正规外汇交易则指央行控制以外的外汇交易行为。

从交易性质分析非正规金融，又回到了法律识别的窠臼，所以本课题主要从交易方式区分非正规金融的表现形式。从交易方式来看，非正规金融可以分为直接非正规金融和间接非正规金融：直接非正规金融是指交易双方直接发生一对一的金融交易，交易双方直接承担失败和违约的风险；间接非正规金融则是由非正规金融组织(机构)作为中介，将分散无组织的非正规金融市场在一定程度上组织起来。但直接和间接并不是绝对的，比如非正规金融组织最为典型的“会”，对于会首和会员而言，是直接非正规金融；而对于会员和借款者而言，则是间接非正规金融。

本书所涉及的非正规金融主要有以下几种表现形式。

1. 个人或企业间的借贷

这种直接借贷是非正规金融最普遍的表现形式。个人在缺乏稳定收入或收入波动较大的情况下，借款者需要通过借贷平滑消费；购买耐用消费品、教育投资、婚丧嫁娶等大额支出同样需要求助于亲戚朋友，进行借贷；如果有生产或者投资意愿，同样需要借助于亲戚朋友获得启动资金。对于企业而言，往往也进行这种资金借贷缓解暂时性的资金困难。这些借贷行为极为自由，包括资金的期限、价格等合约细节均依赖于借贷双方的协商。我国对这类非正规行为仅做资金来源和资金价格的指导性规定。

2. 连结贷款

连结贷款同样是一种普遍存在的非正规金融，其含义是贷款者并不处于金融领域，他们发放贷款往往将贷款条件与其主要从事的经济活动连结起来。例如，地主在将地租给农户的同时贷款给农户购买种子、肥料和必需的工具，同时约定收获粮食时农户必须将其优先卖给地主，并用所得款项偿还贷款。连结贷款合约中关于粮食的定价往往低于市场价格，这一差价就是地主所获得的利息。

3. 轮转储蓄和信贷协会

轮转储蓄和信贷协会(合会，ROSCA，Rotating Savings and Credit Associations)是非正规金融最为普遍的组织形式，无论在发达国家还是发展中国家，都可以看到它的身影。所谓轮转储蓄和信贷协会就是指一个群体的成员自愿拿出一笔资金，然后将这笔资金交由群体的一个或多个会员使用，而资金使用权则是在会员间按一定的方法进行分配。

决定资金使用权的方法主要有两类，第一类是随机抽签的办法；第二类是投标竞价的方法。随机抽签的方法有两种，第一种是组会时通过抽签决定每一期资金使用权的归属(轮会)；第二种是每一期重新抽签决定当期资金使用权(摇会)。投标竞价(标会)的方法也有两种，第一种是折扣竞价法，需要资金使用权的会员参与竞价，折扣最高者获得当期资金使用权，其他会员则按照这个折扣缴纳当期资金，前期已经获得过资金使用权的会员则足额缴纳资金；第二种是溢价竞价法，竞价者承诺在今后各期出更多的资金，溢价高者获得资金使用权。小规模合会由亲戚、朋友或其他熟识者组成，目的是为了应付日常生活可能出现的资金短缺；大规模合会则由商人和企业家组成，目的是为了应付生产经营可能出现的周转不灵。

有一段时期，我国一些地区的“合会”演变成了一种以牟取暴利为目的、具有投机欺诈性质的抬会①，以至于在20世纪80年代中后期接连发生几次大的“倒会风波”。从那之后，政府加大了针对合会的打击力度，居民对合会风险度的认识相应提高。但合会并未就此消失，到目前为止，我国非正规金融中还有“合会”的身影。

---

① 抬会的会首使用从一个会筹集到的资金去组织另一个会，然后再用筹集到的资金去办更大的会，以此类推。

4. 贷款公司、担保公司、小额贷款公司

贷款公司、担保公司、小额贷款公司是现代化的非正规金融机构，而它们的原始形态是“银中”、“银背”，作为非正规金融中介人或者经纪人，他们帮助借贷双方更快速地达成信贷交易，并向借贷双方收取介绍费、手续费或者担保费。有些银背随着借贷金额的增多，逐步发展成为经营存贷业务、收取利差的“借贷专业户”。

改革开放后，这类机构得到了快速发展，从1984年在温州开业第一家私人钱庄到1989年私人钱庄在温州被正式禁止，共有27家私人钱庄。由于银中、银背、私人钱庄非常容易与高利贷、地下钱庄相联系，这类非正规金融一直处于非常敏感的境地。对于这些非正规金融的存在，当地政府往往心中有数，但很多时候并不去过多干涉其经营活动，居民和企业在通过地下钱庄进行金融交易的同时都会替他们保密(郭斌、刘曼路，2002)。但从2008年开始，贷款公司、担保公司、小额贷款公司试点运行以及中国人民银行起草的《放贷人条例》草案表明，我国正逐步放开对这类非正规金融组织的管制。

5. 小额信贷组织、合作金融组织

之所以要把这两类非正规金融机构放在一起，是因为它们都存在争议。

小额信贷组织(Microcredit)自1976年成立的孟加拉国格莱民银行(Grameen Bank of Bangladesh)始，当时的穆罕默德·尤努斯博士(Dr. Muhammed Yunus)借给42个贫穷的孟加拉人每人62美分，并鼓励他们用这笔钱去做一些小生意。这些人用这笔钱购买了纺织品或者陶器加工的原材料，然后用出售纺织品和陶器的钱归还了尤努斯博士的贷款。到1996年10月，格莱民银行已经拥有1 068个分支机构，给孟加拉36 000个乡村的超过200万名借款者提供服务。格莱民银行所提供的每笔贷款平均只有100美金，而贷款回收率高达98%。

事实上，格莱民银行并不是真正的非正规金融机构。首先，它是一个非营利性组织，其发放贷款收取利息主要是为了用于银行日常运作所需要的支出；其次，它的贷款对象主要是贫穷的妇女；最后，格莱民银行要求它的贷款者承诺通过送子女去读书、建立干净的卫生设施或者控制生育等途径来改善自己的社会生存环境。事实上，尤努斯博士获得诺贝尔和平奖而非诺贝尔经济学奖的肯定，表明他所从事的工作更像是社会工作、慈善工作而非金融行为。

合作金融组织算不算非正规金融机构也存在巨大的争议。有些学者

(Sanjay Jain，1999；罗家德，2001)将其视为非正规金融机构，而另一些学者(Hoff and Stiglitz，1997)则将其视为正规金融机构。根据1995年国际合作社联盟100周年曼彻斯特会议所形成的国际公认的“合作社七原则”，合作社的基本原则是：自愿与开放原则；民主管理、一人一票原则；非营利和社员参与分配原则；自主和不负债原则；教育、培训和信息原则；社际合作原则；社会性原则(谢平，2001)。依据这种原则，合作金融组织属于非正规金融组织。

在中国，从20世纪90年代开始，各地合作金融组织(农村合作基金会)都开始从事对非会员及所在区域以外的存贷款业务，违背了中央政府一再明确界定农村合作基金会不是一种金融组织的法规政策，然而这种游离于央行规范和监管范围之外的非正规金融机构却一直处于地方政府的控制之下。在这些基金会爆发风险后，国家将其中大部分转化为农村信用合作社，纳入了正规金融系统，其中一部分近年来则发展为农村合作银行，成为完全的正规金融机构。

在另外一些发展中国家，合作金融组织尚未得到政府认可，其运作和经营很不规范，属于原始形态的小范围互助社，这类合作金融组织又可以看做非正规金融组织。

6. 私募基金

所谓私募基金，并非广义基金定义上机构投资者的统称，而是狭义基金定义上特定目的和用途的资金，是一些个人或者企业利用借贷资金进行的证券投资行为。与证券(或债券)投资基金以及商业银行委托理财不允许向投资者承诺固定回报率不同，这类基金往往都采用保底分成或者固定收益的合约方式；另外，这类基金在针对不同投资者时往往约定不同的投资期限，既不同于封闭式基金统一固定的投资期限，也不同于随时可赎回的开放式基金。

私募基金生存的基础是证券业地下资金拆借市场。所谓证券业地下资金拆借市场，与民间借贷区别不大，都是个人或企业通过非正规金融市场所进行的资金拆借行为。但在资金用途方面，民间借贷资金主要用于实业投资，而证券业地下拆借市场主要用于证券市场投资；在资金担保方面，民间借贷多为信用担保，而证券业地下拆借市场多为证券抵押贷款。

1.3　主要内容和分析框架

1.3.1　内容概要

全书共分7章，安排如下：

第1章是绪论。主要说明研究背景、研究意义，界定研究对象，介绍研究思路、研究内容。

第2章是相关研究述评。主要对本书研究的相关理论进行归纳、总结和评析，为研究分析打下理论基础。首先，对非正规金融根源的两大传统理论进行评述，包括金融抑制理论和交易成本理论，结合实验经济学的有关思想，引入非正规金融产生原因的最新研究成果——借款者选择理论。其次，对非正规金融运行规则(声誉约束机制)的研究成果进行述评，包括声誉机制如何形成，声誉机制有什么作用以及声誉机制发挥作用需要的条件三个方面。再次，对非正规金融潜在风险的研究成果进行述评，包括非正规金融潜在风险的逐渐暴露，非正规金融风险的根源以及非正规金融风险的防范。最后，对我国非正规金融演进路径的研究成果进行述评，包括我国非正规金融的历史发展进程和我国非正规金融演进的主要影响因素两个方面。

第3章是非正规金融的产生。主要研究非正规金融产生的必然性。首先，遵循金融抑制理论，提出利率管制和资金定向分配双重管制是非正规金融的制度根源；然后遵循交易成本理论，分析商业银行为了防范道德风险而采取信贷配给导致非正规金融产生的市场行为。其次，围绕正规金融"隐性约束"构建局部均衡模型解释正规金融挤出效应导致借款者主动放弃正规金融贷款；然后求解正规金融、非正规金融和借款者三方博弈的均衡结果，解释借款者因为非正规金融可以实现自身的声誉价值而选择非正规金融。最后，运用Logit和主成分因子分析的方法围绕问卷数据对理论推导的命题进行证实和证伪。

第4章是非正规金融的声誉约束机制。主要研究非正规金融内部的运行规则。首先，基于声誉理论运用海萨尼转换解释非正规金融参与者声誉的形成，赋予非正规金融参与者声誉以内涵，并运用动态博弈解释非正规金融参与者声誉的形成过程和变化过程。其次，围绕资金市场中存在的"柠檬问题"，发展非正规金融市场中的信号传递博弈模型，运用声誉约束机制信号传递博弈模型解释声誉约束机制如何抑制市场中的逆向选择行为；围绕资金市场中存在的道德风险，发展非正规金融市场中隐性契约条件下的KMRW声誉模型，运用声誉约束机制的KMRW声誉模型解释声誉约束机制如何抑制市场中的道德风险。再次，运用验证性因子分析的方法围绕问卷数据解释非正规金融市场借款者声誉的组成、声誉的信息效应和声誉的资本效应。最后，提出声誉约束的实施机制和声誉约束的作用条件。

第5章是非正规金融的风险。主要研究非正规金融的弊端和潜在风险。首先，通过描述我国的非正规金融风潮，归纳总结非正规金融的局限性。其次，运用动态博弈方法分析个人借贷导致的高利率风险，以及非正规金融组织的利率期限结构产生的套利机会，进而这些套利机会导致非正规金融参与者的"博傻"行为，并根据非正规金融风险产生的过程分析声誉约束机制失灵的内外部原因。最后，证明声誉约束机制失灵导致非正规金融风险爆发。

第6章是非正规金融的演进与发展。主要研究非正规金融的演进路径与发展方向。首先，遵循制度经济学的理论基础分析制度变迁的动力以及制度变迁的主体。其次，通过第3章、第4章、第5章正反两方面的分析，提出非正规金融演进过程中存在的悖论，基于这样的悖论，分析非正规金融扩张过程中的最优区间和最大边界。再次，介绍美国、日本和中国台湾地区非正规金融演进的成功案例和经验，描述我国非正规金融演进的路径和过程，并预测非正规金融未来可能的演进方向。最后，结合当前宏观背景，分析我国非正规金融未来的发展趋势。

第7章是非正规金融的未来发展。概括研究结论，并结合近年来非正规金融风险以及中小微型企业融资难问题，提出淡化非正规金融、防范非正规金融风险以及解决中小微型企业融资难问题的对策建议。

1.3.2 论证框架

全书遵循了理论述评、理论推演、实验检验和得出结论这样的轨迹，即通过综合大量前人的研究成果，找出其中的异同、优劣，确定研究的理论基础；然后运用新古典经济学均衡的方法或是博弈论与信息经济学动态博弈方法，建立理论模型并提出命题；进而按照实验经济学范式收集问卷数据，并采取Logit回归、主成分分析和验证性因子分析等实验手段处理问卷，对命题进行实证检验；最后得出结论。整体的研究思路及框架如图1-1所示。

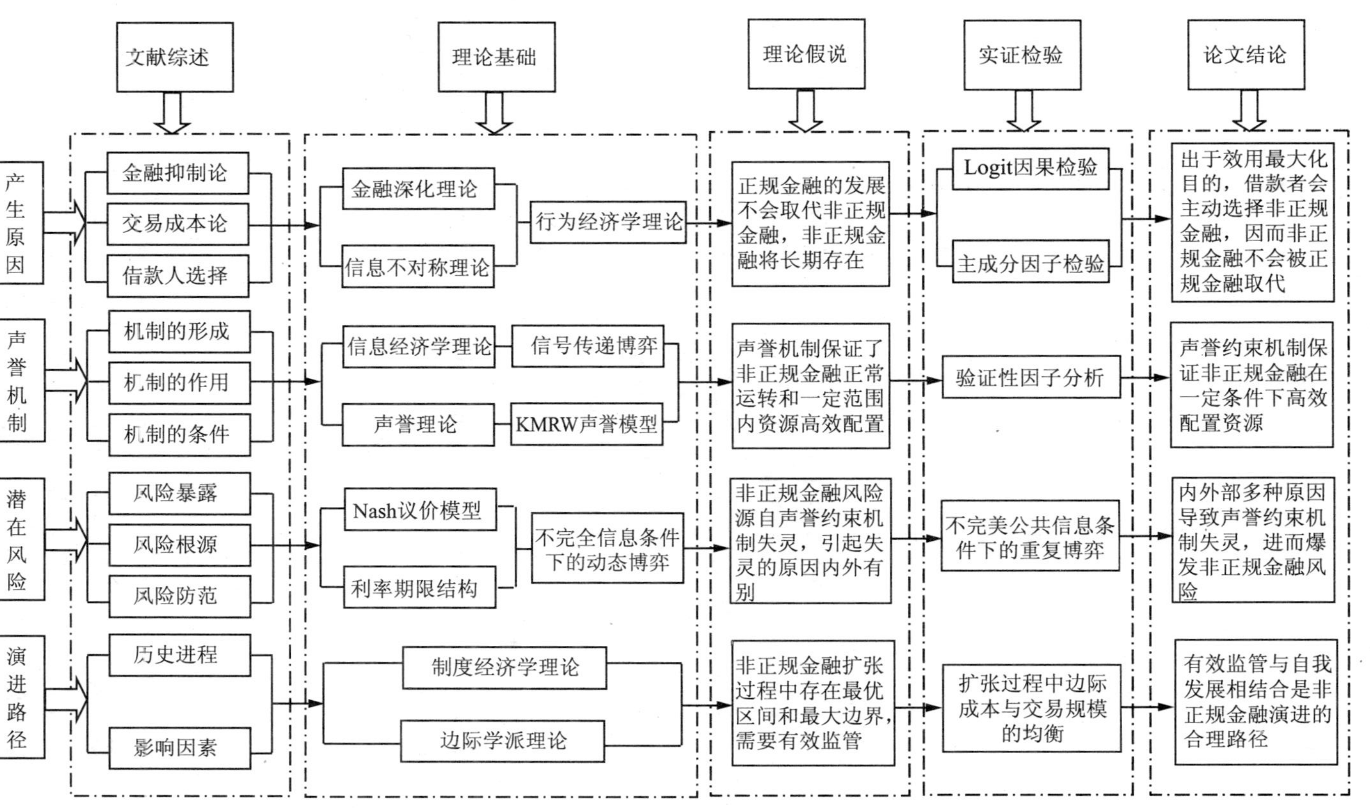

文献综述
理论基础
理论假说
实证检验
论文结论
产生原因
金融抑制论
交易成本论
信款人选择
金融深化理论
信息不对称理论
行为经济学理论
正规金融的发展不会取代非正规金融，非正规金融将长期存在
Logit因果检验
主成分因子检验
出于效用最大化目的，借款者会主动选择非正规金融，因而非正规金融不会被正规金融取代
声誉机制
机制的形成
机制的作用
机制的条件
信息经济学理论
信号传递博弈
声誉理论
KMRW声誉模型
声誉机制保证了非正规金融正常运转和一定范围内资源高效配置
验证性因子分析
声誉约束机制保证非正规金融在一定条件下高效配置资源
潜在风险
风险暴露
风险根源
风险防范
Nash议价模型
利率期限结构
不完全信息条件下的动态博弈
非正规金融风险源自声誉约束机制失灵，引起失灵的原因内外有别
不完美公共信息条件下的重复博弈
内外部多种原因导致声誉约束机制失灵，进而爆发非正规金融风险
演进路径
历史进程
影响因素
制度经济学理论
边际学派理论
非正规金融扩张过程中存在最优区间和最大边界，需要有效监管
扩张过程中边际成本与交易规模的均衡
有效监管与自我发展相结合是非正规金融演进的合理路径

图1-1　研究思路与框架

1.4　主要研究方法

本书针对非正规金融产生根源、声誉约束、潜在风险以及演进路径进行的研究，整体采用实验经济学方法，按照实验论证提出假说、实验检验证明假说的范式进行，主要研究方法包括以下几点。

其一，基于金融抑制理论和交易成本理论，围绕正规金融“隐性约束”构建局部均衡模型求解正规金融、非正规金融和借款者三方博弈的均衡结果，解释借款者因为正规金融存在“隐性约束”有主动放弃正规金融融资的动机，然后使用Logit因果检验证明假说，即正规金融“隐性约束”对借款者存在挤出效应。进而扩展假设，通过重新推导局部均衡解，阐释非正规金融可以实现借款者声誉，将无形资本转化为有形资本，降低借款者融资成本，然后使用主成分因子分析非正规金融如何实现借款者声誉资本。

其二，基于声誉理论运用海萨尼转换解释非正规金融参与者声誉形成，运用动态博弈解释非正规金融参与者声誉的形成过程和变化过程，发展非正规金融市场中的信号传递博弈模型解释声誉约束机制如何抑制市场中的逆向选择行为，发展非正规金融市场中隐性契约条件下的KM-RW声誉模型解释声誉约束机制如何抑制市场中的道德风险。然后采用结构方程的验证性因子分析对假说进行验证，阐释非正规金融声誉约束机制的建立和组成。

其三，基于动态博弈理论阐释非正规金融的潜在风险，运用纳什议价模型分析非正规金融个人借贷导致的高利率风险，运用利率期限结构解释非正规金融组织内部存在的套利机会以及由此而产生的“博傻”行为，运用子博弈纳什均衡和贝叶斯纳什均衡分析声誉约束机制失灵的内外部原因。

其四，基于制度经济学理论分析非正规金融的演进路径，运用边际的方法解释正规金融的规模经济和非正规金融的规模不经济。由于非正规金融缺乏规模经济，因此在扩张规模和边际成本的共同作用下，非正规金融存在规模的最大边界以及扩张的最优区间。基于这样的理论推导结果，本课题认为对非正规金融而言，外部监管和自我发展的“度”极为关键，即通过有效的监管实现非正规金融参与者信息的有效传递、保证交易者间互相了解对方的交易历史，通过完善的法律抑制非正规金融参与者败德行为的动机、给予短视的非正规金融参与者足够的惩罚和警示就可以有效防范非正规金融风险，维护金融安全和社会稳定。

第 2 章　已有非正规金融研究成果述评

2.1　非正规金融的根源

2.1.1　金融抑制理论

麦金农(1973)和肖(1973)提出了“金融抑制”这一概念，认为发展中国家政府对金融市场实施了广泛的干预(称为金融抑制)，非市场化形成的资金价格(利率)使资金供给难以满足资金需求，金融机构被迫实行信贷配给，阻碍了经济增长。在政府干预下，金融机构贷款以人为规定利率提供给政府希望优先发展的部门，而经济系统中的其他产业部门很难或是无法获得金融机构贷款，只能从其他渠道获得资金。与正规金融相对应，将这些其他渠道称为非正规金融。相应地，他们认为金融深化和利率自由化改革对于加快发展中国家的经济增长至关重要。Fry(1978)归纳了上述“麦金农—肖金融发展模型”，认为如果放松金融管制，既可以增加政府以外民间投资的数量，又可以改善私人投资的效率，对于促进一国经济的发展具有非常重要的作用。

在此之后，学者们逐渐开始关注金融体系内正规金融和非正规金融这两种特殊的运行机制。Bester(1985)认为金融市场中存在大量风险偏好型参与者，愿意利用自有资金经营高风险或投机性项目，需要一个较高的资金价格(贷款利率)与较大的资金风险(收不回贷款)并存的市场，因此非正规金融市场应运而生。Adams 和 Vogel(1986)认为，非正规金融市场存在的根源是发展中国家普遍存在的金融抑制。金融抑制导致正规金融市场形成信贷配额，大批资金需求者被淘汰，只能涌入非正规金融市场，繁荣非正规金融市场。学者们潜移默化地达成了一种共识，即非正规金融市场是正规金融市场淘汰者重新达成的契约组合，是资金需求者谋求正规金融机构贷款不可得的次优选择。

与之前学者认为非正规金融市场的“无奈”与“被迫”不同，Kropp(1989)较为正面地看待非正规金融市场。他认为虽然金融抑制导致发展中国家同时并存着正规金融和非正规金融两个相互分割的金融市场，正规金融通常要受到国家信用体系，一般是中央银行的控制和金融法规的约束；非正规金融则可看做是在这两种限制之外所从事的金融活动。在这两种市场上利率、借款条件以及目标客户均不相同，更为重要的是，借贷资金很少能够实现跨市场的流动。因而虽然有金融抑制的存在，但对经济发展本身影响不大。Kranhnen 和 Schmidt(1994)补充了 Kropp 的结论，他们认为正规金融和非正规金融最重要的区别是保证偿付的机制不同，在正规金融中，保障偿付的机制是法律系统；而非正规金融依靠的则是法律系统以外的其他系统。因此，即便发展中国家普遍的金融抑制导致正规金融市场存在信贷配额，大量资金需求者通过非正规金融渠道获得资金，对一国经济的发展并不会产生太大影响，因为正规金融与非正规金融是两个并行不悖的系统。金融抑制是非正规金融存在的原因，但不是经济发展的阻碍。

然而 Gupta 和 Chaudhuri(1997)专门针对印度非正规金融市场的研究表明，金融抑制导致的正规金融信贷配给是印度国内非正规金融产生的根源，同时金融抑制滋生了正规金融系统内部的寻租和腐败行为，阻碍了经济的发展。他们发现印度政府通过正规金融机构为贫苦农户提供的无(低)息贷款，成为正规金融机构从业者寻租的手段：一方面，农户无法从正规金融机构获得政府提供的无(低)息贷款，只能以高价(高利率)从非正规金融市场贷款；另一方面，正规金融机构从业者把这些资金放到非正规金融市场进行套利，进而他们将“贿赂”作为变量引入正规金融市场与非正规金融市场的均衡模型，发现正规金融机构的寻租行为将借款者挤出正规金融市场，导致非正规金融市场的繁荣，但最终的结果是整个社会福利被损害。Sanjay Jain(1999)也认为金融抑制是非正规金融的根源，但正规金融与非正规金融之间并非毫无关系。他认为发展中国家内部的正规金融与非正规金融间存在相生相克关系，充足的正规金融供给会导致非正规金融消失，而正规金融高额的交易费用导致其被非正规金融代替。Paul Vandenberg(2003)通过研究内罗毕中小企业的融资行为发现，在正规金融机构贷款难以获得情况下，资金需求者只能从非正规金融渠道进行融资。而高额的资金成本导致非正规金融渠道贷款并非资金需求者融资的最优选择。Kellee S. Tsai(2004)则比对了中国和印度两国的非正规金融发展路径，认为发展中国家金融抑制的存在导致非正规金融市场的产生，在非正规金融市场发展过程中，逐渐形成了介于非正规金融与正规金融之间的半正规金融部门(Semi-formal Financial Sector)。这种中间部门的出现是非正规金融迫于政策法规压力妥协和适应的结果，在某些特定区域或是特殊领域已经替代了正规金融。

Paola Giuliano 和 Marta Ruiz-Arranz(2009)的研究表明，发展中国家存在的金融抑制使得私人部门难以获得正规金融机构贷款，而该国正规金融系统以外的国际游资满足了该国正规金融机构无法满足的资金需求，刺激了该国私人部门的发展。这些非正规金融系统内部的国际游资虽然不受政府监管，但实际促进了该国经济的增长。Sanjeev Gupta et al.(2009)对撒哈拉地区的个人或小企业融资行为进行研究，发现这些资金需求者虽然难以获得正规金融机构贷款，但与国际游资达成借贷契约，形成正规金融系统外的非正规金融循环，得到了与尤利亚诺和鲁伊兹-阿兰兹同样的结论。

事实上，金融抑制是发展中国家金融体制普遍存在的一个典型特征，它具有两层含义，首先是指政府对一国金融资源实施的控制政策和手段；其次是指这些政策手段所导致的结果。金融抑制的主要手段包括：严格的利率水平控制、金融市场的准入控制、进入行业的指导性信贷、高水平的存款准备金率和建立特别的信贷机构等。这些控制手段能够帮助政府控制金融资源、防范金融风险，但也阻碍了金融系统的深化与发展。因此，对于金融抑制很难做出一个“好”或“不好”的论断，唯一存在较少争议的就是发展中国家存在的金融抑制是正规金融系统之外普遍存在的非正规金融系统根源。

中国人民银行赣州市中心支行课题组(2006)对江西省赣南市 17 个县的国有银行和农村信用社定价模式进行实证研究，发现在利率市场化初期，正规信贷市场的信贷配给更为显著，其直接体现是贷存比持续下降和民间融资总额持续攀升。正规金融机构利率市场化不仅不能取代非正规金融，相反，由于金融工具品种限制，利率市场化对居民的金融资产选择不具备事实上的影响，导致了银行业负债在低利率时期依然保持较大增长，同时在信贷上不得不保持配给。

汪本学、李琪(2008)则将“金融抑制”简化为借款者获取正规金融机构贷款的难度。发现获取正规贷款的难易程度与非正规金融的繁荣程度、非正规金融资金价格间存在关联：如果某个地区借款者获得正规金融机构贷款的难度大，则该地区非正规金融就较为繁荣，非正规金融市场的利率也比较高；反之，向金融机构贷款较为容易，则非正规金融就不繁荣，且非正规金融利率低。

中国人民银行曲靖中心支行课题组(2008)对云南曲靖市辖区各县的非正规金融市场进行调查，比对当地正规金融贷款利率与非正规金融贷款利率，发现经济相对发达的县，正规金融发展水平相对较高，正规金融与非正规金融间利率差别较小；经济相对落后的县，正规金融发展水平相对较低，正规金融与非正规金融间利率差别较大。如金融服务较为完善的麒麟区(曲靖市政府所在地)非正规金融的最高利率为20%，明显低于辖内其他县市的非正规金融利率，而经济不发达的会泽县非正规金融加权平均利率高于市区10%。

2.1.2　非对称信息和交易成本理论

与金融抑制论尝试从经济体制、政府政策角度出发分析非正规金融的根源不同，另外一些学者试图从发展中国家正规金融市场的结构和特征来解释非正规金融存在的原因。其中最具有开创性的学者就是约瑟夫·斯蒂格利茨(Joseph E. Stiglitz)。

斯蒂格利茨和维斯(Stiglitz and Weiss，1981)针对金融市场存在信贷配给的现象进行研究。他们从最基本的经济学理论出发，认为需求和供给在价格变化的过程中肯定会达到均衡，在需求创造供给的前提下，金融市场上信贷配给的存在是不合理的。他们甚至调侃道："金融市场上的资金需求与劳动力市场上的失业者一样多余。"进而他们构建了一个存在信贷配给的金融市场资金供求模型，分析金融市场存在信贷配给的原因。他们认为，银行提供贷款时不仅会考虑贷款的价格，还会考虑贷款潜在的风险。在资金需求者存在违约可能的前提下，单纯提高贷款利率会进一步提高借款者的违约可能；而通过信贷配给则可以预防逆向选择效应(Adverse Selection Effect)和激励效应(Incentive Effect)，对借款者进行分类和筛选，达到贷前防范风险的目的。而霍夫和斯蒂格利茨(Hoff and Stiglitz，1990)进一步强调，非对称信息和过高的合同执行成本导致正规金融市场失效，为了避免借款者的逆向选择和道德风险，正规金融机构往往采取信贷配给而非提高利率的手段。因此，即使没有政府的利率上限和指导性信贷政策等金融抑制行为，正规金融市场的均衡仍然是存在信贷配给的低效率均衡，而不是市场出清的均衡，即非正规金融的根源并不完全是金融抑制。

在发展中国家，经济和金融信息匮乏，获取成本极高。对正规金融部门来说，很难获得家庭部门经济状况和中小微型企业财务状况的相关信息。在不对称信息条件下，银行贷款业务面临着逆向选择和道德风险。而为了避免信贷风险，银行就会想办法获得这些相关信息，于是信息不对称问题就转化为交易成本问题。对银行而言，信贷业务的交易成本体现在以下三个方面：第一，签订贷款合约前，对借款者财务状况、经营状况和偿债能力等信息的调查成本；第二，签订贷款合约后，确保借款者贷款用途以及跟踪借款者经营活动的监督成本；第三，贷款合约到期时，确保借款者履行贷款合约以及借款者违约后通过法律或其他途径来确保借款者履约的执行成本。

戴蒙德(Diamond，1984)指出，尽管金融机构作为中介代表存款者对借款者进行信息处理和加工，对贷款项目进行监督，在获取存贷利差的同时付出一定成本对借款者进行监督，但有时这种代价过高，以至于贷款无利可图。在这种情况下，银行只能对借款者实行信贷配给。而正规金融机构信贷配给的存在，导致无法获得贷款的资金需求者转而寻求非正规金融市场的帮助。

那么，金融抑制理论和交易成本理论的区别在什么地方呢？罗默和琼斯(Roemer and Jones，1991)对此做出了解释。他们认为，金融市场可以划分为平行市场(Parallel Markets)和分割市场(Fragmented Markets)。前者源自金融市场对政府管制的规避和适应，类似于金融抑制理论；后者源自金融市场内部的重构与细化，类似于交易成本理论。对于发展中国家的金融市场而言，兼具平行市场与分割市场的特征，因此金融抑制理论和交易成本理论对解释发展中国家的非正规金融根源都有一定说服力。换句话说，发展中国家二元金融结构是多种原因作用的结果，并不是单一理论就可以解释清楚的。

2.1.3　借款者选择理论

金融抑制理论和交易成本理论都是从正规金融角度解释非正规金融存在的原因，但都没有解释如果正规金融机构愿意满足借款者的资金需求，是否还会有非正规金融的存在？进入 21 世纪以后，行为经济学的兴起促使学者们更广泛地对非正规金融系统本身进行研究，从非正规金融参与者行为选择的角度对非正规金融根源进行研究。

林毅夫、孙希芳(2005)通过构建一个包括异质的中小企业借款者和异质的贷款者(具有不同信息结构的非正规金融和正规金融部门)的金融市场模型，证明了非正规金融的存在能够改进整个信贷市场的资金配置效率。并认为各种形式的非正规金融能够在发展中国家和地区广泛存在源自收集关于中小企业“软信息”方面的优势。中小企业信息不透明，且常常不能提供充分的担保或抵押，正规金融机构难以有效克服信息不对称造成的逆向选择问题，而非正规金融恰恰具有这方面信息优势，这才是非正规金融存在的根源，金融抑制只是一个强化因素。

一些学者针对发达国家内部非正规金融系统的研究印证了上述结论。Denise Stanley 和 Radha Bhattacharya(2008)对美国大都市中西班牙裔居民的金融服务需求进行研究，发现即使正规金融系统高度发达，非正规金融系统仍然存在。借款者参与非正规金融市场倾向与其收入、教育程度和英语水平有关。随着借款者收入、教育程度以及英语熟练程度的提高，对正规金融服务需求逐渐增加；相反，则倾向于参与非正规金融市场。Caroline Freund 和 Nikola Spatafora(2008)也得到了类似的结论，他们通过研究国际汇款发现，发达的正规金融系统交易费用非常低廉，但仍然有汇款人会因为正规金融机构存在的交易费用选择非正规金融渠道。因此，非正规金融系统的存在似乎与正规金融系统的发达与否并无太大关系，我们一直都低估了借款者本身选择行为的重要性，即非正规金融存在根源是借款者的主动选择。

Robert Cullet al. (2006)通过研究 19 世纪至 20 世纪初北大西洋各国中小企业融资情况，发现尽管当时缺乏足够的正规金融中介，但这些中小企业通过拓展当地关系实现了与大型企业的资金往来，并通过较高的资金回报承诺获得了当地居民的资金支持。在正规金融不够发达的情况下，借款者主动搭建非正规金融平台，与资金持有者达成契约。

来自发展中国家的研究结果显示，非正规金融系统具有极强的内生性。Thorsten Beck 和 Asli Demirguc-Kunt(2006)认为中小企业成长困境与难以获得正规金融机构贷款的原因，在于中小企业自身财务制度和管理制度的不健全，但并不是所有中小企业都愿意通过完善公司治理结构获得正规金融机构贷款。Catherine Guirkinger(2008)发现秘鲁皮乌拉地区正规金融与非正规金融的共存现象源于资金需求者的借款倾向，借款者会基于昂贵的交易费用和公开私人信息的潜在风险主动拒绝正规金融机构，从利率更高的非正规金融机构借款。Simeon Nichter 和 Lara Goldmark(2009)认为发展中国家小企业或工场主倾向于非正规金融渠道融资以避免正规金融机构贷款附加的高额费用。Saibal Kar 和 Sugata Marjit(2009)认为非洲和拉美国家非正规金融源于贫困居民金融需求，非正规金融可以提供资金支持促使居民收入增加，缓解贫困问题。

针对我国的研究，可以更加清楚地说明借款者选择如何最终形成了非正规金融系统。Ayyagari et al. (2007)采用中国的数据，对正规金融系统和非正规金融系统进行比较研究，认为对借款者而言，二者均存在难以使用数值衡量的约束。至于选择哪种渠道融资，完全取决于借款者主观意愿。Guibin Zhang(2008)通过问卷对成都中小企业以及个体户借款倾向进行研究，发现声誉与关系是借款者能否从正规金融机构获得贷款的决定因素，而借款者会根据自身条件决定是否从正规金融贷款。Wubiao Zhou(2009)认为在改革开放过程中，能否获得银行贷款是企业能否进一步发展的重要因素，但由于信息不对称和法律制度不健全，企业获取银行贷款存在阻碍；特别对中小私企而言，为克服这一阻碍，往往需要付出一定成本进行政治公关，获得政府的支持，因而中小私企有主动放弃正规金融机构贷款的可能。朱信凯、刘刚(2009)以我国南方农村广泛存在的轮会(合会的一种形式)为例，说明借款者需求是非正规金融产生的主要原因。李富有、梁俊茹(2009)对民间资本与民营科技企业融资进行研究，认为中小民营科技企业自身规范化程度不高是制约银行信贷支持的重要因素，而这些企业在融资时更为注重的审批周期长短，使得它们有主动拒绝正规金融的动机。李富有、匡桦(2010)则认为与非正规金融融资方式相比，正规金融为防范风险而设置的"隐性约束"对借款者具有挤出效应，非正规金融源自借款者选择。

对于我国非正规金融的生存机理，单纯依靠金融抑制理论、交易成本理论或者是借款者选择理论都无法彻底解释，需要结合这三种理论加以分析。

2.2　非正规金融的声誉约束机制

如果说非正规金融的产生原因还存在争论的话，关于非正规金融内部声誉约束机制的有关研究则较为轻易地达成了共识。

2.2.1　声誉机制的形成

早在 200 多年前，亚当·斯密就指出声誉是一种保证契约诚实执行的重要机制。但克莱普斯和威尔逊(Kreps and Wilson，1982)指出，经济学家关于声誉问题的研究，一直缺乏正式的经济学模型或是规范的经济学范式。由于声誉问题总是与信息的非对称性以及经济环境的不确定性相联系，因而超越了古典经济学的研究范畴，而新古典经济学将交易等行为视为在一个信息充分、自由竞争的理想境界中运行，因此声誉问题在经济学研究中的兴起还是近三十年的事情。

但在这样一个充满不确定性且行为主体是有限理性的世界，信息在行为主体之间可能是不对称分布，于是就显现出声誉的价值与重要性。

在阿克洛夫(Akerlof，1970)解释二手车市场中“柠檬问题”及斯宾塞(Spence，1973)构建信号传递模型之后，声誉作为一种信息显示机制的作用受到越来越多的重视与研究。威廉姆森(Williamson，1975)认为，个人声誉是一种非常好的意识形态资本，这种资本可以减少社会经济活动参与者的机会主义行为，可以激励人的行为。

20世纪70年代以后，随着经济学家修正新古典理论以及不完备市场理论兴起，声誉机制在经济学研究中越来越受学者重视，有关声誉问题的研究在主流经济学领域逐步展开。符加林(2008)认为，新古典经济学有关声誉研究的突破与发展体现在以下三个方面：一是信息不完全理论，主要揭示信息不完备性和非对称性(Akerlof，1970；Spence，1973)；二是交易费用理论，主要揭示交易中存在的成本，并指出交易成本是影响企业行为的最主要因素之一(Coase，1937)；三是博弈论，揭示交易主体之间如何相互影响决策及如何达到均衡。前两者体现了声誉研究的必要性，也形成了新古典经济学研究声誉问题的主要框架，而作为技术手段的博弈论则成为系统深入研究声誉问题的逻辑性与解释性工具。

克莱普斯和威尔逊(Kreps and Wilson，1982)以及米尔格罗姆和罗伯特(Milgrom and Robert，1982)运用博弈模型解释了不完全信息条件下有限次重复博弈的合作均衡生成机制，第一次在经济学研究中建立了标准的声誉模型。余津津(2003)指出，经济学对于声誉的正式研究始于Kreps等人，他们的声誉理论的贡献在于通过博弈模型“凸显”了声誉机制的重要性，证明了声誉机制作为一种“认知”会影响市场参与者的行为决策，“声誉效益”确实存在。

Kandori(1991)的研究拓展了声誉机制的研究，他证明，如果欺诈行为存在传染过程(A Contagious Process of Infection)，则社会规范将支持合作行为和声誉机制的形成。特别是在存在可靠信息生产机制和制度的前提下，即使信息生产和传递机制本身不具有强制力，也将导致社会有效交易的出现。Kandori(2002)进一步说明，尽管在一个社会中，不同经济主体之间的交易次数非常有限，但是如果存在信息传播机制能够及时将交易者的欺诈行为传递给其他相关成员，并由他们(不一定是被欺诈者本人)对欺诈者实施惩罚，同样可以促使交易者有激励维持诚实的声誉。从而证明声誉还可以通过“社会实施”(Community Enforcement)机制来加以维持，扩大了声誉效应的现实社会基础。

总的来说，无论是克莱普斯等人的声誉模型，还是坎多里的声誉社会实施机制，都将声誉机制的形成看做是在市场参与者博弈过程中形成的一种动态约束激励机制。它们都表明声誉机制对经济参与者的策略选择行为和达成均衡结果具有重要的影响。

张维迎(2001)则从文化层面阐释声誉机制的形成，他认为市场中的参与者，必须遵照市场所制定的规则进行交易，这些规定也相应激发了市场参与者对其他参与者行为的预期。当预期成为共同信念时，这种预期也就成为一种文化。所以声誉机制是一种市场文化，是市场参与者稳定的共同预期与信念。

近年来众多学者运用重复博弈更加清楚地解释声誉机制形成的过程。弗登博格和勒文(Fudenberg and Levine，2007)认为，在不完全信息条件下，市场参与者是否能达到均衡取决于市场传递参与者行为信号的效率，“频繁监视”(Frequent Monitoring)是提高市场传递信号的有效途径。而为了节省“频繁监视”的成本，市场传递的信号中则包括了市场参与者前期行为的记录，这些前期行为记录的集合，就是声誉。Flesch 和 Perea(2009)，Tristan Tomala(2009)以及 Ayça Kaya(2009)对不完全信息条件下基于信号传递重复博弈的研究进一步强化了弗登博格和勒文的结论，认为在不完全信息条件下的重复博弈过程中，参与者间信号传递的集合最终形成了市场的声誉机制。Gossner 和 Hörner(2010)则认为，不完全信息条件下，如果缺乏有效的监视手段，那么市场参与者的初次博弈选择将成为影响双方长期重复博弈行为的重要因素。而初次博弈选择的基础来自于市场所传递的信号，即双方的声誉。

最为重要的是，声誉机制是我国广泛存在的非正规金融的基础。刘江会(2004)认为，市场参与者的声誉状况对参与者在交易过程中的收益会产生重要影响，正因如此，经济主体会重视自己的声誉，因而声誉机制成为了约束市场参与者的一个重要手段，这也正是声誉机制的价值所在。吴少新、王国红(2007)则认为我国普遍存在的非正规金融行为，是信誉机制约束下的重复博弈结果，长期合作的预期与重复博弈的利益是非正规金融借贷双方达成契约的先决条件。李富有、匡桦(2010)通过构建非正规金融组织发起者与参与者之间的简化博弈模型，证明非正规金融组织成立的基础为组织发起者的声誉。

2.2.2　声誉机制的作用

关于声誉机制的研究成果，都将声誉看做是确保契约顺利履行的重要约束。学者们普遍认为声誉机制具有隐性契约的功能，可以起到一种对显性契约的补充甚至替代作用。因此，声誉具有两大基本功能，即声誉信息效应与声誉资本效应。

1. 声誉机制的信息效应

声誉机制可以如实反映市场参与行为主体是何种类型，这种信息对参与者而言是一个有效的识别信号，能够提高参与者寻找交易伙伴的效率，从而提高整个市场的效率。

关于声誉机制的研究，从一开始学者们就强调了声誉机制传递信息的重要作用。阿克洛夫(Akerlof，1970)在分析如何解决柠檬问题时，就强调了声誉的信号传递功能，将声誉看做是解决市场参与者信息不对称的重要机制。而克莱普斯等(Kreps et al.，1982)在有关序贯均衡(Sequential Equilibrium)的分析中将市场参与者的声誉定义为，在信息不对称条件下市场参与者的一方对另一方是何种类型(或偏好)的概率的认知(Perception)，且这种认知依靠两者间重复博弈所传递的信息不断地被更新。

Kennes 和 Schiff(2002)针对厂商通过虚假广告所能获得短期利益与声誉毁损导致长期损失间关系进行研究，认为声誉机制可以发送涵盖了有关过去所有交易信息的信号。如果市场参与者做出某种机会主义选择，那么这种行为将造成参与者的声誉损失，而声誉机制则可以由现阶段机会主义行为产生下阶段较低的声誉水平。同时，声誉机制还是一种信号甄别和信号搜寻机制，它总能甄别出高质量产品并提升它们的价格，还有助于精确地搜寻销售这种产品的销售商。对整个社会而言，有效的声誉机制迫使厂商更加诚实，进而提高整个社会的福利水平。

Manfred(2004)认为，声誉是反映市场参与者历史记录与特征(效用函数)的信息。声誉在各利益相关者之间进行交换和传播，最终形成声誉信息流、声誉信息系统以及声誉信息网络。这些信息传递机制，能够有效减少信息扭曲，增加交易透明度，成功降低了交易成本。

林毅夫、孙希芳(2005)的研究则将非正规金融系统与声誉的信号传递作用联系起来。他们认为中小企业信息不透明，且常常不能提供充分的担保或抵押，正规金融机构难以有效克服信息不对称造成的逆向选择问题，而非正规金融能够通过收集“软信息”(声誉)了解借款者的财务状况。

Anne Lester(2009)通过研究中世纪的香槟酒交易会(Champagne Fairs)，认为交易会包含的声誉信息流，能够帮助中世纪的香槟交易者们从遥远的地区找寻到值得信赖的伙伴，降低了交易成本。

2. 声誉机制的资本效应

除了信息效应以外，声誉机制还具有资本效应。Tadelis(1996)认为，声誉是市场参与者拥有的一种长期无形资本，它能给声誉主体带来“声誉租金”，并形成竞争优势，声誉有可能给行为主体带来超额收益，而声誉贬值也会给行为主体造成相应的损失，因此本课题可以将声誉拓展为声誉资本。

Whitmeyer(2000)认为声誉资本是市场参与者拥有的一种资产，与物质资产、金融资产类似。声誉资本是逐步建立和逐渐消失的，需要投资进行维持。声誉资本具有路径依赖性，参与人对自身声誉的投资越多，就越关注自身声誉，也会为维持和增加声誉资本而进行更多的声誉投资。此外，声誉投资是一种沉没成本，沉没成本越高，声誉资本受到损失的机会成本就越高，对市场参与者造成的损失也就越大。

Tadelis(2003)认为声誉是企业极为重要的一种无形资产，它附属于企业的名称并由其展现。他明确提出了企业所具备的两种声誉效应，包括“声誉的维持效应”(Reputation Maintenance Effect)和“声誉的建立效应”(Reputations Start-up Effect)。前者的含义是：一般来说，运营良好的企业比相对较差的企业更倾向于维持好的声誉；运营良好的企业能够通过好的声誉长期获利，于是又激励这些企业为好的声誉支付更多维持费用；更重要的是，运营良好的企业比相对较差的企业更有实力和能力维持好的声誉。后者的含义是：运营良好的企业比相对较差的企业更容易建立起属于自身的声誉。

肯尼斯·阿罗(Kenneth J. Arrow，2003)在回顾博弈论的研究历史时提到，声誉是一种“社会资本”，这种社会资本不同于物质资本和人力资本，但对经济发展同样有益。

Parker(2006)将声誉资本效应的研究扩展至研究政府官员的政治绩效范围(Bureaucratic Performance)，指出声誉资本效应对政府人事考核制度的影响。他认为诚实等品质将为政府官员提供声誉“升水”，激励官员履行职责，从而约束其机会主义行为。

对于个人而言，声誉是一种不可交易、不可替代也不能编纂的资产，叶敬忠等(2004)认为农户的民间借贷会背上“人情债”，借款农户需要采取相关措施予以偿还，体现为无偿帮工和必要时给予对方无偿贷款。张杰(2005)认为农户之所以在国家农贷不可得或不充足时才选择熟人借贷，原因在于“面子成本”，即相对于国家农贷，向熟人借钱虽然是低息甚至无息，但却要支付“面子”或“人情”代价，从某种程度上来说“面子”和“人情”就如同利息。王芳(2005)认为熟人借贷存在“人情成本”，收入水平越高，农户越偏好于通过匿名的金融交易来节约人情成本。William Chan et al.(2008)认为个人声誉是一个缓慢积累的过程，而一旦放弃自身声誉，想重新建立几乎是不可能的事情。

2.2.3　声誉机制发挥作用的条件

已有研究表明，声誉机制是一个动态博弈过程形成的结果，在这个过程中，各种条件的综合作用促进这一结果的形成。相应的，声誉机制发挥作用同样需要一定的客观条件。

1. 声誉机制发挥作用的首要条件是交易的重复性或相关性

克莱普斯等(Kreps et al.，1982)对“连锁店悖论”进行解释时就提到，市场参与者之间的重复交易或关联交易是声誉机制形成并发挥作用的前提条件，二者必有其一。如果双方交易(博弈)是一次性或者是孤立的交易(博弈)，则市场参与者不但没有创建和维护声誉的动机，反而在市场缺乏对违约参与者惩罚的条件下，刺激了市场参与者机会主义行为。

刘江会(2004)认为，市场参与者之间交易的频率越高、交易的次数越多，声誉机制产生的作用就越大，市场参与者就越珍惜声誉；反之，声誉机制产生的作用就越小，市场参与者就越不珍惜声誉。

Jeffrey Ely et al.(2008)将市场参与者区分为长期参与者和短期参与者。认为短期参与者率先改变决策的权力使长期参与者变得被动。长期参与者在与短期参与者交易之前就接收到市场传递的一个“坏”的信号，即短期参与者无法使长期参与者确信声誉机制可以继续发生作用。

Thomas Wiseman(2009)则认为，市场参与者自身声誉形成是一个长期自我学习完善的过程，相应的声誉机制必须依靠重复交易发挥作用。另外，无论长期参与者还是短期参与者，都会接收到大量的市场信息，而长期参与者鉴别这些信息的成本低于短期参与者，这是因为声誉机制只会在重复交易条件下发挥作用。

Maroš Servátka(2010)认为，缺乏重复性的交易行为会对市场参与者的行为产生负向激励，具有良好声誉的参与者会逐渐放弃自身声誉，机会主义参与者则会越发的短视和自私。而反复交易则具有两点重要作用：其一，为交易双方提供对方更为详细准确的声誉信息，有助于参与者更为准确地选择交易对手；其二，交易双方的声誉信息可以逐渐传达至整个市场，使更多市场参与者了解。因此，重复性交易扩展了声誉信息的传播范围，保证了声誉机制作用的发挥。

2. 声誉机制发挥作用的另一个条件是声誉信息有效传递

声誉信息的有效传递不仅是声誉机制发挥作用的条件，更是声誉机制形成的基础。无论是声誉机制的信息效应还是声誉机制的资本效应，都有赖于有效信息传递。黄晓红(2009)认为，信息有效传递包括三方面含义：其一，传递的信息是准确客观的；其二，传递信息的速度要足够及时；其三，传播信息的范围要足够宽广，至少能够传导到其他与该声誉主体有潜在交易行为的市场参与者。

克莱因和莱夫勒(Klein and Leffler，1981)强调了声誉信息流动在解决信息不对称问题上的作用，同时也指出，即使市场参与者间相互不了解，只要各参与者声誉信息可以流通，则市场参与者之间还是可以进行交易。

戴蒙德(Diamond，1989)认为，声誉机制可以有效约束资金市场的资金需求者，因为对于潜在的资金供给者而言，必须尽可能了解资金需求者的相关信息和借贷记录，而这都来自于资金需求者的声誉信息。另一方面，声誉信息所包含的内容必须真实可靠，有助于资金供给者进行鉴别和筛选。戴蒙德(Diamond，1991)进一步强调了这一结论，认为资金需求者的声誉信息传播范围至少能够到达资金市场上潜在的资金供给者。

Kandori(2002)则强调市场的信息传播机制可以保证市场参与者达成一致，惩罚违约的市场参与者。如果没有保证信息传递的“社会实施”(Community Enforcement)机制，则声誉机制无从发挥其作用。

Huck 和 Lünser(2010)认为，个体参与者信息传递的便利决定了个人声誉机制发挥了很大的作用，但多个参与者组合起来并不一定可以形成集体声誉机制。信息传递过程中内容的增加与效率的降低是集体声誉机制低效的主要原因，如果把集体规模控制在可以保证信息高效传递的范围内，则声誉机制仍可发挥作用。他们指出，构建集体声誉机制取决于整个集体的规模，规模过大导致信息传递不畅，集体内部声誉机制失效。

3. 声誉机制发挥作用的最后一个条件是可置信威胁

可置信威胁是指市场参与者违约后将会受到的惩罚，可置信威胁越大，参与者违约所需付出的成本就越大，就越重视自身声誉，相应的声誉机制也就越容易建立。威胁来自于两个途径：其一，市场自发的惩罚力量，克莱因和莱夫勒(Klein and Leffler，1981)将这种力量总结为一种基于重复交易的确保契约绩效的约束，即市场参与者一旦违约，市场上其他交易者就会立刻停止与该参与者的一切交易行为，在他们的模型中，买者对卖者出售低质量产品行为的惩罚就是在未来抵制该卖者的商品，使卖者的长期利益受损；其二，法律强制的惩罚力量，即参与者的违约行为会受到法律的制裁，法律制度越完善，诉讼的成本越低，参与者违约后将遭受的法律惩罚越发严重，因而完善的法律制度是声誉机制发挥作用的一个基础。

Grief(1993)对非洲 Maghribi 地区早期的贸易商人间借贷行为进行研究，发现这些贸易商通过成立商业联合会，互为委托代理，实行多边惩罚机制(Multilateral Punishment Strategies)：如果联合会中有一个参与者出现违约行为，且被联合会中其他参与者了解，则没有人愿意与之再次交易，该成员被驱逐出联合会。Grief et al. (1994)在上述研究基础之上指出，商业联合组织的参与者能够意识到违约行为将受到整个组织的惩罚，所以最优策略将是忠实履约。

Levine 和 Martinelli(1998)认为市场存在“噪音”，长期参与者不一定能够如实获得交易对方的行为信息，短期参与者往往会忽略自身或对方的行为信息。特别是对长期参与者而言，短期参与者何时结束交易是难以把握的，因此长期参与者并不愿意与短期参与者进行交易。但市场存在的可置信威胁会使短期参与者为突然终止交易付出巨大成本，实现了长期参与者与短期参与者之间的交易可能。

贾生华、吴波(2004)认为，个体如果违反了某个人际范围内的规范和文化，将会受到其他人际关系的惩罚。因为“社会嵌套”观念的存在，单个的交易不是独立，它还牵扯到整个人际关系范围内的交易可能。无论是小范围的人际关系还是整个社会范围，个体参与的都是关联博弈，单次交易违约将导致关系范围内以及整个社会的惩罚。

Martin W. Cripps et al. (2007)设计了一个长期重复交易且信息传递顺畅的市场环境，发现仍然有市场参与者违约。他们认为，违约的市场参与者从交易初期就存在离开该市场的念头，在市场缺乏有效监管的情况下，即使交易长期重复、信息快速传递，其他参与者仍无法约束这些本打算退出市场的参与者。Kjell Hausken(2007)补充了这一结论，他认为在市场存在有效监管以及退出成本的情况下，即使是不完全信息条件，具有良好声誉的市场参与者仍然比较差声誉的市场参与者收益更高，声誉机制还能一定程度地发挥作用。

Don M. Autore et al. (2009)针对安达信(Arthur Andersen，AA)会计师事务所在安然事件中所扮演的帮凶角色进行研究，认为在不完全信息条件下，审计师对企业财务报表的审核缺乏外部监管，因而审计师的声誉机制易于崩塌。但政府和司法机构强硬的态度与惩罚措施提高了会计师行业的可置信威胁，保证了会计师行业声誉机制的重新运转。Huang and Li(2009)的研究支持了上述观点。

事实上，重复(相关)性交易、声誉信息有效传递以及可置信威胁是相互作用、互相关联的三个条件，一个声誉机制发挥极大作用的系统，必然满足这三个条件同时存在。

2.3　非正规金融的潜在风险

然而实际生活中，社会环境和经济运转并不总能满足声誉约束机制发挥作用的条件，因此在声誉约束机制失灵的情况下，非正规金融极易爆发风险。

2.3.1　非正规金融潜在风险的逐渐暴露

Besley和Levenson(1996)研究了1977—1991年中国台湾地区经济迅速发展过程中居民财富积累、中小企业成长与非正规金融系统。他们认为，中国台湾地区广泛存在的非正规金融组织“会”，成功平滑了居民日常生活中收入与消费的时间与空间差异，有效帮助中小企业防范生产经营中资金收支的风险，是中国台湾地区经济快速发展的重要原因。这些非正规金融组织最为繁荣时，参与的会员占中国台湾地区全部居民的85%。然而如此庞大规模且缺乏管理的非正规金融组织逐渐出现许多问题，最为严重的是普遍存在的资金承诺回报虚高。于是从1983年开始，中国台湾地区的非正规金融组织风险不断爆发，特别是在1985年，台湾地区最大规模的非正规金融组织(The Tenth Credit Cooperative)宣布倒闭，直接导致中国台湾地区强制暂时关闭非正规金融市场。这一波“倒会”风潮给中国台湾地区社会、经济发展造成了极大的负面影响。

此后，更多学者对非正规金融风险暴露的问题进行研究。霍夫和斯蒂格利茨(Hoff and Stigliz，1997)证明非正规金融建立在参与者间相互信任的基础之上，但这种依靠信任约束的契约随着涉及资金的增加越发脆弱，容易引发道德风险。Pitt and Khandker(1998)对孟加拉国乡村银行针对贫穷农户的群体贷款项目进行研究。发现缺乏约束和管理的个人贷款易发道德风险，而群体贷款依靠特殊的契约设计提供了“群”内相互监督的激励，降低了道德风险发生的概率。但同时也存在“集体违约”风险发生的可能。Ghatak and Guinnane(1999)认为针对贫困居民的贷款，通过“联保”这一群体信贷方式可以实现贷款审核、贷款追踪、贷款监测以及履约保证，有效降低了长期以来给予单个贫困居民贷款发生道德风险的可能。但贷款的集中又容易导致“群体”道德风险和逆向选择的发生。

中国人民银行广州分行课题组(2002)对其辖区十地进行了专题调研，发现因非正规金融行为而发生的经济纠纷达7 232件。具体表现为：非正规金融行为引发社会群体性盲目投资；非正规金融行为推高资金价格水平，而高利率加重了借款者的负担；甚至某些非正规金融行为，涉嫌违法犯罪。如果不能够正确引导非正规金融，将会给当地社会、经济运行和发展带来极大的负面影响。

李援亚(2005)认为我国的非正规金融产生于体制转轨时期，具有分散性、隐蔽性、法律意识淡薄、借款期限长等特征，在缺乏有效监控的环境下很容易产生债务纠纷。张翔、邹传伟(2007)针对“标会”研究，认为标会会首作为实际的金融存贷中介因担心挤兑而较少采用“说坏话”机制，相反他们有主动屏蔽信息的动机，而大范围的套利行为使标会规模扩大、会息飙升，当标息超过特定水平后他们的理性选择就是抢标和组织新会。李富有、匡桦(2010)提出关于非正规金融组织的简化博弈模型，认为组织发起者声誉是非正规金融组织成立以及正常运行的基础，但这一基础会随着组织规模的扩大、组织参与者监督的缺失越发脆弱，最终导致道德风险爆发。

有关非正规金融风险的研究达成一个共识，就是非正规金融风险是一个逐渐产生的过程，即长期缓慢的积累和短期快速的爆发。

2.3.2 非正规金融风险的根源

缓慢积累与快速爆发是非正规金融风险的主要特征。那么，这些风险的根源是什么？

事实上，斯蒂格利茨和维斯(Stiglitz and Weiss，1981)认为，不完善的金融市场存在巨大风险，而这些风险的根源来自于高利率和利率的波动，高利率产生逆向选择效应和激励效应，而利率的波动效应使利率偏向于高出实际承担的风险。这三种效应导致了市场风险的产生。Bester(1985)在解释非正规金融系统的起源时就分析过，因为金融市场中存在大量风险偏好型参与者，愿意利用自有资金经营高风险或投机性项目，需要一个较高的资金价格(贷款利率)与较大的资金风险(收不回贷款)并存的市场，所以非正规金融市场应运而生。这些结论成功解释了为什么非正规金融市场上出价高的借款者更容易获得资金，也解释了非正规金融市场风险突然爆发的原因，但无法解释为什么贫困地区非营利目的的贷款会遭遇道德风险和逆向选择。

黎支兵(2005)对湖北荆门市非正规金融的调研发现非正规金融存在法律风险、操作风险、信用风险、经营风险和道德风险五种风险。潘意志等(2005)认为数量庞大的非正规金融资本体制外循环，必然导致非正规金融的高风险。从以下两个方面体现出来。第一，从非正规金融对金融市场的影响来看，非正规金融组织在融资过程中采用的利率一般较高，由于资本天生的逐利性，非正规金融必然分流正规金融的储户(即居民存款分流)；另外，非正规金融组织发放信贷手续简便，提供的融资规模不大，交易时间短，借贷时间不长，很受个体工商户和中小企业的欢迎，因此造成正规金融组织贷款业务的分流(即贷款分割)。由于缺少严格有效的外部监管和约束机制，非正规金融对金融市场必定有较强的干扰效应。第二，非正规金融组织的运作导致一部分资金从正规金融体系中分流出来，形成一个体制外的金融市场。由于一国的金融资产总量理论上应等于非正规金融资产和正规金融资产之和，因此资金配置在两者之间必然是此消彼长的关系。如果过多的资金流入政府控制之外的非正规金融市场，则意味着国家宏观调控能力的减弱，政策效果下降。李援亚(2005)通过对非正规金融和正规金融的内部风险以及外部风险进行比较分析，得出非正规金融内部风险较小而外部风险较大的结论。赵惠春、郑海旭(2006)对民间标会的研究发现，发生标会倒会的原因一是资金用途异化；二是利率水平畸高；三是对违约者缺乏制裁办法，容易诱发道德风险。刘冬梅(2006)认为非正规金融具有为追求高盈利而冒险或投机的一面，且缺乏必要的法律约束，多属私人交易行为。过高的利率使借贷人收入的一部分流入食利阶层，借贷者承受着巨大的高利贷利息，甚至愈陷愈深，无法摆脱贫困。另外，民间融资的相当一部分投向了受国家宏观控制的过热行业，如炼铁、小焦炉等，一定程度上削弱了宏观调控的力度，冲淡了宏观调控的效果，某种程度上成为宏观调控限制行业投资反弹的潜在因素。章仲云(2007)认为，非正规金融广泛存在高利率风险、法律风险、非法集资风险以及地下钱庄的非法洗钱等风险。张玲、陕立勤(2007)认为非正规金融一般是建立在血缘、地缘关系基础上的，大多缺乏正规的组织形式、良好的运作机制、有效的约束机制和风险控制机制，具有非正式、不规范、高风险等特征，很难承担大规模聚集资本的功能。这种主要以道德为根基的制度安排使其在市场化改革不断向纵深推进的形势下受到很大的冲击。我国浙江、福建等地的“倒会”事件便是例证。邹新阳、王贵彬(2008)认为非正规金融风险主要产生于内在制度缺陷、管理水平低下、法制约束弱化、政策环境制约。

2.3.3 非正规金融风险的防范

与正规金融相比，非正规金融能够在一定程度上解决信息不对称，防止贷款中的道德风险与逆向选择问题，但这仅限于一定范围内而言。由于非正规金融以声誉为基础，当借贷关系拓展到过大的范围时，声誉机制有可能失灵，此时非正规金融风险几乎是无穷大。于是 Banerjee et al.(1994)提出了“长期互动”假说(Long Term Interaction Hypothesis)，认为非正规金融只能对一定地域范围内的农村中小企业提供金融服务，通过长期的合作关系，加深了对中小企业经营状况的了解程度，有助于声誉机制失灵的问题，降低风险。Kochar(1997)则认为关联贷款在印度的农村社区发挥着重要的作用，因为这种借贷方式，降低了农村地区金融市场欠发达情况下的交易成本和违约风险。德布拉吉·瑞(2005)则强调传统社会低流动性有助于非正规信贷合约的有效执行：一是低流动性能够使人对互惠性产生预期；二是能使社会对于违规行为施以惩罚。德布拉吉·瑞同时强调互联性合同(关联交易)的作用：只要借款者不可能同时在两个交易中违约，则能够促使借款者努力工作，并同时增加还贷的激励。

国内学者主要有以下五种观点。一是大部分学者认为应规范非正规金融行为，加强监管，并坚决打击高利贷以及地下钱庄的非法金融活动(张余文，2003；蔡灵跃等，2005，2007，2009)。持这种观点的学者认为非正规金融行为的不规范会产生高利贷等非法活动，产生较多的风险，给社会带来很大的负面影响，因此应加强监管。二是认为要加快征信体系建设，降低中小企业和个人贷款的道德风险(李锐、李宁辉，2004；熊嫕，2009)。通过征信体系获得中小企业或者农户信息，减少非正规金融组织的借贷风险，问题在于征信系统怎样以及如何给非正规金融组织开放，会不会是有条件使用等现实问题难以解决。三是认为应建立对非正规金融的监测体系，防范非正规金融风险(毕德富，2005；于瑞华、余红，2006)。非正规金融风险虽然不及正规金融波及面广、影响之大，但同样会影响当地社会经济发展、社会稳定，监测是很有必要的，但是监测的手段和指标体系构建没有论及。四是认为应将超过一定规模的非正规金融活动纳入正规金融的制度体系，减少金融风险(胡金焱、李永平，2006；张立光、胡金焱，2010)。由于非正规金融组织的隐蔽性，为了避免监管和缴纳准备金，非正规金融组织会将规模的信息作为私有信息隐藏，所以按规模纳入正规金融组织在实施中会有更多的壁垒。进一步而言，非正规金融风险控制的核心在于非正规金融组织自身，关键是合理引导规范、阳光化，加强自身风险防范的能力和素质。五是非正规金融已经形成了自己的一套风险防范机制，主要是风险甄别机制、风险控制机制以及民间力量的制裁(祝文峰，2007)。虽然非正规金融组织有其自身的风险预测、防范机制，但是风险依旧很大，许多现实的例证可以说明。非正规金融组织的风险与中小民营企业风险是密切相关的，中小民营企业的风险是比较大的，现阶段国际金融危机影响较大的依旧是中小企业，从产业、行业风险到微观的产品风险，中小微型企业难以与大型企业相提并论，因此，要深层次研究非正规金融组织风险防范还要考虑宏观的经济金融等因素，依此提升它们的风险防范水平。

翻开非正规金融研究史，大部分研究都着眼于非正规金融风险。事实上，任何金融活动都会有风险，对于非正规金融风险，应予以正确看待，并且深入非正规金融系统进行认识和研究，不能因噎废食，为了防范金融风险而对非正规金融进行严格管制甚至是歧视排挤。

2.4　非正规金融的演进路径

纵观整个非正规金融发展历程，始终与非正规金融风险爆发相关联，无论是外部因素的打压封锁还是内部因素的风险爆发，非正规金融一直以一种螺旋式上升的历史演进趋势向前发展。

2.4.1　我国非正规金融的历史发展进程

事实上，非正规金融作为金融系统中较为原始和低层次的形态，在我国自公元前 2000 多年前夏商时期就开始存在。在此之后的 4 000 余年中，我国的非正规金融历经变革和演进，显示了强大的生命力。自非正规金融产生到唐朝之前，非正规金融基本一直以简单的自由借贷形式存在，尚未出现非正规金融组织。

到了唐朝，随着社会经济的繁荣，非正规金融大大发展，于是在这一时期出现了东亚地区最早的合会(姜旭朝、丁昌锋，2004)，还产生了当铺的前身“质库”。钱庄产生于明朝，它不仅从事金、银、钱之间的兑换，还办理放款、存款和汇兑业务。账局和票号则是产生于清朝的重要非正规金融机构，其中，账局的主要业务是经营存放款，而票号的产生则标志着近代金融业三大基本业务(存款、贷款、汇兑)已为中国金融机构全部具备(黄鉴晖，2002)。当铺、钱庄、账局和票号成为近代几种最主要的非正规金融机构。它们在业务上既有一定的重叠，也保留了各自的侧重——它们都经营信用放款和存款业务，但当铺的业务以抵押放款为重，钱庄在货币兑换方面更为专业，账局的存贷款功能更为重要，而票号则更加侧重于汇兑业务。

新中国成立之后，由于计划经济体制的推行，私营经济受到禁止，非正规金融不仅由此失去了市场，也经受着国家政策打压，逐渐退出信贷市场。农村信用合作社是仅存的非正规金融形式，但由于产权关系的模糊和政府的过度参与，并不能将其视作真正的非正规金融组织。

1978年改革开放之后，民营经济逐渐在我国成长，民间资本积累加剧，非正规金融重新浮出水面。现代非正规金融的初始形态仍然是亲戚朋友之间的自由借贷，随着市场开放程度的提高，逐渐出现了非正规金融组织，甚至出现机构化程度很高的非正规金融形式，如“银背”、私人钱庄、基金会等。整体看来，我国近代非正规金融的发展可以归纳为以下三个阶段(王劲松，2004)。

第一阶段，20世纪70年代末80年代初非正规金融重新产生。这一时期非正规金融开始出现，但规模、范围都还很小，当时的主要形式是一些企业的内部集资，信用工具主要是所谓的股票(保本付息、退股自由)。

第二阶段，20世纪80年代至90年代中期的繁荣时期。1985年中共中央发布的1号文件提出要“适当发展民间信用”，因而这个时期我国的非正规金融在广度和深度上都得到了显著的提高。

从广度来看，一是非正规金融的表现形式越来越多，出现了各类组织化和规范化程度不同的非正规金融行为或组织；二是非正规金融的普及范围越来越广，无论是经济发达地区还是次发达地区甚至落后地区，都可以看到非正规金融的“身影”；三是非正规金融的参与者越来越多。从深度来看，一是非正规金融行为或者组织不断完善、成熟，逐渐形成了行业的惯例与准则，出现了行业通用的操作程序；二是非正规金融对整个社会环境、经济发展的影响越来越大，逐渐渗透到居民日常生活与金融行为当中；三是非正规金融涉及的金融工具逐渐复杂。但必须注意到，这个时期的非正规金融系统处于政府政策的灰色地带：一方面，这些非正规金融活动处于中央政府规范与监管视野之外；另一方面，这些非正规金融活动又得到了地方政府的默许甚至支持。另外，一些非正规金融组织在这个阶段爆发了的风险，对当地社会和经济发展产生了一定程度的负面影响。

第三阶段，20 世纪 90 年代中后期以来的调整时期。由于前一阶段非正规金融暴露出许多问题，而且这些问题严重影响了当地的经济发展甚至社会治安，于是中央政府加强了对这一领域的监管。特别是 1997 年东南亚各国发生金融危机之后，国务院和中国人民银行加强整顿我国金融秩序，各种非正规金融行为被定性为非法活动。因而非正规金融行为转入"地下"状态，成为"地下金融"，但这种隐蔽的"地下"状态并没有阻碍其进一步发展。

另外，非正规金融自身出现的问题使投资者对非正规金融保持了谨慎态度；同时，自 20 世纪 90 年代初开始，我国资本市场获得了较快的发展，居民可支配资金很大一部分流向了股票及债券市场。

2005 年 2 月，国务院颁布了《关于鼓励支持和引导个体私营等非公有制经济发展的若干意见》(简称"非公经济 36 条")，明确鼓励非公有制经济的发展。相应地，中国人民银行和中国银行业监督管理委员会于 2007 年 1 月 22 日和 2008 年 4 月 24 日相继下发了《中国银行业监督管理委员会关于印发村镇银行管理暂行规定的通知(银监发[2007]5 号)》以及《中国人民银行中国银行业监督管理委员会关于村镇银行、贷款公司、农村资金互助社、小额贷款公司有关政策的通知(银监发[2008]137 号)》，标志着非正规金融重新浮出水面。我们有理由相信，随着 2010 年 5 月 7 日国务院再次下发的《关于鼓励和引导民间投资健康发展的若干意见》("新 36 条")，我国非正规金融将进入一个全新的发展阶段。

2.4.2　我国非正规金融演进的主要影响因素

在非正规金融发展的历史进程中，经历了制度化水平逐渐提高的过程。王曙光、邓一婷(2007)认为，"会"与国外学者提到的轮转储蓄和信贷协会类似(ROSCA，Rotating Savings and Credit Associations)，是我国非正规金融中一种长期存在的组织形式，它不仅是最早出现的非正规金融组织形态，也是生命力最为顽强的非正规金融组织形式。

在整个非正规金融系统发展过程中，最原始的"会"仅依靠"会首"自身的威信和地位建立，缺乏正式的经营场所和相关规章制度。随着经济发展的客观需要，更为高级的当铺、钱庄、账局和票号等非正规金融组织形式逐渐发展起来，不仅具有固定的经营场所和营业时间，而且也有规范的组织规章，在一定程度上类似于现代的银行。

在非正规金融组织形式不断演进的过程中，非正规金融组织本身也经历着由简单向复杂的转变。一方面，非正规金融组织的业务范围不断扩大，例如，钱庄由最初主要开展货币兑换业务转变为兼营存贷款业务和汇兑业务，当铺和票号由最初只分别开展抵押贷款和汇兑业务转变为兼营存款和信用贷款；另一方面，非正规金融组织参与者的范围不断扩大，在古代和近代，非正规金融组织参与者多为自然人，而在现代社会，非正规金融组织出现了大量的法人参与者。而这些演进路径的主要影响因素可以归结为以下四个方面。

1. 社会经济发展

社会经济状况是非正规金融演化中最根本的影响因素。黄鉴晖(2002)认为，中国古代以“会”形式存在的非正规金融组织之所以会相继部分演化为当铺、钱庄、账局和票号，很大程度上是经济因素使然。以账局和票号的产生为例：在中国出现资本主义萌芽的时候，工商业的发展客观要求解决自由资本与经营所需资本不平衡的矛盾，而当铺和钱庄未能承担起向银行转化的使命，从而迫使产业资本和商业资本分离出一部分资本创造出自己的银行——账局。乾隆后半期到嘉庆年间，随着商品经济的发展，国内国际贸易大量开展，埠际间货币流通量增大，传统的起镖运现方式耗时费资、风险较大，逐渐成为商品经济发展的障碍，客观上要求改变以运现为主的汇兑方式，这是票号产生的前提；同时，产生于“嘉道年间”的民信局结束了中国民间书信不通的局面，也为票号经营埠际间汇兑提供了可能。因此，起初为了简单的货币借贷而生成的非正规金融组织，在这种情况下就会向兼营汇兑业务的组织发展，并最终建立起票号这种具有相当正规性的非正规金融机构。

近代，非正规金融机构出现了一定程度的衰落，这在很大程度上源于新式银行的竞争，因为新式银行在组织与规模上都胜非正规金融一筹。但即使在这种情况下，非正规金融也依然能够维持生存，主要是因为民族工商业的发展为其提供了一定的生存和发展空间。

从新中国成立到改革开放的近三十年中，原先蓬勃发展的非正规金融近乎绝迹。一方面，重工业优先发展战略客观上造成价格体系的扭曲，原材料价格、工资、物价都被大大压低，过高的积累率和收入分配上的平均主义致使人们很少有积蓄，无法为非正规金融供给资金；另一方面，在传统的计划经济体制下，私营经济完全没有生存空间，而国有企业的资金完全由政府提供或安排，因而不存在对于非正规金融的需求。资金的供给链和需求链均断裂，自然也就不会有联结资金供求的非正规金融机构。改革开放后，随着民间资金供求的再现，钱庄、当铺等非正规金融机构又逐渐兴起，在政策的夹缝中生存并发展起来，正体现了社会经济状况在非正规金融演进过程中的决定性作用。

2. 人际关系拓展

原始的非正规金融行为主要发生在生活在同一个地区的自然人之间，这是由于邻近的居民具有共同的文化传承，容易通过彼此间的联系结成人际关系网络(即由自然人个体间社会关系所构成的相对稳定人际往来体系)。王卉彤(2005)认为，中国民间广泛存在的乡土社会网络为非正规金融提供了生存和发展的深厚基础。基于我国乡土社会网络的人际关系主要围绕血缘、地缘等而形成，具有高紧密性、高趋同性、低异质性的特征，成员间具有较为紧密的关系，核心人物同其他社会网络的成员在很多社会特征方面具有相近性，因而原始的非正规金融行为主要发生在亲戚邻里之间。但随着经济的发展，单纯的乡土社会网络已无法提供更多的实际或潜在资源，因而人际关系由血缘、地缘关系逐渐向外推广到商业往来、同窗同侪等非亲缘关系，人脉资源逐渐由单纯的熟人向陌生人转化。

这种人际关系的拓展相应改变了非正规金融的组织形式。以我国农村为例：很长一段时间内，我国农村非正规金融主要以血缘和地缘为基础的民间借贷与合会为主；改革开放之后，农村逐渐出现了合作基金会、轮会、标会、摇会、银背、民间集资等非正规金融形态。民间借贷主要是亲戚朋友之间的相互帮助，其融资性经济功能是次要；合会兼具经济功能和社会功能；而合作基金会、轮会、标会、摇会、银背、民间集资等的经济功能远大于社会功能。随着人际关系的拓展，非正规金融的社会性功能逐渐减弱，经济功能逐渐增强。

3. 社会体制变革

非正规金融作为经济系统的一部分，必然受到社会体制变革的影响。以票号的发展为例：董继斌、景占魁(2002)认为，清代票号兴起依靠的是与清政府密切的往来，通过官府的势力拓展业务。由于票号的业务主要是清朝各级政府大批军政费用的汇兑以及朝廷各级官员存放的大量公私款项，在19世纪80年代清政府逐渐瓦解的过程中，大部分公款的汇兑存放相继转移到帝国主义国家强制建立的几个新式银行，致使票号业务迅速减少，很快转向衰落，最后全行业被淘汰。因此本课题认为，社会体制变革对非正规金融演进造成的影响至关重要。

4. 政府政策引导

政府政策的强制性也是影响非正规金融演进的一个重要因素。我国的钱庄在20世纪30年代最终走向衰落的重要原因之一就是国民政府对于金融的控制和垄断。我国非正规金融在 20 世纪 50 年代到 70 年代末的缺失，也与政府政策有着密切的关系。发布于 1950 年 3 月的《关于统一国家财政经济工作的决定》指出，“一切军政机关和公营企业的现金，除留若干近期使用者外，一律存入国家银行，不得对私人放款，不得存入私人行庄，违者处罚”。而在当时，公营经济比重不断上升，非正规金融赖以生存的基础不断被削弱。1955 年，政府通过公私合办的形式将所有的金融企业国营化，用储蓄所替代非正规金融，使得后者在我国彻底绝迹(叶世昌，2002)。但我们必须认识到一点，政府所有关于非正规金融的政策，无论打击或是鼓励，都不是决定性因素。

正如人民银行温州分行一位行长指出：“人民银行高层领导要我们清理非正规金融机构，但是我们很清楚地知道当地需要(非正规金融)……清理非正规金融只能是失败的，如果我们成功地关闭了一个民间金融机构，另外会有五个建立起来。”(王曙光、邓一婷，2007)。

2.5　小结：非正规金融研究成果纷繁复杂

本章着力收集相关文献，按照非正规金融产生原因、非正规金融运行规则、非正规金融潜在风险以及非正规金融演进路径这样的脉络进行梳理，通过评析比较已有的研究成果为本课题后续研究提供理论依据。主要的分析结论如下。

1. 非正规金融产生原因众多

广泛存在的非正规金融具有非常深刻复杂的存在背景和现实原因。已有关于非正规金融生存机理的解释，大致分为金融抑制理论、交易成本理论和借款者选择理论，这三种解释并不是相互排斥和对立的，只是各自的出发点和强调重点有所差异。例如金融抑制理论强调的是制度层面非正规金融的生存机理、交易成本理论强调的则是交易机制层面非正规金融的生存机理、借款者选择理论则是按照行为经济学范式以实验的方法对非正规金融这一客观存在的合理性做出解释。因此关于非正规金融产生原因的研究需要借鉴三方面理论，做出综合性的解释。

2. 声誉约束机制是非正规金融运转的基础与规则

如果说非正规金融的生存机理还存在争论的话，关于非正规金融运转基础与规则的研究结论则相对容易地达成了共识。非正规金融的系统特征决定了非正规金融必然有一套独特的运行规则，声誉约束机制就是这一运行规则，它保证了非正规金融参与者间契约的顺利达成与正常准转。声誉约束机制具有信息传递和有价资本双重效应，也是这双重效应使得声誉约束机制成为了非正规金融的运行基础与运行规范。但声誉约束机制正常发挥作用有赖于一定条件，如果不能满足这些条件，声誉约束机制有可能失灵，导致非正规金融运转出现问题。

3. 非正规金融最大的问题在于其风险脆弱性

一旦非正规金融所处环境发生变化，无法满足声誉约束机制发挥作用的条件，导致声誉约束机制失灵，则非正规金融极易爆发风险。长期以来国内关于民间金融(非正规金融)与民间投资的研究走向两个截然不同的方向，对于民间金融(非正规金融)，更多强调风险，视民间金融(非正规金融)为洪水猛兽，管制之而后快；而对于民间投资，则更多强调民间投资对经济的促进作用，希冀于更多的配套政策措施鼓励民间投资。事实上，民间金融(非正规金融)是民间投资的一个重要平台和渠道，民间金融(非正规金融)最大的问题在于其风险脆弱性，但这个问题并不完全源于非正规金融本身。

4. 非正规金融以螺旋式上升的方式演进

正如矛盾的对立统一，所有事物都具有两面性，非正规金融风险是这一系统长期稳定运转的最大问题，但也是非正规金融不断演进的主要原因。纵观整个非正规金融演进史，它始终沿袭着“萌芽—发展—繁荣—瓦解”这一逻辑路径，在上一阶段出现问题瓦解后的非正规金融会自发的在下一阶段以崭新形式出现，正如正规金融中的迭代效应一般，非正规金融也在风险爆发、自我修复的过程中螺旋式上升。

第3章 非正规金融根源：声誉约束机制降低交易成本

基于非正规金融的研究成果，本章进入正式的理论分析部分，将在重新演绎金融抑制理论和交易成本理论的基础上，结合行为经济学理论，创新发展基于借款者选择的非正规金融产生原因，着重论述非正规金融存在的基础与客观需要，回答为什么在金融改革不断深化发展的背景下，非正规金融依然焕发勃勃生机。

3.1 金融抑制背景下非正规金融产生的制度基础

3.1.1 利率管制与所有制歧视

金融抑制最为典型的特征就是政府设定利率上限(Interest Rate Ceilings)，通过控制金融资源，实现国有银行系统“第二财政”的目标。正如林毅夫等(1999)所提到的，这是我国在金融资源稀缺条件下推行资本密集型重工业优先发展战略目标情况下的必然选择。另外，在我国从计划经济向市场经济转轨的过程中，由于不断深化的财政体制改革使得政府通过财政手段调控经济的能力被弱化，政府不得不加强对金融的控制以实现政府的经济发展战略目标。为此，我国商业银行在组织架构上均遵循了总分行制的银行体系，降低了政府调控和分配金融资源的成本；在手段上，则直接采用严格的利率管制以及信贷配给。

严格的利率管制为非正规金融的产生与发展提供了供给与需求两方面的制度基础：从供给方面来看，利率管制造成极低的存款利率，导致正规金融内商业银行支付给存款者的利率不能反映其消费的时间偏好率，存款者有强烈的主观愿望从非正规金融中寻求足以反映其消费的时间偏好程度的利率，从而造成“资金脱媒”现象，这为非正规金融市场提供了资金来源；从需求方面来看，利率管制使得商业银行贷款利率无法反映资金稀缺程度，更不能反映资金的边际生产率，加之政府为了优先发展或鼓励发展某些行业企业的政策倾斜，使这些企业对资本过度需求。而资金的稀缺性导致边缘行业企业只能通过非正规金融寻求帮助。图3-1

和图 3-2 分别从长期和短期反映了正规金融利率管制的存在。

按照一般的供求原理，正规金融严格的利率管制必然带来正规金融机构资金的短缺，但事实上，我国商业银行一直存在巨大的存贷差，如表 3-1 所示。

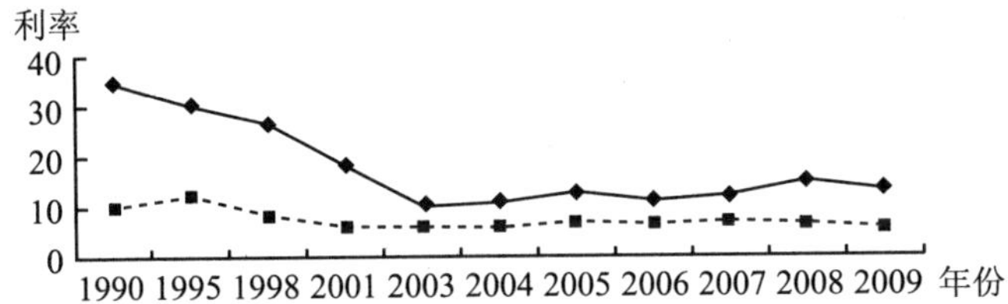

图 3-1　正规金融机构贷款利率和温州地区非正规金融利率波动示意图

注：其中，实线代表民间利率波动趋势，虚线代表农信社利率波动趋势。

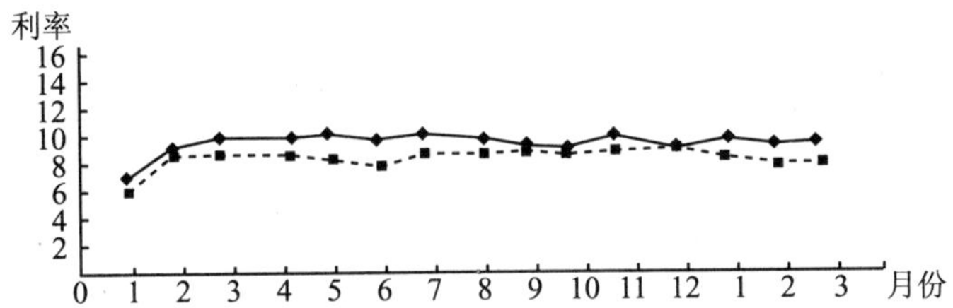

图 3-2　2005 年 1 月至 2006 年 3 月湖北省农村信用社贷款利率和农户间借贷利率波动示意图

注：其中，实线代表民间利率波动趋势，虚线代表农信社利率波动趋势。

资料来源：湖北省民间借贷利率监测月报表、地方性金融机构人民币贷款利率月表。

表 3-1　中国历年人民币存贷款增速及差额统计(2000—2010 年)

年份	2000	2001	2002	2003	2004	2005	2006	2007	2008	2009	2010
存款增速(%)	13.8	16	19	21.7	16	18.9	16.8	16.1	19.7	28.2	18.6
贷款增速(%)	17.6	12.9	15.8	21.1	14.4	13.3	15.1	16.1	15.9	31.7	18.7
存贷差(亿元)	24 433	31 302	39 623	49 059	63 227	92 479	110 113	127 680	162 809	198 056	234 378

资料来源：收集整理自中国人民银行网站。

这种宏观层面的储蓄大于投资现实，恰恰是金融管制的一个显著结果，居民持有资金缺乏其他投资渠道，只能流向正规金融机构；而这只是居民可支配资金的一部分，还有一部分进入了股市、楼市，以投机的形式炒作房地产、煤炭、矿石、石油、黄金、棉花甚至是大蒜和生姜，甚至是用于赌博。正如河流在由高处流往低处过程中总能绕开前行道路的障碍一样，资金在寻求最大化回报时，总会规避各类管制和规定，于是我们看到了有关非正规金融的一系列悲剧性社会事件。

2009 年 8 月 5 日，浙江省丽水市某投资管理公司法人代表杜益敏，因非法集资 7 亿元罪名被处以死刑；2009 年 12 月，浙江省东阳市某控股集团法定代表人吴英，因非法集资 7.7 亿元被一审判处死刑；2010 年 2 月底，浙江省台州市某酒店法人代表王菊凤，同样因非法集资 4.7 亿元被一审判处死刑。

另一方面，在储蓄大于投资、资金并不短缺的情况下，正规金融机构在分配资源过程中又基于严重的所有制偏见和制度歧视而形成了信贷配给，大量资金分配给政府优先发展的大型项目和国有企业，而在市场化进程中逐步成长起来的诸多民营企业和乡镇企业很难从正规金融获得资金支持。这种歧视首先体现在规模歧视方面，在企业成立初期，尚未达到相应规模和一定市场占有率情况下，难以获得正规金融机构的资金支持，如表 3-2 所示。

表 3-2　陕西省中小微型企业注册资本构成情况

注册资本金（单位：万元）	来　源					
	自有资金	亲友入股	政策性贷款	风险投资	商业银行贷款	其他
50 以下(含)	72.60%	21.30%	2.80%	0	0	3.30%
50～100(含)	69.50%	27.50%	1.20%	0	0	1.80%
100～500(含)	66.27%	17.50%	3.32%	0	8.73%	4.18%
500～1 000(含)	69.10%	2.78%	14.45%	0	12.22%	1.45%
1 000 以上	65.70%	2.60%	6.45%	1.11%	15.17%	8.97%

资料来源：转引自李富有、梁俊茹：《创业周期、资本需求与民营科技企业效率改善》，载《改革》，2009(3)：95－102。

非常明显的是，随着企业规模的增加，商业银行贷款逐渐增加。除了规模歧视以外，正规金融机构的信贷配给还体现在所有制歧视方面，整个非国有经济部门从正规金融机构获得的金融支持非常有限，如表 3-3 所示。

表 3-3　正规金融机构对非国有企业的贷款占全部贷款比例

（单位：%）

年份	城市集体	私人及个体	乡镇企业	农业	非国有部门合计
1985	4.95	0.17	5.63	6.85	17.60
1986	5.11	0.13	6.82	6.68	18.94
1987	5.47	0.16	7.25	7.28	20.16
1988	5.58	0.17	7.59	7.19	20.53
1989	5.15	0.11	7.39	7.12	19.97
1990	4.93	0.09	7.42	7.17	19.61
1991	4.74	0.08	7.63	7.39	19.84
1992	4.76	0.012	7.84	8.27	20.88
1993	4.62	0.015	8.24	8.11	20.99
1994	3.13	0.018	6.25	6.48	15.88
1995	2.40	0.009	6.25	6.78	15.44
1996	—	0.012	—	4.77	4.78
1997	—	0.027	2.54	2.56	5.13
1998	—	0.03	2.51	2.56	5.10
1999	—	0.05	5.00	3.89	8.94
2000	—	0.05	4.47	3.61	8.13
2001	—	1.36	9.53	8.48	19.37
2002	—	1.43	9.18	9.27	19.88
2003	—	1.75	9.16	10.05	20.96
2004	—	2.39	9.29	11.33	23.01
2005	—	2.49	9.04	13.26	24.79
2006	—	2.71	6.31	13.41	22.43
2007	—	3.06	6.22	13.48	22.76
2008	—	3.37	5.96	14.08	23.41

资料来源：参见《中国金融年鉴》1986—2009。

近些年来，正规金融给予非国有部门的金融支持在不断增加，仍难以满足这些企业的资金需求；此外，尽管我国已陆续推出为中小企业融资提供服务的“中小板”和“创业板”，但其筛选机制非常严格，能够成功融资的企业只是庞大数量中小企业中的极小部分。对那些既无法获得正规金融机构信贷支持，又不能在正规金融市场融资的企业，只能依靠非正规金融。

因此，金融抑制导致的利率管制与信贷配给，诱发了正规金融体制外的资金供给与资金需求，二者一拍即合，于是非正规金融产生了。

3.1.2 金融抑制是非正规金融的制度根源

本部分通过简单的局部均衡模型来分析金融抑制是如何通过利率管制以及信贷配给从而形成非正规金融的制度根源。

令 $S(r)$ 为资金持有者关于市场利率的资金供给函数，$D(r)$ 为资金需求者关于市场利率的资金需求函数，于是如图 3-3 所示。

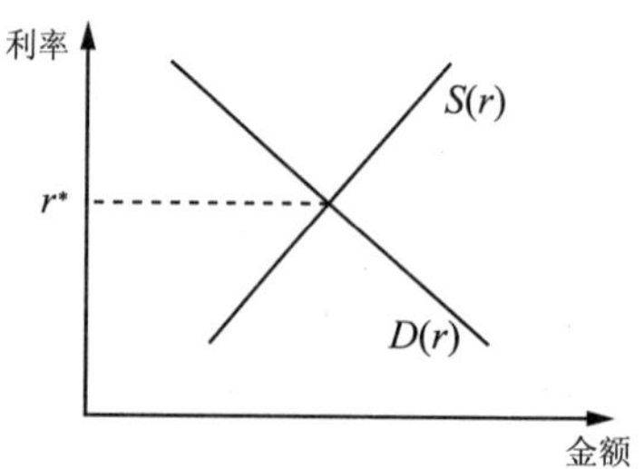

图 3-3 自由竞争条件下的市场均衡利率

在完全自由竞争的条件下，资金供求双方非常容易达成借贷契约，形成了市场均衡状态下的资金价格，即均衡利率 r^* 。如果政府实行利率管制，设定利率上限，则如图 3-4 所示。

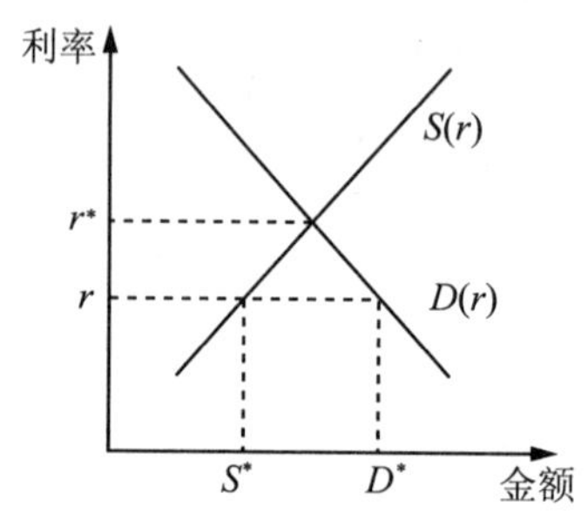

图 3-4 利率管制条件下的资金短缺与需求过剩

在政府实行利率管制的条件下，正规金融贷款利率低于市场均衡利率，即 $r<r^*$ ，此时正规金融资金供给少于资金需求，即 $S^*<D^*$ ，在这种情况下，正规金融借贷市场出现了 S^*D^* 大小的资金缺口，只能通过非正规金融渠道满足。如果政府实行信贷配给，那么会出现什么情况呢？如图 3-5 所示。

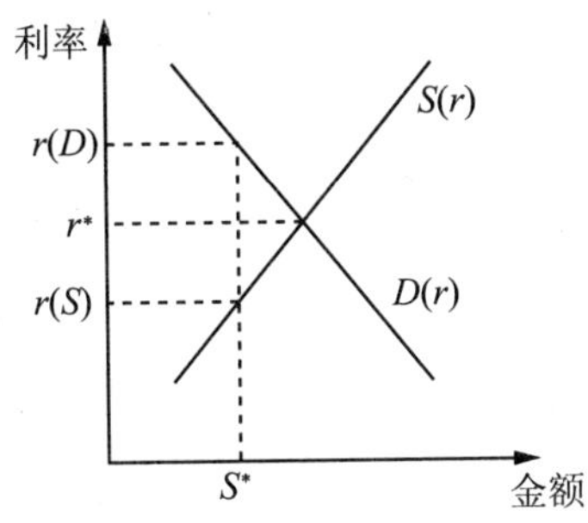

图 3-5　信贷配给条件下的名义低利率与实际高利率

如果政府实行 S^* 的信贷配给，则正规金融资金供给利率为 $r(S)$，资金需求利率为 $r(D)$，且 $r(S)<r(D)$。这说明在信贷配给的条件下，资金需求者获得资金的实际利率远高于正规金融机构宣布的名义利率，也高于自由竞争条件下的均衡利率。由于非正规金融利率完全由市场决定，非正规金融利率反映的是正规金融实际利率水平，这就解释了为什么在金融抑制条件下，非正规金融利率始终高于正规金融利率。

3.2　非对称信息条件下对非正规金融交易机制的需求

3.2.1　信息甄别、利率与商业银行期望收益

如果说利率管制与所有制歧视是非正规金融的制度性根源，那么非对称信息与交易成本理论则提供了交易机制层面的非正规金融产生原因解释。

发达国家普遍存在非正规金融的现象说明，即使在没有政府管制、正规金融足够发达与开放的情况下，信贷配给仍然是一种长期存在的现象。按照最基本的经济学供求关系原理，如果市场需求大于市场供给，价格将会上升，直到供给等于需求时市场达到均衡。以这样的逻辑，信贷市场在资金价格（利率）的作用下，信贷配给将不复存在，但正如 Stiglitz and Weiss(1981)所做的对比，信贷配给如同劳动力市场上始终存在的失业现象一样，表面上是由超额的资金需求与超额的劳动力供给引起的，深层次则可以长期失衡与短期失衡的观点去解释。

所谓短期失衡，是指经济受到了外部原因的冲击，由于利率具有刚性，在经济由失衡向均衡回复的过程中，自然会出现信贷配给；所谓长期失衡，则是指正规金融信贷市场参与者间信息不对称，导致信贷市场

出现逆向选择与道德风险，使得正规金融机构的期望收益与贷款利率间不再是一种单纯的单调递增关系，正规金融机构只能采取信贷配给保障自身收益。

事实上，正规金融机构的期望收益由两方面组成：资金价格(贷款利率)和贷款风险(借款者违约概率)。在理想状态下，贷款风险独立于资金价格，在市场资金需求大于资金供给时，随着利率提高，正规金融机构会增加资金供给以增加自身收益，信贷配给不复存在。然而在现实情况并不理想，在正规金融机构难于观察借款者风险特征与投资风险时，由正规金融机构决定的资金价格(贷款利率)具备了两方面作用：第一，资金价格成为了一种甄别机制，利率的增加使得低收益低风险的借款者退出市场，这种逆向选择效应使得资金价格上涨同时贷款风险增加；第二，资金价格成为了一种激励机制，利率的增加迫使借款者选择高收益高风险的项目，增加了借款者违约的概率，因而资金价格对贷款风险还具有激励效应。资金价格具备的两种效应均增加了正规金融机构的贷款风险，随着利率的增加，愿意支付高利息的借款者反而是违约概率很高的借款者，因此在非对称信息条件下，资金价格的上升增加了贷款风险，反而降低了正规金融机构的期望收益。基于这一悖论，正规金融机构会选择相对较低利率水平上的信贷配给，而不是市场出清。

如图 3-6 所示，正规金融机构贷款利率为 r，正规金融机构期望收益为 π，正规金融机构最优贷款利率为 r^*。当 $r<r^*$ 时，利率上升的收益效应大于风险效应，π 随 r 的增加而增加；当 $r>r^*$ 时，利率上升的收益效应小于风险效应，π 随 r 的增加而减少。

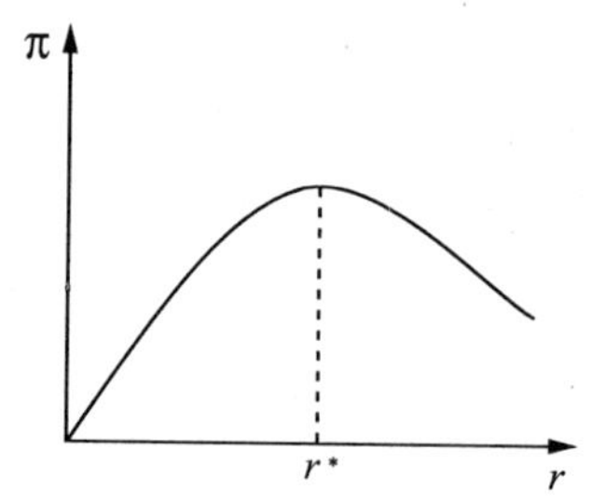

图 3-6 正规金融机构期望收益与贷款价格水平

3.2.2 道德风险引致正规金融信贷配给

正规金融机构在发现市场存在逆向选择情况而进行信贷配给，同样可以用于防范市场中存在的道德风险。就正规金融机构而言，并不能直接参与它所提供融资项目的管理，这样，保证给予借款者资金的确切用途以及使用状况都成为了非常困难的事情。这种正规金融机构提供资金时的委托—代理关系是信贷市场中道德风险的主要根源。

信贷市场中的道德风险可分为两类：第一类，借款者被更大收益的投资项目诱惑，将获得的贷款投向高风险高回报的非既定项目，导致预期收益无法实现，贷款产生风险；第二类，借款者可以主动选择是否偿还贷款，借款者在有能力还款情况下，将违约的成本与收益进行比较，最终选择策略性的违约行为。借款者的道德风险导致正规金融机构的预期收益与贷款利率之间非单调关系，进而促使正规金融机构实行信贷配给，这与正规金融机构使用信贷配给防范逆向选择行为的原理类似。

Stephen D. Williamson(1986)从道德风险角度对信贷配给进行解释，认为昂贵的资格审查范式(Costly State Verification Paradigm)为信贷配给提供了一个非常好的理论注解。尽管正规金融机构是节约信息成本的工具，能够实现监督投资项目的规模经济，但有时证实状态与实施监督的成本太大，正规金融机构往往会因为借款者潜在的道德风险而进行信贷配给。

3.2.3　信贷配给的几何说明

假定正规金融机构与借款者之间信息不对称，借款者存在违约概率 v，正规金融机构只了解 v 在借款者群体中的概率分布，但无法对每个借款者进行甄别。广泛存在的信息不对称使得正规金融机构难以获得借款者的全面信息，但是借款者了解具体的风险，且倾向于披露有利于获得贷款的信息，隐藏不利于获得贷款的信息。

对正规金融机构而言，提供贷款的期望收益为 Y，这是一个关于正规金融贷款利率 r 和借款者违约概率 v 的函数，即 $Y=Y(r, v)$。如果正规金融机构完全了解借款者信息，则可以根据借款者的违约概率 v 来确定不同水平的利率，从而使得期望收益 $Y(r, v)$ 最大化。假定正规金融机构对违约概率 v^* 的借款者规定的利率水平为 r^*，则对所有违约概率 $v>v^*$ 的借款者会规定 $r>r^*$ 的利率水平。在这种情况下，正规金融机构处于一个两难的境地，即随着借款者违约概率增加，贷款利率也逐渐增加；而贷款利率的逐渐增加又迫使违约概率较低的借款者退出市场，正规金融机构贷款的平均风险增加。

如图 3-7、图 3-8 以及图 3-9 所做出正规金融机构信贷配给的几何说明。图 3-7 中 $Y(r, v)$ 是正规金融机构非单调期望收益曲线，由于非对称信息导致逆向选择，随着贷款利率增加，正规金融机构期望收益反而会降低，所以$Y(r, v)$是一条先凸后凹函数。图 3-8 中 S 表示正规金融机构贷款供给曲线，它与正规金融机构期望收益是类似的。如果整个市场贷款需求为 D_1，则信贷市场可以达到竞争性均衡，贷款利率 r_1 使得市场出清；如果整个市场贷款需求为 D_2，则正规金融机构会规定期望收益最大化时的贷款利率 r^*，从而达到信贷配给均衡。图 3-9 表明正规金融机构贷款风险与贷款利率间的对称关系，(r^*，v^*)代表信贷配给均衡时正规金融机构贷款利率与风险水平的组合，随着借款者的违约概率趋近于 v_{max}，贷款利率趋近于无穷。

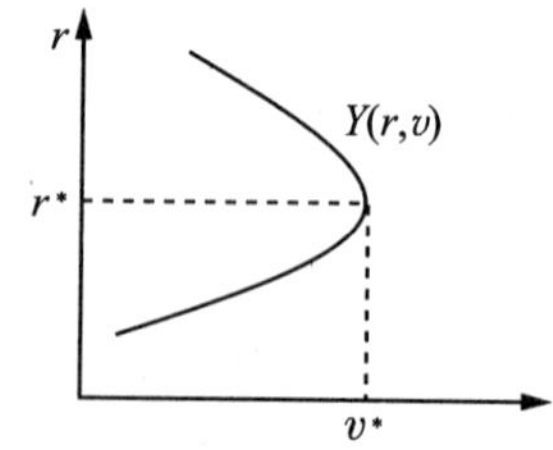

图 3-7　贷款利率与正规金融机构期望收益

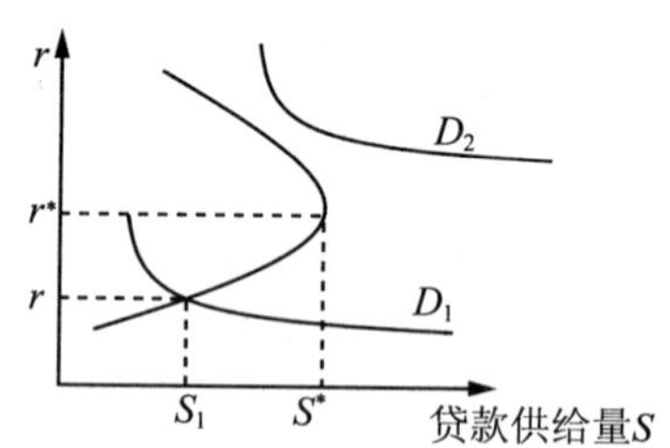

图 3-8　贷款利率与正规金融机构贷款供给量

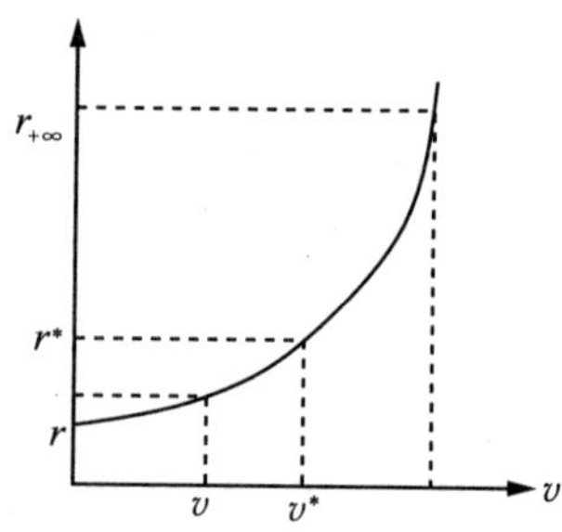

图 3-9　贷款利率与正规金融机构贷款风险

总之，基于非对称信息的信贷配给理论并没有直接解释非正规金融的产生原因，但却揭示了非正规金融的内生性原理，正因为正规金融机构信贷配给是一种长期均衡，非正规金融才获得了繁衍与发展的市场空间。接下来，本课题将从借款者选择角度解释非正规金融的生存机理。

3.3　基于借款者选择的非正规金融产生根源

3.3.1　正规金融机构的"隐性约束"

谢平、陆磊(2003)对我国金融腐败进行研究时发现，如果考虑正规金融机构的寻租收入，那么，正规金融机构的贷款价格与非正规金融贷款价格相差无几。这一研究成果的隐含结论是，存在正规金融与非正规金融两个借贷市场的一般均衡。如表3-4(a)和表3-4(b)所示。

表3-4(a)　借款者对第一类租金的估计

企业问卷：每100万元贷款实际发生的申请费用(单位：元)						
全国	华北	东北	华中	华东	华南	西部
38 810.5	63 002.9	52 290.5	32 852.2	14 654	25 166.7	44 896.6
农户问卷：每10 000元贷款实际发生的申请费用(单位：元)						
全国	华北	东北	华中	华东	华南	西部
589.955 1	869.333	332.353	707.317	248	600	782.727

表3-4(b)　借款者对第二类租金的估计

企业问卷：为维持信贷关系花费的费用折合年利率(单位：%)						
全国	华北	东北	华中	华东	华南	西部
4.858 14	5.193 36	4.158 93	6.094 15	3.393 25	4.025 60	6.283 54
农户问卷：为维持信贷关系花费的费用折合年利率(单位：%)						
全国	华北	东北	华中	华东	华南	西部
2.930 083	4.125	3.89	2.455 882	1.743 939	3.052 632	2.313 043

资料来源：谢平、陆磊：《金融腐败：非规范融资行为的交易特征和体制动因》，载《经济研究》，2003(3)。

正规金融机构的寻租行为为非正规金融产生原因提供了一个新的研究思路，但这不能完全解释非正规金融存在的根源，因为正规金融机构的寻租行为更多发生在发展中国家，竞争激烈的发达国家金融市场无法滋生寻租行为，而在发达国家非正规金融行为依然广泛存在。本课题对陕西省中小微型企业以及秦晋豫交界的农业区进行了访谈，如表 3-5 和表 3-6 所示。

表 3-5 中小微型企业借款者对正规金融机构贷款的评价①

评价	非常满意	授信额度低	申请程序复杂	审批周期长	还款期限不灵活	贷款利息高	缺乏人脉难于申请
人次	41	132	97	109	69	11	34
占比	18%	69%	51%	57%	36%	6%	18%

表 3-6 农户借款者对正规金融机构贷款的评价②

评价	非常满意	授信额度低	申请程序复杂	审批周期长	还款期限不灵活	贷款利息高	缺乏人脉难于申请	不了解贷款政策
人次	197	251	503	468	223	161	405	433
占比	22%	36%	72%	67%	32%	23%	58%	62%

事实上，对于正规金融机构而言，为防范经营风险会从两个方面对借款者进行约束，一方面是与授信额度相关联的实物抵押品(硬约束)；另一方面是申请程序、审批周期、还款期限等标准(软约束)。这两方面约束不会反映到正规金融机构公布的贷款价格中，但对借款者来说，却成为了正规金融机构贷款成本的一部分，如图 3-10 所示。

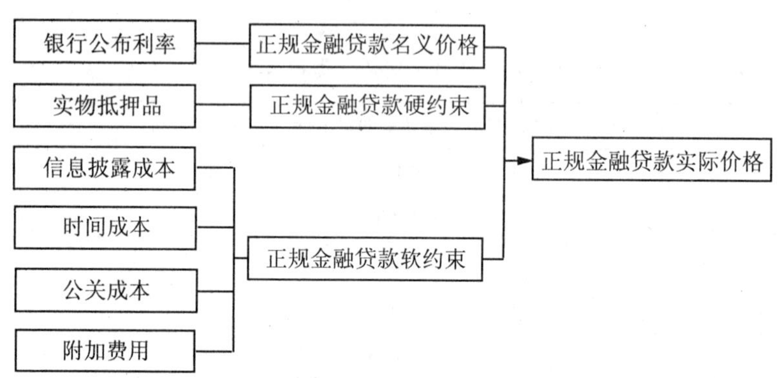

图 3-10 借款者获得正规金融机构贷款的实际价格

① 该访问允许受访者选择多个选项评价正规金融机构，但选择了“非常满意”的受访者均未选择其他选项。

② 该访问允许受访者选择多个选项评价正规金融机构，但选择了“非常满意”的受访者均未选择其他选项。

因此作者认为，由双重约束(硬约束和软约束)构成的不反映在正规金融贷款名义价格中的“隐性约束”是借款者选择何种途径贷款的主要影响因素，是非正规金融存在的最主要基础。对于农户借款者而言，这一约束的影响更为显著，因为大多数农户借款者放弃正规金融机构这一借款途径的原因包括：首先，生活性的资金需求量较小，但借款者仍需配合较为严格的审贷流程，许多借款者认为“不值得”，相反生产性的资金需求量较大，但借款者缺乏相应的抵押担保，正规金融机构难以提供高额度的贷款；其次，较低的文化水平导致借款者对正规金融机构贷款申请过程缺乏了解，如果进行详细学习和解读，大多数借款者认为过于麻烦；再次，大部分资金需求属于突发性的应急需求，正规金融机构正常的申贷流程对借款者来说，成为了拖沓烦琐的复杂过程；最后，借款者错误地认为正规金融机构贷款需要熟人帮忙，必须依靠人际关系获得。

基于这样的现实，本书引入借款者克服“隐性约束”成本变量，构建短期局部均衡模型，证明正规金融机构设置的“隐性约束”具有挤出效应①，借款者会主动放弃正规金融渠道而寻求非正规金融渠道融资。

3.3.2　“隐性约束”的挤出效应

1. 基本假设

构建由利益相关方(借款者、正规金融机构和非正规金融机构)组成的短期局部均衡模型。借款者可以选择正规金融或非正规金融借款，对借款者而言，两个市场上的资金都是充裕的，由借款者自由选择。

模型涉及的变量包括借款者获得的正规金融贷款 B_F，利率为 r；非正规金融贷款 B_I，利率为 i；借款者最终产出价格为 λ，正规金融与非正规金融资金的机会成本为 g。借款者为了获得正规金融机构贷款，需要克服正规金融机构“隐性约束”而付出一定成本，本课题认为这一成本平滑影响各期资金流，假定成本率为 σ。因此，整个模型包括以下四个假设：

假设一：假设借款者获得资金并成功进行生产，其产出函数为 $F(B)=F(B_I+B_F)$，对借款者而言，两种渠道获得资金的产出无差异，相互间完全替代。于是借款者的利润函数为：

$$Y=\lambda F(B_I+B_F)-B_I^d(1+i)-B_F^d(1+r)(1+\sigma) \tag{3-1}$$

---

① 本书当中的挤出效应与宏观经济学中挤出效应(政府投资增加导致企业投资减少)含义类似，即正规金融市场门槛的提高导致借款人主动离开市场。

在 i，r 和 σ 给定的前提下，借款者追求利润最大化决定其是否向正规金融机构融资和非正规金融需求 B_I^d。

假设二：假设正规金融机构在考虑借款者潜在违约可能的前提下给予借款者贷款 B_F^s，正规金融机构的利润函数则由借款者不违约时的可能收益与借款者违约时的可能损失两部分构成，即：

$$Y_F=[1-v(\sigma)](1+r-g)B_F^s-v(\sigma)(1+g)B_F^s \tag{3-2}$$

其中 $v(\sigma)$ 是借款者违约概率，且 $v(\sigma)$ 是 σ 的减函数①。另外，由于正规金融机构单位贷款的投入劳动 $L(B_F)/B_F=c_f+c_vB_F^s$ 由固定成本部分 c_f 和可变成本部分 $c_vB_F^s$ 构成，所以正规金融机构的投入劳动函数为 $L=L(B_F)$，且 $L'>0$，$L''>0$。因此正规金融的效用函数为 $U=Y_F-L$，正规金融机构追求效用最大化问题决定 σ 和给予借款者的贷款 B_F^s。

假设三：假设非正规金融机构的利润函数为：

$$Y_I=(i-g)B_I^s \tag{3-3}$$

资金供给函数为 $B_I^s=H(i)$，$H'(i)>0$。

假设四：假设均衡时有 $B_F^d=B_F^s$，$B_I^d=B_I^s$。

此外，非正规金融机构贷款利率 i、克服隐性约束成本率 σ、正规金融贷款金额 B_F 和非正规金融贷款金额 B_I 为模型的内生变量。资金机会成本 g(可看做金融市场无风险利率)、正规金融机构贷款利率 r 和产出品价格 λ 为模型的外生变量。

2. 求解过程

(1)借款者的利润最大化问题

式(3-1)中唯一由借款者决定的变量是非正规金融贷款额度 B_I^d，所以借款者效用最大时有：

$$\lambda F'(B_I+B_F)=(1+i) \tag{3-4}$$

对借款者而言有投资边际成本 $\frac{(1+i)}{\lambda}$。根据边际产出递减规律，借款者短期内有最优资金需求量 $G(i)$，且 $G'(i)<0$，于是 $B_I^d=G(i)-B_F^d$。进一步有：

$$(1+i)\geqslant(1+r)(1+\sigma) \tag{3-5}$$

如果把 $(1+r)(1+\sigma)$ 称为正规金融机构贷款实际价格的话，那么借

① σ 的作用类似迈克尔·斯宾塞(Michael Spence)教育程度在就业市场上的“信号”作用。借款人能克服的“隐性约束”成本是违约概率的“信号”，能克服的“隐性约束”成本越高说明违约概率越小。比如信息披露成本，中小企业一般财务报表不全，而大企业能出具经审计的财务报表，能否承担信息披露成本就能甄别违约概率的高低。

款者只有在符合式(3-5)约束条件下才会从正规金融机构贷款。如果 $(1+i)\geqslant(1+r)(1+\sigma)$，借款者向正规金融机构融资，关于 B_I^d 的一阶条件是 $\lambda F'(B_I+B_F)=1+i$，且 $B_I^d=G(i)-B_F^d$；如果 $(1+i)<(1+r)(1+\sigma)$，借款者不向正规金融机构融资，关于 B_I^d 的一阶条件是 $PF'(B_I)=1+i$，因此 $B_I^d=G(i)$。因此临界条件为 $i=r+\sigma+r\sigma$，易得 $\frac{\partial i}{\partial \sigma}=1+r>0$，于是非正规金融机构贷款利率 i 与克服"隐性约束"成本率 σ 的关系如图 3-11 所示。

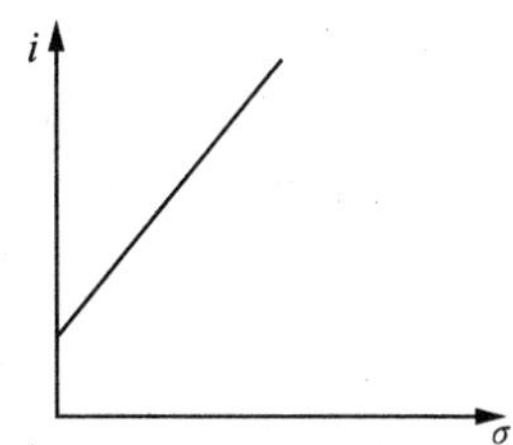

图 3-11　克服"隐性约束"成本与非正规金融利率的关系

结论一：借款者会衡量克服"隐性约束"成本与正规金融和非正规金融机构贷款间利差的大小，一旦克服"隐性约束"成本大于正规金融和非正规金融贷款间利差，借款者将不会从正规金融机构融资。

(2)正规金融机构的利润最大化问题

根据假设，正规金融机构效用为：

$$U=Y_F-L=[1-v(\sigma)](1+r-g)B_F^s-v(\sigma)(1+g)B_F^s-L(B_F^s) \quad (3\text{-}6)$$

于是：

$$\frac{\partial U}{\partial B_F^s}=(1+r-g)-v(\sigma)(2+r)-L'(B_F^s) \quad (3\text{-}7)$$

而：

$$\frac{\partial U}{\partial \sigma}=-v'(\sigma)(2+r)B_F^s>0 \quad (3\text{-}8)$$

对正规金融机构而言，约束 σ 越严格，其效用就越大。由隐函数定理及条件 $L'(B_F^s)=(1+r-g)-v(\sigma)(2+r)$ 可知：

$$\frac{\partial B_F^s}{\partial \sigma}=\frac{-v'(\sigma)(2+r)}{L''(B_F^s)}>0 \quad (3\text{-}9)$$

于是借款者克服"隐性约束"成本率 σ 与正规金融机构贷款供给量 B_F^s 的关系如图 3-12 所示。

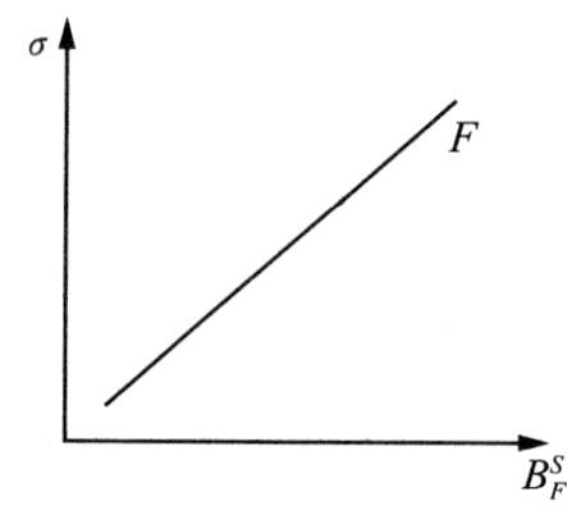

图 3-12　克服“隐性约束”成本与正规金融机构贷款金额的关系

结论二：正规金融机构为防范风险而设置隐性约束，且隐性约束越严格，正规金融机构愿意提供的贷款越多。

但$(1+r)(1+\sigma)>(1+i)$时，借款者不会从正规金融机构融资。此时正规金融机构效用$U=-c_f$，不符合正规金融机构效用最大化目标。因此正规金融机构提高σ直到满足$(1+i)=(1+r)(1+\sigma)$。

(3)借款者寻求非正规金融机构贷款

非正规金融机构的收益为$Y_I=(i-g)B_I^s$，已知$B_I^s=H(i)$，且$H'(i)>0$，于是有：

$$\frac{\partial Y_I}{\partial i}=B_I^s+(i-g)H'(i)>0 \tag{3-10}$$

对于非正规金融机构而言，随着非正规金融贷款利率的增加，其收益增加。

对借款者而言，通过正规金融机构无法满足的资金需求只能寻求非正规金融机构的帮助，有$B_I^d=G(i)-B_F^s$，于是得到：

$$\frac{\partial B_I^d}{\partial \sigma}=G'(i)\frac{\partial i}{\partial \sigma}-\frac{\partial B_F^s}{\partial \sigma}<0 \tag{3-11}$$

结论三：能够承担较大成本的借款者所需要的非正规金融机构贷款少于只能够承担较少成本的借款者。借款者所能承担克服“隐性约束”成本越小，就越需要非正规金融机构贷款。

(4)均衡解

因此，模型均衡由下列三个方程决定：

方程1：$(1+i)=(1+r)(1+\sigma)$

方程2：$[1-v(\sigma)](1+r-g)-v(\sigma)(1+g)=L'(B_F^s)$(借款者能获得的正规金融机构贷款$F$)

方程3：$B_I^d=G(i)-B_F^s$(借款者通过非正规金融机构获得的贷款I)

均衡时$i^*=r+\sigma^*+r\sigma^*$，$B_I^*=G(i^*)-B_F^*$，正规金融机构贷款函数和非正规金融机构贷款函数的交点就是均衡时的i^*、σ^*及B^*，如图3-13所示。

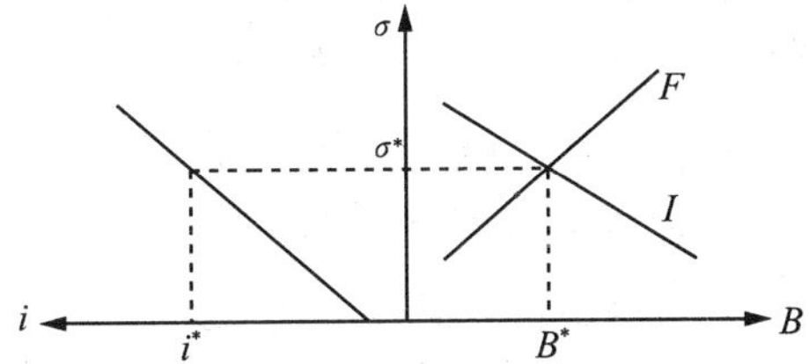

图 3-13　“隐性约束”存在条件下的三方均衡

对正规金融机构而言，借款者克服“隐性约束”成本越高，意味着对借款者约束越严格，贷款风险越低，因此越乐于发放贷款；而当这一成本高于借款者所能承受的最大限度时，借款者宁可承担更高的利率从非正规金融贷款，也不会从正规金融机构贷款，这就是正规金融机构设置“隐性约束”对借款者的挤出效应。

所以说，单纯的正规金融市场无法满足借款者的资金需求，因为始终有借款者不愿付出克服“隐性约束”成本，离开正规金融市场到非正规金融市场上寻求帮助；而资金持有者中固有的风险偏好者与这些挤出借款者一拍即合，重新建立起正规金融体系之外的资金交易市场——非正规金融市场。

3.3.3　非正规金融可以实现借款者声誉价值

由于正规金融机构“隐性约束”而被挤出的借款者会寻求非正规金融渠道融资，但问题是，为什么借款者可以从非正规金融市场获得贷款呢？作者认为非正规金融可以实现借款者的声誉价值，提升了非正规金融参与者的福利水平。沿袭上文的假设，进一步引入关系或人情的“面子”成本，对基本假设进行扩展。

1. 扩展的假设前提

本部分大部分假设前提与上文类似，扩展假设为借款者为了获得非正规金融贷款，需要付出关系或人情的“面子”成本，本课题认为这一成本平滑影响各期资金流，且成本率为 τ。

假设一：假设借款者获得资金并成功进行生产，其产出函数为 $F(B)=F(B_F^d+B_I^d)$，对借款者而言，两种渠道获得资金的产出无差异，相互间完全替代。于是借款者的利润函数为：

$$Y=\lambda F(B_F^d+B_I^d)-B_F^d(1+r)(1+\sigma)-B_I^d(1+i)(1+\tau) \quad (3\text{-}12)$$

在 r，σ，i 和 τ 给定的前提下，借款者追求利润最大化决定否向正规金融机构贷款 B_F^d 以及非正规金融需求 B_I^d。

假设二：假设正规金融机构给予借款者贷款 B_F^s，由于正规金融机构单位贷款的投入劳动 $L(B_F)/B_F=c_f+c_vB_F^s$ 由固定成本部分 c_f 和可变成本部分 $c_vB_F^s$ 构成，所以正规金融机构的投入劳动函数为 $L=L(B_F)$，且 $L'>0$，$L''>0$。因此正规金融的效用函数为 $U=Y_F-L$，正规金融机构追求效用最大化问题决定 σ 和给予借款者的贷款 B_F^s。

假设三：非正规金融市场则较为复杂，假设非正规金融市场上的资金拥有者可选择无风险利率 g、与借款者商议的非正规金融贷款利率 i 以及基于“人情关系”的声誉成本率 τ 三种资金收益率，非正规金融市场上资金持有方的收益函数为：

$$Y_I=(i+\tau-g)B_I^s \tag{3-13}$$

且非正规金融资金供给函数为 $B_I^s=H(i)$，$H'(i)>0$。其中，无风险利率 g 是非正规金融市场上资金的保留价格，对借贷双方而言，最亲密的“人情关系”是不需要利息，此时 $\tau=g$；最疏远的“人情关系”是双方基于无风险利率 g 商议的非正规金融贷款利率 i，此时 $\tau=0$，所以有声誉成本率 $\tau\in[0,g]$。非正规金融市场贷款者会在追求利润最大化同时衡量借款者潜在的违约风险决定 B_I^s。

假设四：假设借贷双方达成一致时有 $B_F=B_F^d=B_F^s$，$B_I=B_I^d=B_I^s$。

此外，非正规金融市场贷款利率 i、克服隐性约束成本率 σ、声誉成本率 τ、正规金融贷款金额 B_F 和非正规金融贷款金额 B_I 为模型的内生变量。资金机会成本 g、正规金融机构贷款利率 r 和产出品价格 λ 为模型的外生变量。

2. 求解过程

(1)不考虑借款者违约风险的情形

首先，考虑一个借款者不存在违约可能的情况，有如图 3-14 的简化博弈框架。

		正规金融渠道		非正规金融渠道	
		贷款	不贷款	贷款	不贷款
借款者	从正规金融渠道借款	$\lambda F(B_F^d)-(1+r)(1+\sigma)B_F^d$，$(r-g)B_F^s$	$-(1+r)\sigma B_F^d$，$-gB_F^s$		
	从非正规金融渠道借款			$\lambda F(B_I^d)-(1+i)(1+\tau)B_I^d$，$(i+\tau-g)B_I^s$	0，$(g-\tau)B_I^s$

图 3-14　借款者、正规金融机构和非正规金融市场三方的简化博弈框架

对借款者而言，如果正规金融渠道借款，除公布的贷款利率外，还需要付出相应的“隐性约束”成本，这是一个沉没成本，只要借款者准备从正规金融机构借款，就必须承担这一成本；如果从非正规渠道借款，资金成本由两部分组成，一部分是利息，另一部分则是“人情债”，即“向别人借钱之后会欠别人人情”，非正规金融市场中的利息和“人情债”具有替代性，可能两部分成本同时存在，也可能某一项成本为零。

对正规金融机构而言，给借款者设置的“隐性约束”是防范风险的固有方法，在不考虑借款者违约风险的前提下，不能实际提高正规金融机构收益。所以有贷款的收益$(r-g)(1+\sigma)B_F^s$和不贷款的收益$-gB_F^s$。

对非正规金融市场而言，给予借款者贷款将会收获利息和“人情关系”，即“这次我借钱给他，他下次应该借钱给我”的简单逻辑；而拒绝借款者的请求将会使贷款人觉得欠借款者一个人情，但至少可以获得一个无风险利率的收益。所以有贷款的收益$(i+\tau-g)B_I^s$和不贷款的收益$(g-\tau)B_I^s$。

(2)借款者主动放弃正规金融渠道融资

考虑借款者存在的违约可能，对正规金融机构而言，正规金融机构的利润函数则由借款者不违约时的可能收益与借款者违约时的可能损失两部分构成，即：

$$Y_F=[1-v(\sigma)](r-g)B_F^s-v(\sigma)(1+g)B_F^s \tag{3-14}$$

其中$v(\sigma)$是借款者违约概率，且$v(\sigma)$是σ的减函数。另外，如假设所说，正规金融机构给予借款者的贷款依赖于劳动投入，于是正规金融机构的效用函数为：

$$U=U(Y_F,\ L) \tag{3-15}$$

其中Y_F为正规金融机构期望收入，L为正规金融机构投入劳动，且$\frac{\partial U}{\partial Y_F}>0$，$\frac{\partial U}{\partial L}<0$。而正规金融机构投入劳动函数为$L=L(B_F^s)$，且$L'>0$，$L''>0$，根据边际产出递减原理，随着贷款量增加，所需要投入边际劳动量也在增加，也就是说边际劳动所发放的贷款量减少。正规金融机构设置“隐性约束”目的在于出台统一规则，将边际劳动增加引致成本转嫁给借款者。

进一步就得到正规金融机构效用函数的转化形式：$U(B_F^s)=U[Y_F(B_F^s),\ L(B_F^s)]$。

使U最大化，得到：

$$(r-g)-v(\sigma)(1+r)=L'(B_F^s) \tag{3-16}$$

于是有：

$$\frac{\partial B_F^s}{\partial \sigma}=\frac{-v'(\sigma)(1+r)}{L''(B_F^s)}>0 \tag{3-17}$$

这说明 σ 与 B_F^s 正相关，即在借款者愿意承受克服“隐性约束”成本的前提下，正规金融机构会向借款者提供足够多的贷款，且随着“隐性约束”增加，正规金融机构愿意提供的贷款数量越多。因此，在考虑借款者违约的情况下，随着借款者愿意承担的 σ 不断增加，正规金融机构满足借款者的资金需求是正规金融机构的占优策略。

那么，借款者是否始终愿意承担克服“隐性约束”成本吗？对借款者而言，从正规金融机构借款严格优于从非正规金融机构借款的前提条件是：

$$PF(B_F^d)-(1+r)(1+\sigma)B_F^d-(1+r)\sigma B_F^d\geqslant PF(B_I^d)-(1+i)(1+\tau)B_I^d \tag{3-18}$$

令 $B_F^d=B_I^d$，则有：

$$(1+r)(1+2\sigma)\leqslant(1+i)(1+\tau) \tag{3-19}$$

如果把 $(1+r)(1+2\sigma)$ 称为正规金融机构贷款实际价格的话，那么借款者只有在正规金融机构实际借款成本低于非正规金融渠道借款成本时才会从正规金融机构借款，即 $r+2\sigma+2r\sigma\leqslant i+\tau+i\tau$。于是有借款者从正规金融机构借款严格优于从非正规金融渠道借款的充要条件：

$$0<\sigma<\frac{1}{2}\left(\frac{i+\tau+i\tau-r}{1+r}\right) \tag{3-20}$$

于是有以下情形：

情形一：若借款者为生活性资金需求，以欠“人情”为代价，则有 $i=0$，$\tau\leqslant r$，易得 $\frac{1}{2}\left(\frac{\tau-r}{1+r}\right)\leqslant 0$，与式(3-20)不符，此时借款者将不会从正规金融机构借款；

情形二：若借款者为生产性资金需求，以付出利息为代价，则有 $\tau=0$，$i\geqslant r$，此时借款者所能承受的最大“隐性约束”成本 $\sigma^*=\frac{1}{2}\left(\frac{i-r}{1+r}\right)$；但 $B_F^{s'}(\sigma)>0$，随着 B_F^s 的增加，必然有 $\sigma^*<\sigma$，这意味着借款者需求资金量的增加，仍有放弃正规金融机构转而从非正规金融渠道借款的可能。

因此，在正规金融机构存在“隐性约束”的条件下，借款者有主动离开正规金融市场的可能，这就是正规金融机构对借款者造成的挤出效应。于是我们得到：

结论：借贷双方参与非正规金融市场的重要原因来自于正规金融机

构的挤出效应，而这一挤出效应建立在借款者所面对的“隐性约束”基础上。

(3)非正规金融市场可以实现借款者声誉的价值

接下来分析借款者存在违约可能前提下非正规金融市场的情形。对借款者而言，在非正规金融市场违约将会获得全部贷款产出的收益，而这一放弃声誉的行为会在未来受到惩罚，这种惩罚来自两个方面：一是其他行业的经济损失；二是声誉价值的损失，以及他可能受到的法律制裁、人身攻击等，令这一未来惩罚的合计值为 l，以及贴现系数 $\beta\in(0,1)$。

在借款者不会违约的情况下，非正规金融市场资金拥有者愿意提供贷款严格优于不愿提供贷款的条件是：

$$(i+\tau-g)B_l^s>(g-\tau)B_l^s \tag{3-21}$$

易得 $i>2(g-\tau)$，而 $\tau\in[0,g]$，这说明：其一，如果借贷双方关系足够亲密($\tau=g$)，则双方标的资金的价格可以是 0，即无利息的资金借贷；其二，如果借贷双方没有关系($\tau=0$)，则双方标的资金的价格会远高于市场的资金保留价格；其三，借贷双方关系越亲密，借款者声誉水平越高，标的资金的价格越低。

结论五：借款者的声誉是非正规金融市场中的重要参考因素，非正规金融市场借贷双方议价基础来自于借款者声誉，具有较高声誉的借款者能获得较低的非正规金融贷款利率。

考虑借款者获得非正规金融市场贷款后潜在的违约可能，则有博弈框架如图 3-15 所示。

		非正规金融渠道	
		贷款	不贷款
借款者	守约	$PF(B_l^s)-(1+i)(1+\tau)B_l^s$，$(i+\tau-g)B_l^s$	$0,(g-\tau)B_l^s$
	违约	$PF(B_l^s)-\beta l$，$-(1+g)B_l^s$	$0,(g-\tau)B_l^s$

图 3-15　非正规金融市场上借贷双方的简化博弈框架

假设借款者潜在违约概率为 b，此时非正规金融市场愿意提供贷款严格优于不愿提供贷款的条件是：

$$(1-b)(i+\tau-g)B_l^s-b(1+g)B_l^s>(g-\tau)B_l^s \tag{3-22}$$

得 $b<\dfrac{i+2\tau-2g}{i+\tau+1}$，因此借款者违约概率最大值为 $b^*=\dfrac{i+2\tau-2g}{i+\tau+1}$，

于是有以下情形：

情形一：若借款者与非正规金融贷款者关系非常亲密，有 $i=0$，$\tau=g$，易得$\frac{i+2\tau-2g}{i+\tau+1}=0$，即 $b^*=0$，此时借款者不会违约。也就是说，在声誉约束条件下，农户间"人情关系"的借贷行为无风险。

情形二：若借款者与非正规金融贷款者没有人情关系，有 $\tau=0$，此时有：

$$\frac{\partial b}{\partial i}=\frac{1+2g}{(1+i)^2} \tag{3-23}$$

这说明非正规金融市场的贷款利率对借款者的违约概率有一个正向刺激作用，利率越高，借款者违约的可能性越大。而式(3-21)也可化为 $i>\frac{2g+b}{1-b}$，即借款者存在违约可能前提下，非正规金融市场资金拥有者所要求的最低利率为 $i^*=\frac{2g+b}{1-b}$，所以有：

$$\frac{\partial i}{\partial b}=\frac{1+2g}{(1-b)^2}，且\frac{\partial^2 i}{\partial b^2}=\frac{2(1+2g)}{(1-b)^2} \tag{3-24}$$

这说明在借款者存在违约可能前提下，非正规金融市场的资金拥有者会要求额外的风险补偿。因此，在声誉约束失效的情况下，借款者只能通过提高资金回报率获得非正规金融市场资金拥有者的支持。于是声誉约束失效的非正规金融市场存在这一悖论：资金持有者要求的额外风险补偿推高了资金价格，而资金价格的上涨又导致借款者违约风险的增加。这也是本课题第五章专门针对非正规金融风险展开研究的基础。

结论六：声誉是非正规金融市场约束风险的主要手段，声誉约束发挥作用时，非正规金融市场的借贷行为无风险；但随着借贷金额和资金价格的不断增加，超出声誉约束范围，非正规金融市场的风险脆弱性逐渐暴露。

3.4 实证检验：基于 Logit 和主成分因子分析的借款者行为

3.4.1 基于 Logit 检验中小微型企业选择行为

1. 数据描述

为了解借款人(中小微型企业)借款时对正规金融和非正规金融的选择倾向，采用随机方式对陕西省中小民营企业(注册资本在 1 200 万元以下)进行问卷调查。共发放问卷 250 份，收回有效问卷 232 份。其中有 53

份问卷选择了贷款主要来源为非正规金融，179 份问卷选择了贷款主要来源为正规金融。也就是说，在正规金融机构尽量满足中小微型企业融资的前提下，仍然有超过 1/5(23%)的中小民营企业选择非正规金融渠道融资，如表 3-7 所示。

表 3-7　样本描述

有效性	来源	样本数	描　述
有效	中小微型企业	232	陕西省中小企业促进中心回收 35 份，西安高新区管理委员会回收 22 份，作者走访回收 175 份
无效	中小微型企业	18	不完整的问卷，放弃

问卷内容涉及企业资金来源、企业规模、企业资金需求情况、企业财务制度与治理结构正规程度、企业所处地区经济发展情况五大类 20 个问题。将这些调查问题经过前期的处理后，留下了如下最能代表各定性指标的数量标准，如表 3-8 所示。

表 3-8　问卷主要内容及定义

变量	描述	问卷内容
主要贷款来源(*IFOF*)	企业贷款的主要来源	选择：0＝主要来自非正规金融 1＝主要来自正规金融
企业注册资本(*ENDI*)	以企业的注册资本金反映企业规模	填空：企业成立时注册资本(万元)
企业正规程度(*ENRE*)	企业内部所有权以及财务制度的正规程度	选择：1＝不正规 2＝一般 3＝正规
资金需求程度(*FUQU*)	企业对贷款数量的需求程度	选择：1＝一般 2＝需要资金 3＝非常需要资金
资金迫切程度(*FUSP*)	企业对贷款审批速度的要求	填空：如果需要一笔贷款，能接受在几天内到位(天)
企业往来银行数(*FFDE*)	以企业往来的银行数量衡量与所在地区正规金融机构的密切程度	填空：有(曾有)融资往来银行数(家)

通过变量筛选，得到关于贷款来源选择的经验函数：

$$IFOF=f(ENDI, ENRE, FUQU, FUSP, FFDE)$$

2. 实证结果

通过整理问卷数据，各变量总体情况如表 3-9 所示。

表 3-9 问卷整理结果

变量	最大值	最小值	均值	Std. Dev.
IFOF	1	0	0.771 6	0.420 7
ENDI(万元)	1 200	20	433.80	240.450 5
ENRE	3	1	2.306 0	0.736 4
FUQU	3	1	1.741 4	0.697 8
FUSP(天)	10	2	6.090 5	2.220 6
FFDE(家)	12	2	8.112 1	2.569 5

采用 Logit 模型对因变量(*IFOF*)与自变量逐个进行解释，如表 3-10 所示。

表 3-10 Logit 模型解释结果以及 Wald 检验结果①

变量	Coeffi.	z-Stat.	Wald	df	Std. Err.
ENDI	0.008 5	7.378 4	19.413 3	1	0.001 1
ENRE	2.711 1	7.264 5	34.425 4	1	0.373 2
FUQU	−1.657 9	−5.957 7	50.409 8	1	0.278 3
FUSP	3.082 9	5.645 1	42.549 4	1	0.546 1
FFDE	2.975 0	5.444 5	37.593 1	1	0.546 4

注：显著性为 1%水平。

企业规模(*ENDI*)为正，说明代表企业规模的变量企业注册资本金对借款人借款意愿有正向的促进作用，企业注册资本金越多，越倾向于从正规金融机构借款。当然，注册资本金充足的企业，本身也容易得到正规金融机构的青睐。

企业正规程度(*ENRE*)为正，说明企业所有权与财务制度的正规与否对借款人借款意愿有正向的促进作用，企业越正规，越倾向于从正规金融机构借款。换句话说，公司架构正规的企业克服“隐性约束”成本小于不太正规或是不正规的企业。

资金需求程度(*FUQU*)为负，说明借款人资金需求量对借款人借款意愿有负向的刺激作用，金额越大，越倾向于从非正规金融机构借款。这一检验结果出乎我们的预料，因为与正规金融机构相比，非正规金融机构并

① 检验结果表明变量对因变量(借款人选择意愿)有充分的解释效果，但二元选择模型中估计系数不能被解释成对因变量的边际影响，只能以符号衡量自变量对因变量的影响效果。

不善于提供数额庞大的贷款支持，但我们认为，这一效应源于调查对象：资金需求量大的中小微型企业往往缺乏正规金融机构认可的贷款抵押或担保条件，即便向正规金融机构提出贷款申请也很难通过，因此资金需求量大的借款人(中小微型企业)会倾向于直接选择非正规金融渠道融资。

资金需求速度($FUSP$)为正，问卷中设置问题单位为“天”，意味着受访者可以等待的借款审批天数越多，越倾向于向正规金融机构借款；相反，借款人越缺乏耐心等待资金审批，越愿意从非正规金融机构借款。

企业所处地域发达程度($FFDE$)为正，说明借款人与当地正规金融机构的亲密程度对借款人借款意愿有正向促进作用，借款人往来的正规金融机构越多，越倾向于从正规金融机构借款；往来的正规金融机构越少，越倾向于从非正规金融机构借款。

问卷的分析结果印证了结论一至结论三，说明借款人基于所处环境和自身条件，借款时会考虑除资金价格以外更多的因素，在正规金融机构和非正规金融机构间作出选择。我们认为，对中小微型企业而言，选择哪一个市场进行融资的主要影响因素包括企业本身的注册资本、企业接触过或有业务往来的正规金融机构数、企业自身正规程度、企业能够忍耐资金审批天数以及企业对资金的需求量，其中：前四项影响因素越大，企业越倾向于从正规金融市场融资；最后一项影响因素越大，企业越倾向于从非正规金融市场融资。

3.4.2 基于主成分因子分析检验农户选择行为

1. 数据描述

样本来自秦晋豫三省交界的黄河三角地区农村，涉及陕西渭南市、山西运城市、河南三门峡市三地近千家农户与私营小企业主(个体户)，如表3-11所示。该地区在黄河及支流的冲刷下形成平坦而肥沃的河谷盆地，农业非常发达；近年来，逐渐形成了以煤、电、铝为龙头，涵盖建筑、建材、化工、医药等多种行业的经济结构，但仍以农业为主，属于典型的中原农业地区。

表3-11 样本总体情况

	农户	私营小企业主(个体户)	合计
有效问卷	713	182	895
无效问卷	87	18	105
合计	800	200	1 000

实验对象的资金需求明显表现为生活性需求和生产性需求两类。生活性的资金需求主要通过亲戚朋友的无利息借贷满足；生产性的资金需求则主要通过有利息借贷满足，如表 3-12 所示。需要说明的是，非正规金融机构指中国农业银行和农村信用合作社之外的其他金融机构(如贷款公司、基金会等)，民间借贷则指农户之间的个人行为。

基于理论推导，初步认为“隐性约束”和“声誉”是非正规金融市场参与者借贷行为的主要影响因素，同时，还需要探究声誉约束机制的作用。结合前人的研究结果，将农户借贷行为影响因素的实验内容设置为金融市场因素和农户个体因素，共计 20 个影响因素，如图 3-16 所示。

表 3-12　借贷资金的付息情况

类别	资金来源	借贷笔数	占比
农户	正规金融机构(有利息)	252	16%
	非正规金融机构(有利息)	221	14%
	民间借贷(有利息)	442	28%
	亲戚和朋友(无利息)	663	42%
私营小企业主(个体户)	正规金融机构(有利息)	441	32%
	非正规金融机构(有利息)	496	36%
	民间借贷(有利息)	303	22%
	亲戚和朋友(无利息)	138	10%
合计	农户	1 578	100%
	私营小企业主(个体户)	1 378	100%

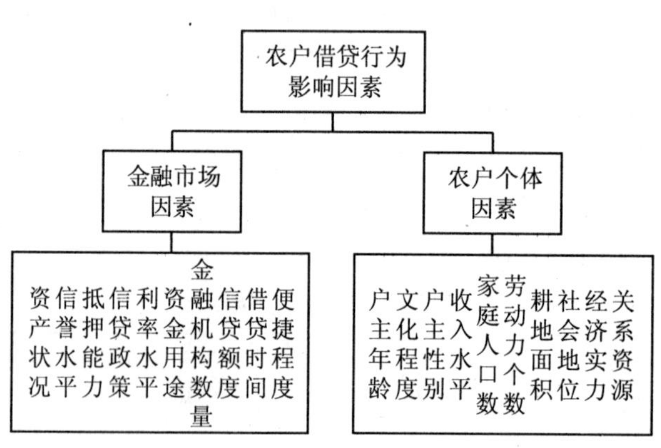

图 3-16　农户借贷行为影响子因素

在实验过程中，由被访农户对各相应因素进行选择：如果认为该因素对自身借贷行为产生影响，则该影响因素得分为“1”；如果认为该因素对自身借贷行为没有影响，则该影响因素得分为“0”。

2. 实证结果

运用 SPSS12.0 对两类影响因素的实验数据分别进行处理，如表 3-13 所示。

表 3-13　金融市场因素主成分分析结果

成分	初始特征值			选取特征值		
	合计	变量百分比	累计百分比	合计	变量百分比	累计百分比
1	3.128	31.336	31.336	3.128	31.336	31.336
2	1.723	17.157	48.493	1.723	17.157	48.493
3	1.587	15.852	64.345	1.587	15.852	64.345
4	0.965	9.646	73.991	0.965	9.646	73.991
5	0.801	8.022	82.013			
6	0.561	5.902	87.915			
7	0.393	3.908	91.823			
8	0.337	3.386	95.209			
9	0.302	3.053	98.262			
10	0.181	1.738	100.000			

选取累积达到总方差 70%的主成分特征值，因此，金融市场因素的因子分析只需要前四个主成分特征值即可。进行因子旋转，如表 3-14 所示。

表 3-14　金融市场因素因子分析结果

变量	成分			
	1	2	3	4
资产状况	−0.356	0.781	0.123	0.119
信誉水平	−0.183	0.058	0.041	0.872
抵押能力	0.096	0.906	0.079	−0.022
信贷政策	0.704	0.018	−0.152	0.326
利率水平	0.587	−0.041	0.116	0.045
资金用途	0.107	−0.128	0.668	0.242
金融机构数量	0.768	0.235	0.102	−0.151
借贷额度	0.279	−0.251	0.837	−0.207
借贷时间	0.087	−0.172	0.723	−0.368
便捷程度	0.132	−0.656	0.806	−0.196

基于计量结果，可以将金融市场十个影响因素划分为四类主成分因子：第一类包括信贷政策、利率水平和金融机构数量，称为农户的宏观环境；第二类包括资产状况和抵押能力，称为农户的财务状况；第三类包括资金用途、借贷额度、借贷时间和便捷程度，称为农户的隐性约束；第四类包括信誉水平，称为农户的声誉情况。于是可以得到各主成分因子的影响权重如表3-15所示。

金融市场因素主成分因子的影响权重表明，农户的声誉情况是非正规金融市场参与者最为重要的影响因素；农户的隐性约束次之，这说明正规金融的“挤出效应”实际导致了农户借贷的产生。

进一步对农户个体因素进行主成分分析，结果如表3-16所示。

表3-15　金融市场因素主成分因子的影响权重

主成分	累计值	总值	权重
农户的宏观环境	237	2 010	12%
农户的财务状况	436		22%
农户的隐性约束	628		31%
农户的声誉情况	709		35%

表3-16　农户个体因素主成分分析结果

成分	初始特征值			选取特征值		
	合计	变量百分比	累计百分比	合计	变量百分比	累计百分比
1	3.336	32.368	32.368	3.336	32.368	32.368
2	2.976	26.193	58.561	2.976	26.193	58.561
3	1.602	15.231	73.792	1.602	15.231	73.792
4	0.989	10.923	84.715			
5	0.773	7.126	91.841			
6	0.563	2.816	94.657			
7	0.411	2.028	96.685			
8	0.337	1.413	98.098			
9	0.321	1.011	99.109			
10	0.187	0.891	100.000			

同样选取累积达到总方差70%的主成分特征值，因此，农户个体因素的因子分析只需要前三个主成分特征值即可。进行因子旋转，得到结果如表3-17所示。

表 3-17　农户个体因素因子分析结果

变量	成分		
	1	2	3
户主年龄	−0.317	0.762	0.051
文化程度	−0.297	0.573	0.142
户主性别	0.117	0.689	−0.126
收入水平	0.701	0.012	0.091
家庭人口数	0.207	0.878	0.115
劳动力个数	0.072	−0.134	0.716
耕地面积	0.802	0.088	−0.109
社会地位	0.176	−0.217	0.885
经济实力	0.729	−0.220	−0.397
关系资源	0.127	−0.107	0.826

基于计量结果，可以将农户个人十个影响因素划分为三类主成分因子：第一类包括收入水平、耕地面积和经济实力，称为农户的经济情况；第二类包括户主年龄、文化程度、户主性别和家庭人口数，称为农户的家庭情况；第三类包括劳动力个数、社会地位和关系资源，称为农户的社会情况。于是，可以得到各主成分的影响权重如表 3-18 所示。

表 3-18　农户个体因素主成分因子的影响权重

主成分	累计值	总值	权重
农户的经济情况	673	1 819	37%
农户的家庭情况	582		32%
农户的社会情况	564		31%

农户个体因素主成分因子的影响权重表明，农户的经济情况是非正规金融市场参与者最为看重的农户个体因素，这意味着非正规金融市场参与者个体的经济情况是对其违约概率最好的说明。因此，在声誉具有资本效应的同时，声誉还能够传递借款者经济情况与财务状况，这一实验结果也说明非正规金融市场的资金供给者具有“救急不救贫”的特征。

综上所述，实验结果印证了理论推理的结论四至结论六，农户的声誉情况是非正规金融市场上最为重要的影响因素，而正规金融“隐性约束”的挤出效应则是产生非正规金融市场的重要原因，此外，农户个体的经济情况则是非正规金融市场参与者最为看重的个体因素，声誉情况包含了农户个体的经济情况，非正规金融实现了借款者声誉的价值。

3.5 案例

3.5.1 案例一：华北地区某农村的民间借贷情况①

A村位于华北地区，全村共有500多户农户、1 700多人口，拥有土地面积2 300亩，人均耕地1.1亩。A村地理位置较为特殊，处于两个镇行政区的交界处，且距两个镇行政中心距离相同，因此在行政管理上存在一定难度。

A村农户家庭收入主要来自于小规模种植和养殖，农闲时，剩余劳动力会从事小额商业或者外出打工。A村的主要农作物为小麦和玉米，也有少量大豆、小豆和花生，但以满足自身消费为主。冬季时，农户会种植大白菜，由于规模有限，没有经销商前来收购，主要依靠青壮年载到镇里的市集上出售。全村农户生产结构非常简单，收入构成也非常简单。每户家庭收入可以基本满足日常生活开支，同时也难有结余。

全村集体经济收入来源，是全村500亩土地的承包费，但这些收入主要用于照顾贫困户和支持全村公益性事业，几乎没有结余，因而无法兴办集体企业。上级财政部门拨款非常有限，总体来说，A村属于非常典型的经济较为落后的农业地区。

村里农民们每年剩余的资金不多，而且村里没有信用社，村民为了应付不时之需，并不愿意奔波数十里将手中的现金存入信用社；同时，全村已解决温饱问题，平时遇到资金困难也都可以自己解决，而且有额外的资金也只能持有在手中，缺乏好的发展项目进行投资，因此村民们并不会主动申请信用社贷款。而农户没有贷款意愿，所以根本不了解信用社的贷款流程和手续，再加上信用社金融知识宣传有所欠缺，导致村民不知道该如何从信用社申请贷款。即使非常简便的贷款流程，也被村民们想象得过于复杂，认为农信社的贷款非常神秘，加剧了他们对正规渠道获取资金的排斥心理。

村民们在遇到家人生病、婚丧嫁娶等较大开支时，都是向亲戚朋友

---

① 本书案例所涉及事件，多援引自韩俊等：《中国农村金融调查》，上海，上海远东出版社，2009。作者进行了重新编排并添加评论。

借钱，而非从信用社申请贷款。村民们做出这样的选择，存在以下理由：第一，向亲戚朋友借钱方便，只要亲戚朋友手头宽裕，不用费什么口舌就能把钱借到，有时候亲戚朋友还会主动把钱送到自己手上；第二，向亲戚朋友借钱手续简便，不需要担保也不需要抵押，只需要个人之间的感情，而不用牵扯到其他人，由于信用社贷款采取“五户联保”，如果借款人不能按时还款，担保人就必须承担还贷的责任；第三，向亲戚朋友借钱既无期限也无利率，向亲戚朋友借钱时，他们绝不讲任何条件，也不会问什么时候还钱，更不会提利息之类的事情，与信用社贷款比起来，无利率是亲友借贷的最大优势，村民们都说：“没什么事情谁会去信用社贷款，光那些利息我都还不起。”

在普遍不愿贷款的风气当中，有两个农户提出贷款申请的事例，其中有一户获得了小额贷款。获得贷款的是一个三口之家，贷款后去唐山市做装潢生意。贷款时采用的也是“五户联保”形式，借款人夫妇和其他担保人的身份资料都被信用社用于备案。由于生意进展顺利，贷款和还款都比较顺利，但这家借款人并不在 A 村生活。

没有获得贷款的一户是一对五十岁的夫妇和三个子女。大女儿上大学、二女儿上高中、小儿子上初中，巨额的学杂费给整个家庭带来了沉重的负担，再加上孩子的祖父母生病，亲戚朋友已借过，所以决定贷款。但当信用社进行信用审查时发现，该户的爷爷认为自己不会去借款，曾经轻易地答应了其他借款人的担保请求，但那个借款人没有归还贷款，他们家也没有归还，所以被信用社列入了不良信用的名单，因此贷款申请被拒绝了。

A 村案例说明，非对称信息的市场条件导致正规金融对农户产生“挤出效应”，而且信息不对称现象也损害了农户在正规金融机构备案的信誉状况。这些障碍和损害实际上是信息不对称造成的无谓损失，如果正规金融机构(农村信用合作社)加强宣传和普及金融专业知识，将有效减少这些损失，提高农户的福利水平。

3.5.2　案例二：西北地区某农村的民间借贷情况

B 村位于关中平原的中东部，受自然条件雨水缺乏的影响，村民农业经济收入较少。20 世纪 90 年代之后，当地兴起了苹果种植业，但随着苹果市场竞争激烈程度的提升，苹果种植业逐渐衰落，于是大部分当地人选择外出务工。B 村总人口 2 098 人，总面积 4.8 平方千米，该村中等户一年的收入在 6 000 元至 12 000 元之间，主要来自于农业种植。

B村农户除去日常开支外，较大支出包括求医问药、教育培训和婚丧嫁娶。按照平均水平来说，一名子女上大学的费用每年至少需要10 000元，婚嫁的彩礼和房屋建造至少需要60 000元，这些必需的消费开支，是村民们主要经济压力来源。

村民们借贷的资金来源首先是信用社。但是信用社主要开展小额信贷，村里的信贷员只有300元贷款审批权，如果向镇信用社提出申请，绝大多数农户可以申请到1 000元贷款。农户认为，1 000元贷款只能满足每年年初购买基本农用生产资料的需要，或者每学期中小学生上学费用，如果要扩大生产规模购买大型农机具甚至从事小额商业经营，这些资金远远不够。

因此，B村非常多的农户都热衷于参与民间借贷(受收入来源的限制，尚未形成有组织的民间金融机构，一般为私人自由借贷)。就农户而言，民间借贷优于信用社贷款的主要原因是手续简便、资金充裕。如果要到信用社贷款，首先要提出贷款申请，审批后一笔贷款要收取5元手续费，而且提前扣息(以贷款1 000元为例，审批后只能拿到900元，扣除的100元作为本年度的利息)，而且还需要每月向信用社付息。整体算来，信用社贷款利息与私人借贷利息基本持平。更重要的是，信用社贷款额度太小，审批时间较长(一般为1～2周)，无法满足农户的大额应急资金需求。对于贫困户而言，一般难以通过信用社审批，如果再没有与私人借贷者建立良好的关系，通常是借贷无门，只能寻求高利贷，而高昂的利息使贫困户的经济状况更加恶化、雪上加霜。

而从资金供给方来说，资金有结余的农户，会抱怨存款利率过低。因此，一旦有某种途径，或者能够找到与放贷人关系较好的担保人，进行口头承诺或签订借条，就会将资金投入到民间借贷当中，获得高于信用社存款利率的利息。当然，B村的民间借贷目前并未完全呈现于阳光之下。此外，受规模限制，虽然曾经引发过债务纠纷，但当地从未出现过大规模的风险事件。

虽然B村没有发生过大规模的信用风险事件，但同地区的其他村、镇却曾经爆发过民间金融风险。20世纪90年代中后期，当地的“基金会”发展非常迅速，较高的存贷利率和简便的存贷手续，甚至一度严重影响信用社的正常经营。但由于自身经营不善，基金会在最为繁荣时突然崩塌，对当地经济乃至社会产生冲击，最终导致政府行政干预，严令禁止基金会。但即便如此，当地私人间的小额高利贷依然活跃。

事实上，当地居民普遍认为，信用社之外的基金会和私人借贷行为，活跃了当地民营企业和个体经济。当地民风淳朴，许多父母为了供子女念书，选择私人借贷获得资金。而婚嫁的巨额开支，大部分人也选择私人借贷来解决燃眉之急。当然，对于当地以农业为主的农户而言即使少量高利贷，也会使家庭经济状况在接下来的几年里难以好转。当地一位工作多年的信用社信贷员认为，国家对农村金融应放活一些，宜统则统、宜分则分，民间借贷非常灵活，如果民间借贷可以得到规范发展，在一定程度上比信用社的适应性还要好。早些时候基金会倒闭的一个主要原因，是基金会管理人员不具备相应的金融知识和专业知识，在高额利息的引诱下将基金会的所有资金全部贷出，以至于个别储户兑付难演变成挤兑的流动性危机，最终爆发金融风险。

B村案例提供了以下经验：

第一，正规金融存在的“隐性约束”增加了借款者筹措资金的成本，导致借款者主动放弃正规金融而选择非正规金融。这是非正规金融长期存在的主要原因。

第二，借款者对于非正规金融的需求是非正规金融赖以生存的土壤，即使政府采取强制措施禁止非正规金融交易，非正规金融仍会以其他形式继续运转。

第三，转入地下或者缺乏监管的非正规金融交易，对当地居民经济状况、生活水平以及社会稳定的负面影响非常大。

3.6　小结：非正规金融源自正规金融“隐性约束”的挤出效应

本章围绕非正规金融的产生原因展开研究，具体结论包括以下几个方面：

1. 两大传统理论可以在一定程度上解释非正规金融产生原因

作为非正规金融产生原因的传统解释理论，金融抑制理论给出了一个制度框架，即严格的资金定向分配与利率管制使得有限的金融资源流向小部分政府支持或者优先鼓励的行业和企业，而大量资金需求者无法得到满足，被迫寻求非正规金融渠道的帮助；非对称信息导致的交易成本理论则从市场交易机制出发，基于正规金融机构贷款利率与正规金融机构期望收益间的非单调关系，解释利率引致的逆向选择与道德风险，进而给出了金融机构信贷配给的理论解释。

2. 金融抑制论和交易成本论在解释非正规金融方面存在一定的局限性

金融抑制理论给出的制度基础，是非正规金融产生原因的充分条件而非必要条件，因为发达国家同样存在的非正规金融表明即使金融深化与自由化程度达到一定水平，非正规金融依然存在；交易成本理论并没有给出非正规金融产生原因的直接解释，而且其研究主要围绕金融机构的信贷配给展开，对于解释非正规金融产生原因存在一定的局限性，但交易成本理论却为非正规金融产生原因提供了一个内生性研究的视角。

3. 正规金融机构“隐性约束”具有挤出效应

对正规金融机构而言，为防范经营风险会从两个方面对借款者进行约束，一方面是与授信额度相关联的实物抵押品(硬约束)；另一方面是申请程序、审批周期、还款期限等标准(软约束)。这两方面约束不会反映到正规金融机构公布的贷款价格中，但对借款者来说，却成为了正规金融机构贷款成本的一部分。因此，由双重约束(硬约束和软约束)构成的不反映在正规金融贷款名义价格中的“隐性约束”是借款者选择何种途径贷款的主要影响因素，对借款者存在挤出效应。

4. 声誉(约束)机制使借款者有主动选择非正规金融的动机

与正规金融“隐性约束”的挤出效应相反，非正规金融交易将人情、关系、面子等无形成本有形化，避免了正规金融机构为了防范风险而设置的“隐性约束”。声誉在非正规金融市场中获得了价值体现，可以降低借款者实际资金成本；而声誉所具有的信息传递功能，则为非正规金融市场资金供给者提供了判断的依据。在自身声誉被赋予价值的条件下，借款者有可能因为“隐性约束”的挤出效应放弃正规金融机构贷款，转而寻求非正规金融渠道融资；而资金持有者则会因为借款者声誉所包含的信息流衡量借款者违约的概率，并与借款者达成契约。

5. 实证检验证明理论推导结论

基于实验经济学范式的借款者选择行为研究，是近些年来有关非正规金融研究的主要方法。事实上，基于非正规金融“自组织”的特征，针对非正规金融产生原因的研究理应从其内部进行。围绕借款者选择行为开展实验，通过计量方法验证理论推导出的结论一至结论六，由于非正规金融能够促使借款者声誉发挥作用，因而声誉约束机制可以有效解释借款者为何选择非正规金融而不是正规金融。

第 4 章　非正规金融运行：声誉约束机制正常运转

经过上一章分析，我们发现非正规金融能够实现借款者声誉价值，为不具有抵押质押条件的借款者提供贷款，相较于正规金融“隐性约束”的挤出效应，非正规金融具有吸引借款者的独到优势。那么，非正规金融声誉约束机制是如何形成的，这一机制又是如何保证非正规金融正常运转的，声誉约束机制正常发挥作用的条件又有哪些？

4.1　非正规金融声誉约束机制的建立

4.1.1　非正规金融参与者声誉的内涵

在对声誉进行研究之前，需要对非正规金融的参与者进行一个界定。一般来说，非正规金融参与者主要来自于农村，基于血缘和地缘的农户间借贷是非正规金融的主要形式，但随着经济的发展，许多非农业从业者(比如个体户、私营工场主、中小微型企业)等也参与到非正规金融中。因此，非正规金融参与者的内涵与外延是一个不断变化的概念，凡参与非正规金融，我们都称其为非正规金融参与者。非正规金融参与者具有以下特征：

其一，非正规金融参与者是消费与生产的综合体，作为生产单位既是一个家庭又是一个企业，同时出现在生产和消费中。

其二，非正规金融参与者的经济目标与非经济目标并存，作为一个生产单位，它的行为与其他生产经营组织一样，具有追求收入最大化的经济目标；还有诸如自身的影响与名望、生活的安全与保障、家庭(族)的荣誉与地位等非经济目标。

其三，非正规金融参与者是主营事业与兼营事业的综合体，作为一个逐利的理性人，非正规金融参与者在主营事业之外往往还会从事其他行业。

非正规金融参与者声誉有广义与狭义之分，广义是指非正规金融市场参与者借贷双方分别具有的声誉，而狭义则专指非正规金融市场借款者的声誉。一般来说，非正规金融参与者的声誉主要是指借款者的声誉，即借方声誉。

声誉的内涵则一般从两个方面进行界定（符加林，2007），即信息角度的声誉内涵与资本角度的信息内涵。一方面，声誉是行为主体过去行为及导致结果的综合性信息，这些信息表明并传递行为主体类型；另一方面，声誉是一种特殊的“资产”或“资本”，能给行为主体带来“声誉租金”，并形成竞争优势。我们认为，非正规金融参与者声誉是其他潜在交易对象对行为主体的认知与评价，这些认知与评价来源于行为主体以往的行为以及导致结果，潜在交易对象可以通过这些认知和评价推测该行为主体的能力与品格等内在特征信息，并预测其未来一定时期的可能行为，而行为主体则可以将这些认知与评价转化为无形的虚拟抵押，从而获得潜在交易对象认可。

因此，非正规金融参与者声誉的内涵包括以下几个方面：其一，参与者的声誉是动态变化的；其二，参与者的声誉来源于其过去的行为及导致结果；其三，参与者的声誉是一个外在的认知与评价；其四，参与者的声誉揭示了参与者的内在特征信息；其五，参与者的声誉是一项无形资产，能为参与者创造价值。

4.1.2　非正规金融参与者声誉的形成

1. 基本假设

从本质上说来，声誉是一种在复杂的社会认知过程中形成的信号，这一形成过程是指行为主体过去的行为及其结果的相关信息在其社会网络中的评价、传递、扩散以及对其他交易参与者行为产生的影响。按照博弈论的研究范式，声誉在行为主体参与社会交易博弈过程中逐渐形成的，是其他交易参与者对该交易主体的总体认知与评价。

按照朱·弗登博格和让·梯若尔的观点，一个重复参与相同博弈的参与者可能会试图建立一个对于特定行为方式的声誉。具体想法是，如果一个参与者总是选择一个策略进行博弈，那么他的对手们就会预期他在将来继续这种策略，从而相应调整他们自己的行为。关于每个参与者类型的信息是不完全信息，类型不同，预期的博弈方式也不同，这样，每个参与者的声誉就可以概括为他的对手对其类型的信念。直觉上看，因为声誉很像资产，当一个参与者有耐心并且他的计划比较长远时，他最可能愿意用短期的成本去建立他的声誉，一个计划不长远的参与者就会对进行这样的投资比较勉强（当然，我们不排除在短期内进行巨大投人，然后迅速建立声誉，进而立刻放弃声誉谋取收益的行为，但这已经接近甚至构成诈骗犯罪，所以并不在本书的讨论范围之内)。因此，我们可以假设，在声誉上的投资更有可能出现在长期关系中，而不是短期关系中；更有可能出现在博弈开始时，而不是结束时。

假设博弈模型共有三方参与者：其一，借款者(Borrower，简写 B)，作为声誉的载体，将会在博弈过程中选择影响其声誉的行为；其二，贷款者(Lender，简写 L)，作为声誉的评价者，观察并评价借款者的行为对其声誉产生的影响；其三，自然人(Nature，简写 N)，作为虚拟参与人，表示借贷双方的初始类型。

借款者(B)长期(世代)生活在某地区(村庄或社区)，为了进行某一项投资而向其他人借款，在项目结束时，借款者有两种行为可以选择：还款或者拖欠(赖账)。根据声誉的定义，非正规金融中借款者声誉是由其他交易者以及潜在交易者赋予的认知与评价。根据生活化的居民间评价，正面的评价一般为“有本事”、“很能干”、“能行”等；而负面的评价一般为“不咋地”、“很一般”、“差劲”等。为了简化分析，本课题以“优”和“劣”表示借款者声誉的两种状态，其中 A_1 表示“优”的状态，A_2 表示“劣”的状态。于是得到 B 的类型空间：

$$A \in \{A_i\},\ i=1,\ 2 \tag{4-1}$$

以及 B 的行动空间：

$$a \in \{a_i\},\ i=1,\ 2 \tag{4-2}$$

其中，a_1 表示“还款”，a_2 表示“拖欠”。基于声誉的定义，交易者以及潜在交易者依据借款者行为及其结果形成对该行为主体的认知与评价，当借款者选择合乎道义的行为时，将获得积极的评价，形成好的声誉，其声誉水平将上升；反之，选择违背道义或契约的行为时，将受到消极的评价，降低其声誉水平。

假定借款者 B 属于“优”的概率为 $p(0<p<1)$，即 $P(A_1)=p$，而属于“劣”的概率为 $P(A_2)=1-p$。贷款到期时，B 可能按时还款，也可能拖欠：如果 B 的类型为 A_1，其还款(采取行动 a_1)的概率为 α，用条件概率表示为 $P(a_1|A_1)=\alpha$，同时，其拖欠(采取行动 a_2)的可能性为 $1-\alpha$，即 $P(a_2|A_1)=1-\alpha$；相反，如果 B 的类型为 A_2，其还款(采取行动 a_1)的概率为 β，且 $\beta<\alpha$(因为声誉处于“优”的状态的借款者比“劣”状态的借款者更愿意还款)，于是有 $P(a_1|A_2)=\beta$，$P(a_2|A_2)=1-\beta$。

如果用 A_1 代表拥有最优水平声誉的借款者，用 A_2 代表拥有最差水平声誉的借款者，则大量的借款者声誉应处于 A_1 与 A_2 之间，或者更接近某一程度，于是概率 $p(0<p<1)$ 演化为借款者声誉水平的标志，p 越大，借款者声誉水平就越高；反之，声誉水平就越低。

双方博弈的开始阶段，贷款者并不清楚借款者的声誉水平接近于何种程度，但根据贝叶斯法则，贷款者可以获得一个借款者为 A_1 类型的先验概率 $\bar{p}(A_1)=p_0$，相应的借款者是 A_2 类型的先验概率 $\bar{p}(A_2)=1-p_0$。当贷款到期时，借款者可以选择还款或者拖欠，而贷款者以及潜在的交易者会依据借款者的行为调整对该借款者声誉水平的认知与评价，得到一个关于借款者声誉水平的后验概率(体现借款者新的声誉水平的概率)：其一，如果借款者采取行动 a_1，则贷款者以及潜在的交易者重新得到该借款者声誉水平为 A_1 的后验概率为 $\tilde{p}(A_{1t})(t=1, 2, \cdots, n)$；其二，如果借款者采取行动 a_2，则贷款者以及潜在的交易者重新得到该借款者声誉水平为 A_2 的后验概率为 $\tilde{p}(A_{2t})(t=1, 2, \cdots, n)$。其中，$t$ 表示借款者获得资金并按时还款的次数，即重复博弈的期数。

2. 求解过程

(1)原始声誉的形成

借款者原始声誉的形成可以看做是借款者与贷款者间一个动态的不完全信息博弈过程，可以划分为四个阶段：第一阶段，非正规金融参与者“自然”的划分为借贷双方，并且借款者选择自身声誉类型(“优”或者“劣”)；第二阶段，贷款者通过推测获得借款者的类型，并得出先验概率；第三阶段，借款者选择进一步的行为(还款或者拖欠)；第四阶段，贷款者基于自己观察到借款者的行为，调整自身对借款者声誉类型的认知概率，同时本期博弈终结。

整个博弈过程的说明如下：在第一阶段，非正规金融参与者自然而然地分化为借款者和贷款者，同时借款者自然而然地分成声誉类型为“优”(A_1)和声誉类型为“劣”(A_2)的两类，由于这种先天性的选择属于借款者的私人信息，贷款者对此信息结无法分割，因而贷款者只能接受，在博弈树上的体现就是两个“枝”指向同一个结点；第二阶段，在不完全信息条件下，尽管贷款者不能确认借款者声誉的具体类型，但可以给出借款者类型初始判断的概率($\bar{p}(A_1)$，$\bar{p}(A_2)$)，这样的判断属于贷款者的私人信息，借款者同样对此信息结无法分割；第三阶段，借款者选择进一步行为 a_1 或 a_2，这一行为是贷款者可以观察到的；第四阶段，贷款者根据借款者的选择行为给出后验概率，并调整对借款者声誉类型的认知与评价。整个博弈过程如图 4-1 所示。

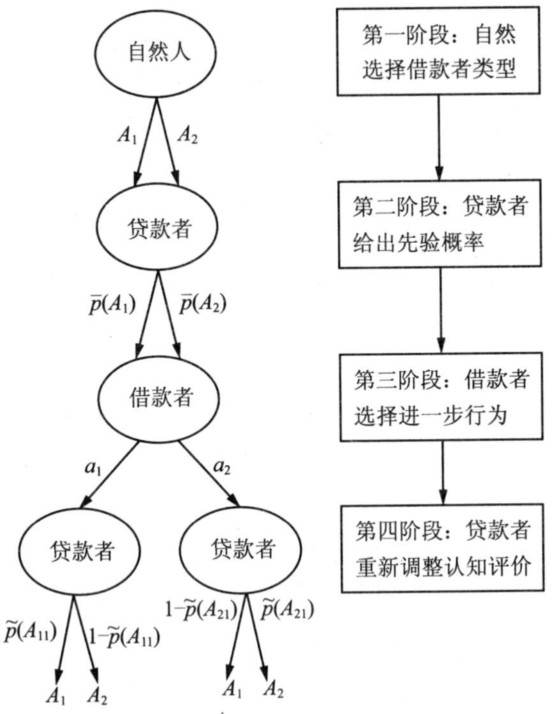

图 4-1　借款者声誉形成的博弈扩展式

(2)借款者可能的行动

资金到期后，借款者选择某种行为(a_1 或 a_2)的可能性为：

借款者还款的可能性(选择行为 a_1)为：

$$P(a_1)=P(A_1)\times P(a_1|A_1)+P(A_2)\times P(a_1|A_2) \tag{4-3}$$

依据假设，B 声誉属于 A_1 的先验概率为 $\bar{p}(A_1)=p_0$，代入式(4-3)，有：

$$P(a_1)=\alpha p_0+\beta(1-p_0) \tag{4-4}$$

借款者拖欠的可能性(选择行为 a_2)为：

$$P(a_2)=P(A_1)\times P(a_2|A_1)+P(A_2)\times P(a_2|A_2) \tag{4-5}$$

即：

$$P(a_2)=(1-\alpha)p_0+(1-\beta)(1-p_0) \tag{4-6}$$

(3)贷款者(外界、人们)对借款者认识的改变——借款者声誉的变化

借款者选择下一步行为之后，贷款者可以依据观察到的结果重新对借款者声誉类型认知和评价，从而形成该借款者新的声誉类型。

如果借款者选择了行为 a_1，根据贝叶斯定理，借款者声誉依旧是 A_1 的后验概率 $\tilde{p}(A_{11})$ 为：

$$\tilde{p}(A_{11})=P(A_1\mid a_1)=\frac{P(A_1)\times P(a_1\mid A_1)}{P(A_1)\times P(a_1\mid A_1)+P(A_2)\times P(a_1\mid A_2)} \tag{4-7}$$

即：

$$\tilde{p}(A_{11})=\frac{\alpha p_0}{\alpha p_0+\beta(1-p_0)} \tag{4-8}$$

显然 $\tilde{p}(A_{11})>p_0$，这说明借款者选择还款行为，会正向刺激贷款者对其认知与评价，其声誉水平获得提高。于是，如果借款者长期坚持每一期都按时偿还贷款，有：

$$p_0<\tilde{p}(A_{11})<\cdots<\tilde{p}(A_{1t})<\cdots<\tilde{p}(A_{1n})\approx 1 \tag{4-9}$$

即借款者声誉水平不断提升，最终接近于完美状态。

如果借款者选择了行为 a_2，根据贝叶斯定理，借款者声誉依旧是 A_2 的后验概率 $\tilde{p}(A_{21})$ 为：

$$\tilde{p}(A_{21})=P(A_2\mid a_2)=\frac{P(A_2)\times P(a_2\mid A_2)}{P(A_1)\times P(a_2\mid A_1)+P(A_2)\times P(a_2\mid A_2)} \tag{4-10}$$

即：

$$\tilde{p}(A_{21})=\frac{(1-\alpha)p_0}{(1-\alpha)p_0+(1-\beta)(1-p_0)} \tag{4-11}$$

显然 $\tilde{p}(A_{21})<p_0$，这说明借款者选择拖欠行为，会负向刺激贷款者对其认知与评价，其声誉水平将会降低。考虑一个极端的情形，即借款者总是拖欠甚至违约，则有：

$$p_0>\tilde{p}(A_{21})>\cdots>\tilde{p}(A_{2t})>\cdots>\tilde{p}(A_{2n})\approx 0 \tag{4-12}$$

因此可以说，借款者声誉来自于借款者自身的选择行为。本期借款者的声誉是贷款者以及潜在交易者依据此前借款者行为以及导致结果而形成的总体认知与评价；本期借款者行为将影响贷款者以及潜在交易者下期对借款者的认知与评价，形成新的声誉水平，因而借款者声誉是动态变化的。

4.2 非正规金融声誉机制的约束作用

4.2.1 声誉机制对非正规金融贷前逆向选择的抑制

1. 资金市场中的“柠檬问题”

从 Akerlof(1970)针对二手车市场劣车驱逐良车的现象进行分析，提出“柠檬市场”经典模型之后，大量信贷、保险等可以概括为“委托—代理”模式的金融行为中产生的问题都被归结为“柠檬问题”来进行研究。资金市场中存在着普遍的信息不对称现象，由于贷款者先验概率的主观性，发放贷款时往往会产生偏离，最终导致资金市场中的借款者发生逆向选择，降低资金市场的效率。

Tirole(1996)和 Tadelis(2002)指出，不对称信息条件下市场可能产生的逆向选择，需要通过借款者基于声誉约束机制的信号传递效应予以抑制，借款者利用声誉进行信号传递有助于解决市场中广泛存在的“柠檬问题”。

不少国内学者针对我国资金市场典型的二元特征结构提出自己的观点(何广文，1999；温铁军，2002；周天芸、李杰，2005；周立，2007等)，认为我国资金市场存在严重的信息不对称问题，个人或者农户缺乏与企业或者工商业相联系的信息；而正规金融中的信息不对称现象要多于非正规金融。与非正规金融相比，正规金融中的柠檬问题更为严重。

那么，为什么在二元结构的资金市场，非正规金融比正规金融具有更高的效率呢？这是因为，非正规金融可以有效发挥借款者声誉，因而贷款者可以借助声誉合理评价借款者；而正规金融缺乏对借款者声誉的认可，因而获得借款者的私人信息成本过高。因此，基于声誉约束的信号传递效应帮助贷款者更为准确地对借款者进行识别与区分，从而克服了非正规金融市场中潜在的“柠檬问题”。

2. 声誉的信号传递博弈模型

信号传递博弈(Signalling Games)是一种不完全信息动态博弈，它包含了信念的更新以及完美性问题，是委托—代理模型中代理人展示自己类型的一种手段。从自然人演化为代理人并确定代理人类型之后，代理人将会为自己选择一个可被外界观测的信号(特征)，信号传递博弈则为代理人搭建起收益与信号间的联系。作为信号传递理论的奠基人，Spence(1973)针对劳动力市场中的信号传递问题进行了开创性地研究，他认为在完全竞争的劳动力市场中，能力较高的劳动者会采用某些有成本的行为进行信号传递，以解决劳动力市场中的逆向选择问题。他进一步解释到，在劳动力市场上，关于雇员能力的信息是不对称的，雇员了解自己的能力，而雇主不知道，因而雇员受教育程度(以文凭表示)就成为劳动者能力的一种信号。除此之外，信号传递博弈在产品质量市场中也得到广泛应用：如果质量不同的企业从事传递信号活动的成本存在差异，那么生产高质量产品的企业会选择更高成本的信号传递行为向买方传递信号，而生产低质量产品的企业由于无法承担这一较高的信号传递成本，则买方可以借助信号将不同质量的产品区别开来。同样，可以借鉴这一博弈模型分析非正规金融中声誉机制的信号传递效应。

(1)博弈的参与者

本模型的博弈双方即非正规金融的参与者，包括非正规金融的借款者和贷款者。非正规金融参与者之间基于血缘、地缘、商缘等人际关系、经济关系以及社会关系共同构成了一个社会网络，各利益主体间进行着长期重复的博弈。借款者过去的行为以及导致的结果形成其目前的声誉水平，这一声誉是社会网络中与借款者有关交易者或者潜在交易者的交流与评价结果。

而贷款者或者潜在交易者对借款者声誉类型的先验概率，往往取决于借款者能力的大小，即所谓的正面“有本事、能力强”的评价与负面“没本事、不成器”的评价。由于声誉无法直接观察和度量，因此贷款者在决定先验概率时往往考虑借款者的偿还能力与偿还意愿，这实质上正是对借款者能力与品德的考量。

基于这样的原因，本课题进一步假设借款者 B 具有能力高低之差，以 ϕ 表示借款者的能力，于是有定义空间 $\phi\in\{\phi_i\}$，$(i=1, 2)$，其中 ϕ_1 表示高能力，ϕ_2 表示低能力。进一步假设借款者的能力可以量化，令 $\phi_1=2$，$\phi_2=1$，而贷款者和潜在交易者给予借款者的先验概率为 $p(\phi_1)=p$，$p(\phi_2)=1-p$。

(2)博弈的策略

其一，借款者的策略选择。借款者会根据自身能力经营自身声誉水平，并向贷款者和潜在交易者传递相应的信号。根据前文假设借款者声誉水平类型 $A\in\{A_i\}$，$i=1, 2$，借款者基于自身能力的声誉类型空间转化为 $A\in\{A_1(\phi_1), A_2(\phi_2)\}$，同时也对声誉类型进行赋值，令 $A_1(\phi_1)=1$，$A_2(\phi_2)=0$。

其二，贷款者的策略选择。在不考虑外界因素的情况下，借款者能否按时还款取决于个人能力，借款者能力决定了他对资金的使用效率，而能力较低的借款者经营失败的可能性会大于能力较强的借款者得多。因此，理性的贷款者希望尽可能贷款给能力较强的借款者而非能力较弱的借款者。但在能力大小不可直接观察的情况下，基于借款者上一期行为及其导致结果产生的声誉成为了贷款者推测借款者能力的主要依据，于是贷款者会给声誉优的借款者提供贷款(或提供较多的贷款)，对声誉劣的农户不予贷款(或给尽量少的贷款)。

因此，贷款者的贷款决策是借款者声誉水平的函数，即 $L(A)\in\{L_1(A_1), L_2(A_2)\}$，而声誉水平只是传递农户能力的信号，贷款者只愿意提供与借款者能力匹配的资金额度，即贷款者的策略为：

$$L(A)=\begin{cases}\phi_1, & A=A_1\\ \phi_2, & A=A_2\end{cases} \tag{4-13}$$

即贷款者收到借款者声誉为“优”的信号时，给予借款者 ϕ_1 额度的资金；收到借款者声誉为“劣”的信号时，给予借款者 ϕ_2 额度的资金。

假设建立声誉的成本函数为 $C(A, \phi)=\frac{1.5A}{\phi}$，这意味着借款者能力越高，塑造声誉的成本就越低，即那些能力较强的借款者更易于建立起自己相对较高的声誉水平，而能力较差的借款者想要建立较高水平的声誉，就需要支付更多的成本。因此，声誉成本函数就成为借款者能力与声誉水平之间的一个分离条件(Sorting Condition)，即所谓的斯宾塞—莫里斯条件(Spence-Mirrlees Condition)。这个假设是分离均衡的关键之处，正因为不同能力的借款者塑造声誉所需付出的成本不尽相同，声誉水平才成为传递借款者类型的信号。

假设借款者利用贷款进行经营的预期收益函数为 $I(A, \phi)=\phi$(能力越强的借款者，其预期经营收益越多)，在不考虑贷款利息的情况下，借款者的效用函数为：

$$U_B(L(A), A, \phi)=L(A)-\frac{1.5A}{\phi} \tag{4-14}$$

即借款者获得的贷款越多，效用越高；同时，维持较高的声誉水平需要更多的成本，反而会降低效用水平。

(3)博弈的顺序

声誉信号传递博弈是一个不完全信息的动态博弈，对贷款者而言，借款者的私人信息属于不完全信息，但贷款者在借款者之后行动，它可以通过观察借款者的行为获得有关借款者的声誉类型、个人偏好等方面信息，进而修正自己的判断，选择最有利于自己的策略。

第 阶段，自然首先选择借款者的类型。在分析不完全信息博弈时，海萨尼(Harsanyi, 1968)引入了“自然”作为虚拟参与人，由它来确定具有私人信息参与者的类型。这里“自然”选择的是借款者能力的类型——能力较强或者较弱的借款者，借款者了解自己的类型，但其他参与者不知道，仅仅能根据共同知识判断借款者类型的概率分布。

第二阶段，借款者根据所属类型发送能够显示其特征的声誉信号。借款者根据自身的能力、所能承担的声誉成本及对未来的预期收益塑造自己的声誉，因而形成一个相应声誉水平。因为借款者建立起声誉需要投入成本，那些缺少耐心的借款者以及自身能力较差的借款者不能或不愿支出声誉成本，因而声誉类型处于相对较低的水平。

第三阶段，贷款者根据借款者的声誉信号确定相应的贷款策略。在接收到借款者的声誉信号之前，贷款者缺乏关于某个借款者能力的具体知识，只能根据借贷市场中借款者的平均状况估计该借款者属于某种类型的可能性。这个可能性就是贷款者关于借款者类型的先验概率($p(\phi)$)；在接收到借款者的声誉信号后，贷款者根据借款者的声誉水平重新对借款者进行认知和评价，从而得到后验概率 $\tilde{p}=\tilde{p}(\phi|A)$，并根据这样一个后验概率选择贷款策略 $L(A)\in\{L_1(A_1),\ L_2(A_2)\}$。

第四阶段，借款者接受或者拒绝贷款者提供的借贷合同。

(4)博弈的均衡

该博弈是不完全信息动态博弈，其博弈均衡为精练(完美)贝叶斯均衡(Perfect Bayesian Equilibrium，PBE)。

定义：信号传递博弈的精练贝叶斯均衡是策略组合($A^*(\phi)$，$L^*(A)$)与后验概率 $\tilde{p}=\tilde{p}(\phi|A)$的结合，它满足：

$$A^*(\phi)\in Arg\underset{A}{Max}U_B(L^*(A),\ A,\ \phi) \tag{4-15}$$

$$L^*(A)\in Arg\underset{L}{Max}\sum_{\phi}\tilde{p}(\phi|A)U_L(L(A),\ A,\ \phi) \tag{4-16}$$

$$\tilde{p}(\phi_i|A_i)=\frac{p(A_i|\phi_i)p(\phi_i)}{\sum_{i=1}^{n}p(A_i|\phi_i)p(\phi_i)} \tag{4-17}$$

在上述定义中，$i(n=1,\ 2)$表示借款者的类型与声誉水平，式(4-15)和式(4-16)是博弈的精炼条件。其中，式(4-15)是指借款者考虑贷款者的最优反应时，为使自身效用最大化而选择的最优声誉水平；式(4-16)则是指贷款者在重新给定借款者能力的后验概率之后，针对借款者行为的最优策略。式(4-17)则是贝叶斯法则的应用，$\tilde{p}(\phi_i|A_i)$是贷款者依据先验概率 $p(\phi)$、观察到的借款者声誉信号 A 以及借款者最优策略 $A^*(\phi)$，而得到的借款者能力的后验概率。

3. 声誉约束机制对市场中逆向选择的抑制

(1)没有声誉信号传递时交易中潜在的逆向选择

在非对称信息条件下，如果没有声誉发挥信号传递功能反映借款者类型，则贷款者只能根据自身赋予借款者的先验概率尝试贷款。而先验概率所设定的借款者能力类型是等可能的，即 $p(\phi_1)=p(\phi_2)=\frac{1}{2}$；假定贷款者预计借款者获得贷款并进行生产的收益为 $E(I)$，于是有：

$$E(I)=I(\phi_1)p(\phi_1)+I(\phi_2)p(\phi_2)=2\times\frac{1}{2}+1\times\frac{1}{2}=\frac{3}{2} \tag{4-18}$$

这样的结果是，能力较强的借款者与能力较弱的借款者都只能获得 1.5 个单位的预期收入。但基于前提假设 $I(A,\ \phi)=\phi$ 可知，能力较强的借款者可以获得的最大收益为 $I(\phi_1)=\phi_1=2$，能力较弱的借款者可以获得的最大收益为 $I(\phi_2)=\phi_2=1$。没有声誉机制的信号传递效应将导致能力较强的借款者获得贷款不足，而能力较弱的借款者获得贷款过多。

结合式(4-14)，$L(A)$ 与 ϕ 均与借款者效用正相关，因而在借款者能力无差异的情况下，能否获得匹配其能力的贷款将是借款者效用能否最大化的关键。因此，能力较强的借款者会因贷款太少而拒绝贷款者提供的合同，能力较弱的借款者则会因为获得了超越其需求的贷款而效用增加。因此在声誉约束机制没有发挥信号传递效应的条件下，市场极易产生逆向选择，降低市场效率。

(2)声誉信号传递的分离均衡(Separating Equilibrium，SE)

缺乏信号传递效应的声誉约束机制无法阻止市场出现的逆向选择，因而市场的正常运转需要通过声誉传递信号来反映借款者的内在特征，贷款者基于观察到的声誉信号来识别借款者类型。声誉约束机制的信号传递效应使非正规金融市场产生分离均衡，避免了市场中逆向选择效应的产生。

其一，借款者确定声誉水平类型。依据前文已知的借款者效用函数式(4-14)以及借款者声誉成本函数 $C(A,\ \phi)=\frac{1.5A}{\phi}$，在给定贷款者通过先验概率确定的贷款策略时，能力较强的借款者选择较高声誉水平以及能力较弱的借款者选择较低声誉水平的效用分别为：

$$U_{B_1}(A=1,\ \phi=2)=L(A_1)-\frac{1.5A_1}{\phi_1}=1.25 \tag{4-19}$$

$$U_{B_2}(A=0,\ \phi=1)=L(A_2)-\frac{1.5A_2}{\phi_2}=1 \tag{4-20}$$

这意味着能力较强的借款者如果可以保持较高的声誉水平，能够获得大于保持较低声誉水平的能力较弱借款者的效用。因此，在声誉机制作为分离条件的情况下，能力较强的借款者会选择高水平的声誉类型以期与能力较弱的借款者区分开来，为贷款者提供可以重新认知和评价借款者类型的声誉信号。

其二，贷款者重新确定贷款策略。贷款者接收到借款者通过声誉传递的信号之后，重新对借款者类型进行识别，进而采取相应的贷款策略。

由于贷款者了解借款者的效用函数，因此当贷款者观察到借款者的声誉信号 $A=A_1$ 时，贷款者将修正此前对借款者能力认知的先验概率，得到关于借款者能力的后验概率 $\tilde{p}(\phi_1)=p(\phi_1|A_1)=1$，从而 $1-\tilde{p}(\phi_1)=0$，即声誉约束机制所传递的信号表明借款者具有较高水平声誉时，贷款者会认定借款者能力较强，于是借款者预期经营收入为 $I(A_1,\ \phi_1)=2$，贷款者将向该借款者提供 2 个单位贷款；当贷款者观察到借款者的声誉信号 $A=A_2$ 时，贷款者将修正此前对借款者能力认知的先验概率，得到关于借款者能力的后验概率 $\tilde{p}(\phi_2)=p(\phi_2|A_2)=1$，从而 $1-\tilde{p}(\phi_2)=0$，即声誉约束机制所传递的信号表明借款者声誉水平较低，贷款者会认定借款者能力较弱，于是借款者预期经营收入为 $I(A_2,\ \phi_2)=1$，贷款者将向该借款者提供 1 个单位贷款。这样，借款者通过声誉向贷款者成功传递了自身能力类型的信号，帮助贷款者对借款者类型予以区分，避免了市场中潜在的逆向选择。

基于声誉的信号传递效应，借款者与贷款者之间产生一个分离均衡：

$$A(\phi_1)=\phi_1=1,\ A(\phi_2)=\phi_2=0 \tag{4-21}$$

$$U_{B_1}(L^*(A_1),\ A_1,\ \phi_1)>U_{B_2}(L^*(A_2),\ A_2,\ \phi_2) \tag{4-22}$$

$$\tilde{p}(\phi_1|A_1)=1,\ \tilde{p}(\phi_1|A_2)=0;\ \tilde{p}(\phi_2|A_1)=0,\ \tilde{p}(\phi_2|A_2)=1 \tag{4-23}$$

这一分离均衡同样是一个精练(完美)贝叶斯均衡。其中，式(4-21)表明借款者传递的声誉信号与其类型相一致；式(4-22)表明能力较强的借款者参与非正规金融获得效用大于能力较弱的借款者；式(4-23)表明贷款者根据借款者的声誉信号，修正借款者类型的后验概率。整个分离均衡表明，能力较强的借款者最优策略为维持较高的声誉水平，能力较弱的借款者最优策略为维持较低的声誉水平，而声誉水平信号可以为贷款者了解借款者的能力强弱提供直接的依据。

(3)声誉信号传递对逆向选择的抑制

声誉约束机制的信号传递效应使借款者与贷款者之间的博弈达到一个有效的分离均衡。借款者的声誉主要由借款者的个人能力、借款者的品德以及以往偿还行为记录等因素组成，借款者的行为以及导致的结果决定了其现阶段的声誉，能够反映借款者的行为特征及类型，因此声誉约束机制的信号传递效应可以有效传递借款者的内在特性。

同时，声誉的形成需要长期的积累，短时间内难以改变，因此借款者的声誉和借款者类型在一定时期内具有稳定性。这样，声誉就可以看做是一个有效识别信息，帮助贷款者来区分不同类型的借款者。能力较高的借款者通过建立较高声誉水平，将自身内在特征显著化，主动与能力较低的借款者区别开，进而获得贷款；而能力较弱的借款者，由于无法构建较高水平的声誉，被迫与能力较高的借款者区分开来。同时，贷款者通过接收借款者所传递的声誉信号，识别出更为合适的交易对象，从而市场中的逆向选择可以得到有效的抑制。

声誉信号传递博弈证明，借款者的声誉约束机制是一种信息筛选机制，能够帮助贷款者有效区分潜在的借款者，成功防范借贷中的逆向选择。即使在不对称信息条件下，非正规金融参与者间长期的叠代重复博弈使得机会主义倾向严重的借款者不可能获得良好的声誉，因此声誉约束机制在参与者间博弈的均衡路径中起着极为重要的作用。通过显示借款者内在特征，反映借款者综合信息，成为贷款者以及潜在交易者可信赖的借款者识别信号，有效抑制市场中的逆向选择。

4.2.2　声誉机制对非正规金融贷后道德风险的抑制

前文所分析的是声誉约束机制的信息传递效应对借款者逆向选择行为的抑制，本部分则同样基于声誉约束机制，分析声誉的资本效应如何抑制借款者贷后的道德风险(机会主义行为)。道德风险可以划分为隐藏行动的道德风险(Moral Hazard with Hidden Action)与隐藏信息(知识)的道德风险(Moral Hazard with Hidden Information or Knowledge)。道德风险的典型特征是：契约订立前，交易双方处于对称信息条件，但签约后“自然”发生变化，且该变化只被代理人观察到而委托人不知情，代理人随后选择行动。尽管交易双方无法证实某些结果的原因或责任，但基于隐性契约或心理契约的声誉约束机制将发生作用。

1. 隐性契约和 KMRW 声誉模型

学者们普遍认为，与显性契约(Explicit Contract)相对，声誉是一种隐性契约(Implicit Contract)，声誉约束机制的资本效应同样是以契约的实施为基础(Cole and Kehoe，1996；Tirole，1996；Tadelis，2003；Lafferty and Goldsmith，2005)。

Bull(1987)给出隐性契约的定义：隐性契约是一种非实物合约性质的协议，是一种理论上的构想，用以阐述委托者与代理者之间达成默契的各种非书面的复杂协议，即是指对交易双方利益的维护，但并不出现在交易双方的正式契约中，而是作为一种双方心照不宣的、对双方有约束力的制度规则隐含在正式契约中的那一部分契约内容。它对应于重复的、雇用后的双边博弈纳什均衡，而不是一次性博弈的序贯纳什均衡的衰退协议。

程宏伟(2005)认为，Bull 给出的定义总结了隐性契约的本质内涵：其一，声誉是一种非正式协议，通过暗示或者依据习俗惯例而无须明言；其二，声誉的生效来自于交易双方的重复博弈或者关联博弈，它使交易双方对交易者潜在的机会主义行为(道德风险)有惩罚的机会。

尽管隐性契约及作为一种隐性契约的声誉不具有实物形态，但一直对市场中交易者行为进行着约束。在现实生活中，大多数显性契约的顺利完成往往依赖于习俗、诚信、声誉等隐性契约的约束，付诸法律解决往往是不得已的选择(青木昌彦，2001)。

Kreps(1990)，Fudenberg et al.(1990)，Fudenberg and Kreps (1995)，Bodenhorn(2007)，Fishman(2009)则明确认为声誉是一种有效的隐性契约，作用与显性契约相同，对交易者的机会主义行为进行约束。Reka(2005)则对洪都拉斯的农村借贷情况进行研究，通过分析声誉对交易者行为选择的影响，认为隐性契约之所以重要，是因为显性契约在契约的不完全性、高昂的监督费用以及避免双方机会主义行为的缔约成本等方面存在明显不足。

事实上，有关于声誉约束机制的资本效应研究，Kreps，Milgrom，Robert and Wilson(1982)做出了具有划时代意义的研究，在那篇著名的文章中，他们分析了不完全信息条件下有限次重复博弈中的合作均衡生成机制，建立了著名的 KMRW 声誉模型。该模型作为声誉约束机制的代表理论，基本结论被概括为 KMRW 定理：在 T 阶段的重复囚徒博弈中，如果每个囚徒都有 $p>0$ 的概率选择“非理性”(即参与者的策略只选择“针锋相对”或“冷酷战略”)，如果 T 足够大，那么必然存在一个 $T'<T$，使得下列策略组合构成一个精练贝叶斯均衡：所有理性囚徒在 $t\leqslant T'$ 阶段选择合作(抵赖)，而在 $t>T'$ 阶段选择不合作(坦白)。KMRW 定理说明，交易者会因为长期利益最大化而放弃机会主义的短期行为，这是一种基于“以牙还牙”甚至“睚眦必报”的自我强制(Self-enforcement)机制。

接下来，本书将基于 KMRW 声誉模型分析声誉约束机制的资本效应对借款者道德风险的抑制，并根据社会嵌套理论分析关联博弈条件下声誉机制对借款者机会主义行为的约束。

2. 重复博弈条件下声誉机制对机会主义行为的约束

(1)博弈的背景及假设

假设博弈模型共有三方参与者：借款者(Borrower，简写 B)、贷款者(Lender，简写 L)、自然人(Nature，简写 N，表示借贷双方的初始类型)。

假设博弈可进行 T 期($T=1, 2, 3, \cdots$)，每期博弈可以划分为四个阶段。第一阶段，借款者 B 率先行动，决定是否向 L 提出借款要求，这一阶段借款者可选择“借款”或“放弃”。如果放弃，博弈终止；如果借款，则进入下一阶段。第二阶段，L 面对 B 的借款要求，选择“同意”或“拒绝”。如果 L 拒绝贷款，博弈终止；如果同意贷款，则进入下一阶段。第三阶段，如果 B 获得借款，则资金到期后有“偿还”与“拖欠”两种选择，在声誉约束机制无法传递借款者私人信息时，他可能进行策略性赖账，从而发生隐藏信息的道德风险。并且，博弈进入下一阶段。第四阶段，L 针对 B 的行动相应选择“继续”或“终止”，本期博弈结束。本课题认为，每一阶段借款者 B 自身的声誉具有价值，即提出借款时付出的“面子”成本($\tau>0$)，贷款者同意会获得借款者的感谢以及其他方面的帮助和回馈，贷款者拒绝则无法获得相应的隐性回报。

以每一期博弈结束时参与者的收益代表博弈支付(Payoff)。假设借款者需要资金为 ζ，借款利率为 i，借款者资金经营(投资)收益率为 λ。在不考虑经营(投资)风险的条件下，B 每一期正常的收益为 $\pi_B=\zeta(\lambda-i-\tau)$，如果 B 每期都能如约偿还，则 L 每一期正常的收益为 $\pi_L=\zeta(i+\tau)$。由于借贷双方的博弈要进行 T 期($T=1, 2, 3, \cdots$)，所以在不考虑贴现的情况下，整个博弈期内 B 的总收益为 $\pi_B^T=T\zeta(\lambda-i-\tau)$，L 的总收益为 $\pi_L^T=T\zeta(i+\tau)$。进一步，考虑资金的时间价值，即交易双方收益的现值，令贴现因子 $\theta\in(0, 1]$，于是有 $\pi_B^t=\theta^t\zeta(\lambda-i-\tau)$，$\pi_L^t=\theta^t\zeta i$，$t\in\{1, 2, 3, \cdots, T\}$。每一期完整的博弈结果有四种可能，分别为 (π_{B1}, π_{L1})，(π'_{B1}, π'_{L1})，(π_{B2}, π_{L2})，(π'_{B2}, π'_{L2})，如图 4-2 所示。

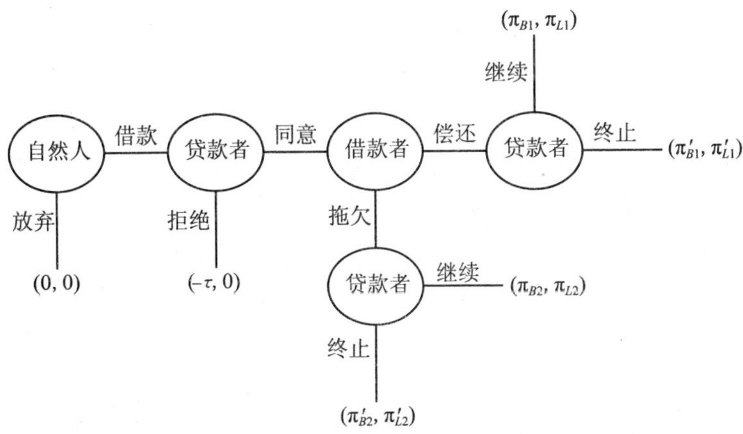

图 4-2　借贷双方的博弈扩展式

(2)单期博弈的均衡

借贷双方博弈的关键在于第三阶段借款者的选择策略，即借款者“偿还”或者“拖欠”会决定博弈的最终均衡结果。如果交易双方的交易行为只持续一期，那么这个博弈是一个完全信息的动态博弈，求解均衡博弈结果如图 4-3 所示。

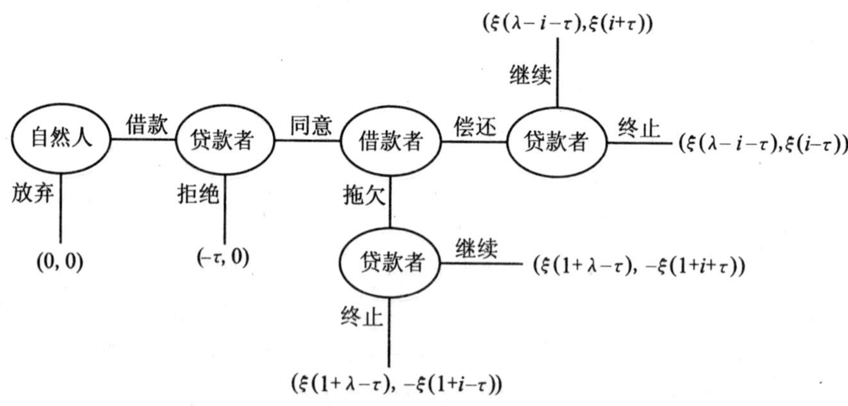

图 4-3 借贷双方单期博弈扩展式

①如果借贷双方博弈只维系一期，则一期博弈第四阶段贷款者 L 的策略取决于借款者 B 在博弈第三阶段的选择行为。如果借款者 B 选择“偿还”，对于 L 而言有 $\zeta(i+\tau)>\zeta(i-\tau)$，“继续”成为了贷款者的占优策略；如果借款者 B 选择“拖欠”，对 L 而言有 $-\zeta(1+i-\tau)>-\zeta(1+i+\tau)$，“终止”成为了贷款者的占优策略。因此，在借款者 B 第三阶段策略成为整个博弈均衡关键的情况下，借贷双方博弈合理的最终均衡只有两个：(偿还，继续)和(拖欠，终止)。

②考虑借款者 B 第三阶段不同策略的收益，有 $\zeta(\lambda-i-\tau)<\zeta(1+\lambda-\tau)$，这意味着在双方博弈只进行一期的条件下，借款者选择“偿还”的收益小于选择“拖欠”的收益，理性的借款者必然选择“拖欠”。这样，考虑①推导的结果，“拖欠，终止”成为借贷双方单期博弈的最终均衡。

③但这一结果并不会发生，因为在第二阶段，贷款者 L 已经预测到借款者 B 会在博弈的第三阶段选择“拖欠”，从而选择“拒绝”借款者的资金需求。

④借款者 B 同样预测到整个博弈的进展，估计到贷款者 L 会在第二阶段“拒绝”自己的借款要求，因此在博弈的第一阶段，借款者不会向贷款者“提出”借款要求，而是选择“放弃”。

综上所述，借贷双方单期博弈的最终结果将是理性的借款者不提出借款要求，理性的贷款者不同意借款者的借款要求，这是声誉约束机制的资本效应无法发挥作用的情况下借贷双方形成的“囚徒困境”，是极为特殊的情形。

(3)重复博弈的均衡

考虑多期博弈的情形，假设借贷双方的博弈进行 T 期($T=1, 2, 3, \cdots$)，则借贷双方的扩展博弈如图 4-4 所示。

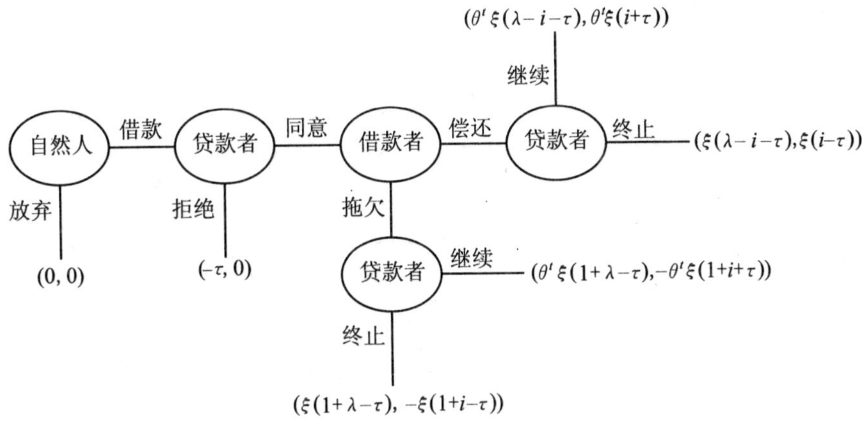

图 4-4　借贷双方多期博弈扩展式

①如果贴现因子 $\theta=1$，则借款者 B 在 T 期的借贷博弈中的总收益为：

$$E(\pi_B^T)=T\zeta(\lambda-i-\tau) \tag{4-24}$$

而借款者不发生道德风险(不选择“拖欠”)的约束条件是 T 期的借贷博弈的总收益不小于机会主义行为所带来的一次性收益，即：

$$T\zeta(\lambda-i-\tau)\geqslant\zeta(1+i-\tau) \tag{4-25}$$

易得：

$$T\geqslant\frac{1+i-\tau}{\lambda-i-\tau} \tag{4-26}$$

这意味着，在多期重复博弈的条件下，只要博弈次数 $T\geqslant\frac{1+i-\tau}{\lambda-i-\tau}$，一个理性的借款者 B 就会进行自我约束，选择“偿还”策略。

②如果贴现因子 $\theta\in(0, 1)$，借贷双方博弈进行 T 期，则借款者 B 在 T 期的借贷博弈中的总收益现值为：

$$E(\pi_B^T)=\sum_{t=1}^{T}\theta^t\zeta(\lambda-i-\tau)=\zeta(\lambda-i-\tau)\frac{1-\theta^{T+1}}{1-\theta} \tag{4-27}$$

如果借贷双方的博弈是无限期，则有 $\lim\limits_{T\to+\infty}\theta^{T+1}=0$，式(4-27)可化为：

$$E(\pi_B^T)=\frac{\zeta(\lambda-i-\tau)}{1-\theta} \tag{4-28}$$

同理，借款者不发生道德风险(不选择“拖欠”)的约束条件是 T 期借贷博弈总收益的贴现值不小于机会主义行为所带来的一次性收益，即：

$$\frac{\zeta(\lambda-i-\tau)}{1-\theta}\geqslant\zeta(1+i-\tau) \tag{4-29}$$

易得：

$$\theta\geqslant\frac{1+2i-\lambda}{1+i-\tau} \tag{4-30}$$

只要贴现因子满足式(4-30)，则可以有效抑制借款者 B 机会主义引发道德风险的可能。另外，贴现因子取决于借款成本(贷款利率以及“面子”成本)与投资收益率之间的对比关系，借款成本相对于投资收益率越大，则贴现因子就要越大，才能有效约束借款者的机会主义行为。

综上所述，在考虑声誉的资本效应时，借款者会主动约束自己潜在的机会主义行为(道德风险)，这来自于交易双方的个人惩罚机制——贷款者终止与借款者交易而实现的，如果将这一惩罚机制扩展到人际关系甚至更为广阔的社会网络中，那么声誉约束机制的资本效应会更为明显。

3. 嵌套博弈条件下声誉对借款者道德风险的抑制

Granovetter(1985)提出一个社会嵌套(Social Embeddedness)理论，认为社会上个体行为并非行为主体的独立选择，而是行为主体所处社会环境、人际关系等一整套网络共同作用的结果，对社会问题进行研究时需要重视社会结构、社会关系对行为主体的影响。

罗杰·麦凯恩(2006)根据这一理论思想建立了嵌套博弈(Nested Game)理论，该理论的核心观点是，交易者间的互动行为与决策不是某个单一孤立博弈的结果，而受到交易双方所处更大范围的人际关系与社会结构的影响，即交易者间的博弈可能嵌套于超越二者间的某个更大博弈之中，从而产生不同于单纯二者博弈的均衡结果。例如，地主会以较低的利率向佃户发放贷款，以换取粮食的优先收购权；厂商会向销售商提供低于一般出厂价的商品，以换取销售商的推荐和促销。

非正规金融交易者间博弈与交易者的人际关系和社会结构密切相关，受到交易者之间人际关系、传统习俗以及道德规范的约束，即非正规金融行为嵌套在更广泛的社会交易当中。每一个交易者的行为选择不仅受到借贷关系的影响，还被互助要求、邻里关系、家庭名声、社会地位等无形的社会网络约束，这些博弈的共同结果才是交易双方的总收益。非正规金融参与者在借贷中发生的机会主义行为将暴露出借款者是个没有声誉的“坏人”，会被排除在以后的交易活动之外，从而损失其“社会资本”①。

如果将借款者所处社区同样看做是非正规金融行为博弈的参与者，则借款者在于贷款者进行交易时，还面临与整个社区的社会交易。假设借款者的策略有“偿还”或“拖欠”，社区的策略有“合作”或“排挤”；整个社区有 $N\in(1, 2, 3, \cdots, n)$ 个潜在交易者，借款者与这些潜在交易者单独进行交易的净收益为 $\Delta v(\Delta v>0)$，而潜在交易者与“好”的借款者交易可以获得 $\Delta u(\Delta u>0)$ 的净收益，与“坏”的借款者交易则只能获得 $-\Delta u(\Delta u>0)$ 的净收益。② 于是借款者与社区的嵌套博弈扩展如图 4-5 所示。

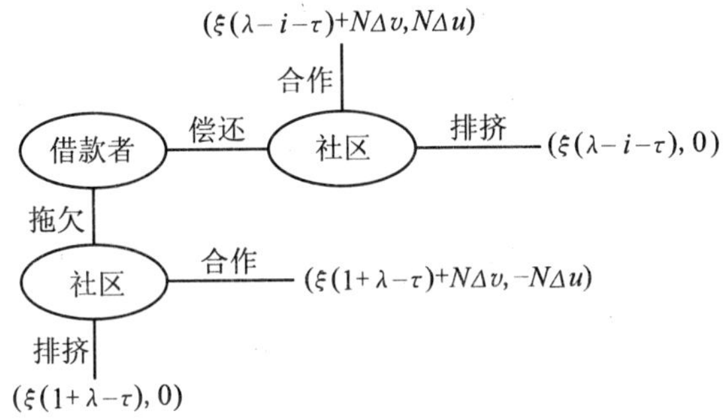

图 4-5　借款者嵌套博弈扩展式

如果借款者“偿还”借款，社区潜在交易者与借款者维持交易可能，选择“合作”策略，则借款者可以从嵌套博弈中获得的总收益为 $\zeta(\lambda-i-\tau)+N\Delta v$，社区潜在交易者的总收益为 $N\Delta u$；如果借款者“偿还”借款，而社区潜在交易者选择“排挤”策略，则借款者总收益为 $\zeta(\lambda-i-\tau)$，社区潜在交易者的总收益为 0。

如果借款者“拖欠”借款，社区潜在交易者继续与借款者维持交易可能，即选择“合作”策略，则借款者可以从嵌套博弈中获得的总收益为 $\zeta(1+\lambda-\tau)+N\Delta v$，社区潜在交易者的总收益为 $-N\Delta u$；如果借款者“拖欠”借款，社区潜在交易者选择“排挤”策略，则借款者总收益为 $\zeta(1+\lambda-\tau)$，社区潜在交易者的总收益为 0。

---

① “社会资本”概念是由科尔曼（Coleman，1990）首先提出的，他认为，“将社会结构资源可以视为个人的资本性资产，即社会资本。与其他形式的资本不同，社会资本的本质在于人们之间关系的结构”。

② 与没有声誉的借款者交易会有两方面损失：一方面是损害自身声誉；另一方面是其他借款者对“坏”行为的竞相模仿。

易得，嵌套博弈可能的纳什均衡为（偿还，合作）或（拖欠，排挤）。进一步，借款者选择“偿还”而非“拖欠”的约束条件为：

$$\zeta(\lambda-i-\tau)+N\Delta v\geqslant\zeta(1+\lambda-\tau) \tag{4-31}$$

有：

$$\Delta v\geqslant\frac{\zeta(1+i)}{N} \tag{4-32}$$

这意味着潜在交易的收益大于理应偿付给贷款者的本息时，借款者不会选择“拖欠”，因此，在考虑社区潜在交易者的嵌套博弈中，声誉机制的资本效应大大强化了对借款者贷后机会主义行为（道德风险）的抑制。

考虑重复进行的嵌套博弈，假设有贴现率 $\theta\in(0,1]$，借款者与社区潜在交易者之间的嵌套博弈进行 T 期（$T=1,2,3,\cdots$）。一旦借款者某一期选择了“拖欠”行为，社区的潜在交易者将立刻选择“排挤”，因而借款者损失社会资本收益的贴现值为：

$$V=\sum_{t=1}^{T}\theta^{t-1}N\Delta v \tag{4-33}$$

这样的话，借款者在非正规金融交易中选择“偿还”的总收益为 $\zeta(\lambda-i-\tau)+V$，而选择“拖欠”的总收益为 $\zeta(1+\lambda-\tau)$，因此借款者在借贷博弈中合作策略的激励相容约束为：

$$\zeta(\lambda-i-\tau)+V>\zeta(1+\lambda-\tau) \tag{4-34}$$

有：

$$V>\zeta(1+i) \tag{4-35}$$

这说明在社会资本收益贴现值足够大的情况下，借款者不会选择“拖欠”，如约“偿还”借款是处于嵌套博弈中的借款者最优的选择。另外，由于：

$$\lim_{\theta\to1}V=\lim_{\theta\to1}\frac{N\Delta v}{1-\theta}=+\infty \tag{4-36}$$

这说明只要重复博弈的次数足够多，总有适当的贴现率保证借款者机会主义行为的约束条件成立，在这一重复的嵌套博弈中，声誉约束机制的资本效应在抑制借款者道德风险方面发挥着重要作用。

声誉约束机制的资本效应，可以通过影响借款者收益的变化，对借款者贷后机会主义行为（道德风险）产生显著影响。声誉的资本效应完全不同于正式的书面合同，也不依赖于法律等正式制度，而是依赖于社会惯例、道德规范、民间习俗等非正式制度。声誉资本通过行为主体比较声誉资本对其目前和未来的预期总体收益的影响而选择自己目前的最优行动策略发挥作用，非正规金融参与者往往以血缘、地缘等社会网络关系基础，存在较为稳定的社会网络及潜在交易对象，因而借款者的声誉对借款者行为选择具有极为重要的影响。并且，借款者所处的社会网络决定了借款者参与的非正规金融交易具有极强的社会嵌入性，借贷博弈也嵌入了更大范畴的借款者日常生活中，如果借款者发生拖欠甚至违约等败德行为，其声誉资本会大受损害，不仅再次借贷非常困难，甚至会在以后长期的生活中受到周围环境的排挤和轻视；相反，保持良好的声誉，不仅可以使借款者得到更多的欣赏与尊重，获得心理上的满足，还能在广泛的社会博弈域中获得额外的收益。因此，声誉约束机制的资本效应能够对非正规金融起到积极的激励作用，抑制潜在的道德风险(机会主义行为)。

4.3　实证检验：基于验证性因子分析的声誉约束机制构成

4.3.1　实证原理

1. 设计问卷的思路

依据前文的理论模型，我们认为声誉约束机制是非正规金融交易的根本保障，且声誉约束机制是一种隐性契约，可以对显性契约进行补充甚至是替代。声誉约束机制具有信息和资本双重效应，影响行为主体的策略选择，提高市场运行的效率。声誉约束双重效应具有不同作用：信息效应是指借款者声誉能够传递行为主体内在特征信息，解决市场中存在的逆向选择问题；资本效应是指借款者声誉是一种无形的社会资本，能够带来潜在收益，从而抑制市场中存在的潜在道德风险。非正规金融市场中，借款者内在特征转化为声誉信息，传递给交易者和潜在交易者，帮助借贷双方锁定交易目标；借款者声誉资本效应则代替了正规金融所要求的抵(质)押，且资本效应的社会嵌套功能，增加了借款者违约成本，强化了借贷双方的履约机制。基于这样的分析逻辑，本部分实证的原理如图 4-6 所示。

黄晓红(2009)将“互惠倾向”归类为信息效应，“借贷范围”归类为资本效应。但本书认为，“互惠倾向”实际上就是理论模型中涉及的“面子”成本，应当归结为声誉的资本效应；而代之以“资金来源”的借款者“借贷范围”是借款者社会地位或者人际关系的体现，因而应当归结为声誉的信息效应。于是根据前文声誉信息效应与资本效应的定义，进一步细化信息效应为偿还能力、偿还意愿、资金来源三个变量；细化资本效应为收支情况、抵押替代、违约成本和互惠倾向四个变量。

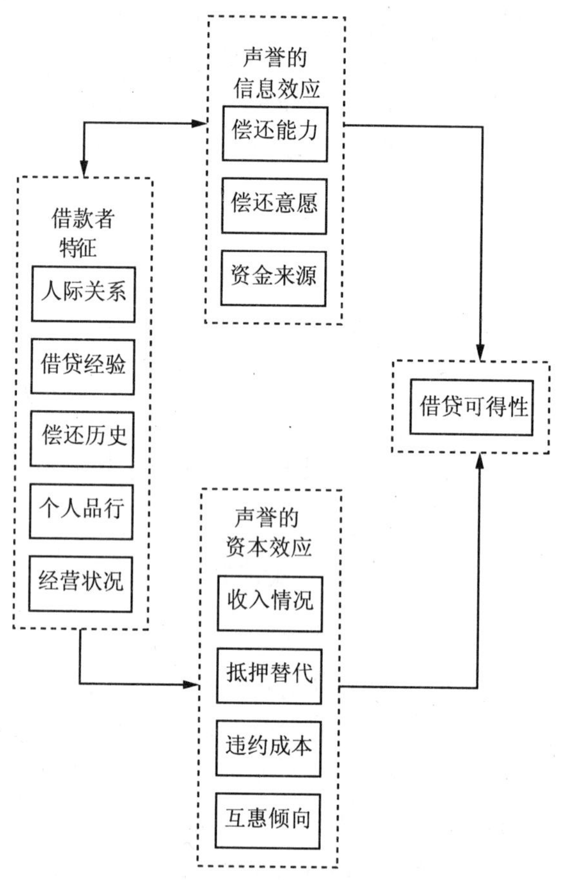

图 4-6　声誉约束机制实证的原理

整个实证的原理可以简单描述为以下三方面。其一，实证检验旨在证明理论推导部分关于借款者声誉约束机制保证了借款者资金可得性(资金成功交易)的结论，主要从声誉信息效应与资本效应两个方面进行检验。其二，声誉约束机制的信息效应与资本效应对交易结果的影响方式不同：借款者声誉与信息效应变量之间是相关关系，借款者声誉通过信息传递给交易者和潜在交易者，而交易者和潜在交易者的重新认识与评价又通过信息传递形成新的借款者声誉；借款者声誉与资本效应变量之间是因果关系，声誉水平的高低影响借款者社会资本的大小以及在市场中能够获得的声誉租金。其三，声誉约束机制是一种隐性契约，声誉是一种无形资本，但在非正规金融交易中可以代替抵押物发挥担保作用。

2. 问卷内容

围绕借款者特征、借款者声誉的信息效应、借款者声誉的资本效应以及非正规金融交易的成功与否设计问卷。马庆国(2004)认为，设计合理问卷的关键之处在于要从研究目的出发确定拟测量的变量和问题，针对已有文献中观点与结论在问卷中设置相关问题，从数据处理方法角度确定问题的测量方法。因此我们设计问卷内容时，大都以已有研究成果为基础。如表 4-1 所示。

将借款者特征划分为五个方面：其一，人际关系(Interpersonal Relationship，IR)，是指借款者在社会生活和交往中基于血缘、地缘、商缘等与他人形成的联系，具体表现为亲戚关系、邻里关系、朋友关系、生意关系等。借款者人缘关系越广、关系质量越好，借款者声誉水平就越高。其二，借贷经验(Credit Experience，CE)，是指借款者以往的借贷行为、经历及其资金使用经验等，借贷市场积累的借贷经验，能拓展借款者的资金来源渠道，并提高农户的经营能力。其三，偿还历史(Repayment History，RH)，是指借款者以往的偿还记录，它直接体现出借款者在非正规金融市场中的声誉状况，也是其他研究者(Diomand，1989；Reka，2005)所使用的核心变量。其四，个人品行(Personal Character，PC)，是指借款者的性格品德，包括借款者的个人性格特点、行为习惯(如是否为其他人考虑，是否有不良嗜好或者行为)。其五，经营状况(Operating Status，OS)，是指借款者以往主要业务(生产)的经营状况，为增加收入而进行其他经营活动的效果，它体现借款者的经营能力，交易者或潜在交易者会依据借款者以往生产经营绩效评价借款者能力。

表 4-1　声誉约束机制问卷内容

变量范畴	变量名称	内容编号	问卷题号	问题描述
借款者特征	人际关系(IR)	IR1	1—1	乐意与此人(户)交往
		IR2	1—2	此人(户)有许多亲戚朋友
		IR3	1—3	此人(户)与邻居相处不错
		IR4	1—4	没听说此人(户)与其他人有纠纷
		IR5	1—5	和此人(户)交往需要多加小心
	借贷经验(CE)	CE1	2—1	此人(户)门路很广
		CE2	2 2	此人(户)近来多次借款
		CE3	2—3	此人(户)借款后能赚到钱
		CE4	2—4	此人(户)清楚如何借款
	偿还历史(RH)	RH1	3—1	此人(户)总会尽快归还借款
		RH2	3—2	没听说此人(户)有拖欠或赖账行为
		RH3	3—3	此人(户)欠钱不还尽人皆知

续表

变量范畴	变量名称	内容编号	问卷题号	问题描述
借款者特征	个人品行(PC)	PC1	4—1	此人(户)很讲义气
		PC2	4—2	此人(户)很少与人发生纠纷
		PC3	4—3	此人(户)不愿让别人吃亏
		PC4	4—4	此人(户)没有坏毛病
	经营状况(OS)	OS1	5—1	此人(户)无论生产经营什么都不错
		OS2	5—2	此人(户)生产经营强于其他人
		OS3	5—3	此人(户)善于发现创收路子
		OS4	5—4	其他人都会模仿此人(户)的生产经营
声誉的信息效应	收支情况(FB)	FB1	6—1	此人(户)有稳定的收入来源
		FB2	6—2	此人(户)总能想办法偿还借款
		FB3	6—3	此人(户)根据自身经济能力借款，不愿多借
		FB4	6—4	此人(户)偿还借款会“拆东墙补西墙”
	偿还意愿(RD)	RD1	7—1	此人(户)很在意其他人看法，不愿拖欠或赖账
		RD2	7—2	此人(户)总是尽最大努力按期偿还
		RD3	7—3	不用担心此人(户)拖欠或赖账
	资金来源(FR)	FR1	8—1	此人(户)有多个借款途径
		FR2	8—2	此人(户)能获得正规金融贷款
		FR3	8—3	此人(户)能向朋友借来资金
		FR4	8—4	此人(户)能向亲戚朋友借来资金
声誉的信息效应	收入情况(ES)	ES1	9—1	此人(户)很能干，总有赚钱的办法
		ES2	9—2	如果有机会，我愿意和此人(户)合作生产经营
		ES3	9—3	我乐意向此人(户)推荐生产经营伙伴
		ES4	9—4	此人(户)比其他人更清楚如何赚钱

续表

变量范畴	变量名称	内容编号	问卷题号	问题描述
声誉的信息效应	抵押替代(SC)	SC1	10－1	我愿意在不要抵(质)押物的情况下借给此人(户)一些资金
		SC2	10－2	此人(户)名声很好，可以放心借给资金
		SC3	10－3	我愿意为此人(户)借款要求提供担保
		SC4	10－4	凭此人(户)名声，就能决定是否借钱给他
	违约成本(PT)	PT1	11－1	凭此人(户)名声，如果拖欠或赖账会很丢人
		PT2	11－2	凭此人(户)名声，如果拖欠或赖账会遭受很大经济损失
		PT3	11－3	如果对我拖欠或赖账，我以后绝不和此人(户)打交道
		PT4	11－4	如果故意拖欠或赖账，大家以后都会防范此人(户)
		PT5	11－5	此人(户)如果拖欠或赖账，其他人有很多报复的办法
声誉的信息效应	互惠倾向(RI)	RI1	12－1	此人(户)向来恩怨分明，对人情往来记得很清楚
		RI2	12－2	如果我帮助过此人(户)，将来一定会帮助我
		RI3	12－3	我如果借钱给此人(户)，将来一定会借给我
		RI4	12－4	我将来可能需要此人(户)帮助
借贷可得性	借贷可得性(DA)	DA1	13－1	我愿意借钱给此人(户)
		DA2	13－2	如果条件允许，我会全力满足此人(户)资金需求
		DA3	13－3	我只能部分满足此人(户)资金需求
		DA4	13－4	我愿意帮助此人(户)从正规金融渠道借款
		DA5	13－5	我愿意帮助此人(户)从亲戚朋友处借款
		DA6	13－6	借钱给此人(户)完全不用考虑风险

将声誉的信息效应划分为三个方面。其一，收支情况(Financial Balance，FB)，是指借款者按期偿还所借款项的能力。以动态的视角来看，是指借款者通过生产经营获得收入以偿还借款的能力；以静态的视角来看，是指借款者已有资产能够偿付借款的程度。其二，偿还意愿(Repayment Desirability，RD)，是指借款者归还借款的意愿程度，表示借款者为偿还借款而做出积极努力的程度。其三，资金来源(Fund Resources，FR)，是指借款者所拥有交易者以及潜在交易者的数量和范围，它表示借款者资金的来源路径与范围。

将声誉的资本效应划分为四个方面：其一，收入情况(Earning Situation，ES)，是指借款者在将来一定时期内，由于交易者与潜在交易者范围的扩大、借款者自身社会资本的提升等原因而增加该借款者收入的可能性。其二，抵押替代(Substitute for Collateral，SC)，是指借款者的声誉代替实际抵押(质押)物发挥担保作用，从而获得借款。其三，违约成本(Penalty Cost，PT)，是指借款者如果拖欠甚至赖账，可能遭受的各种资金损失、心理损失、面子成本之和。其四，互惠倾向(Reciprocal Inclination，RI)，是指借款者在未来给予贷款者回报的心理态度，包括借款者对贷款者表达感谢感激之情，或者其他方面的回报，比如帮工、捧场面等。

以借贷可得性(Degree of Acquiring Loan，DA)为结果变量，一方面分析贷款者对于不同声誉水平的借款者资金需求的出借意愿("借"还是"不借"的态度)；另一方面分析贷款者愿意提供资金时的意愿数量，是否全额满足借款要求。

4.3.2 数据描述

1. 测量变量的统计描述

实验数据来源与3.4.2部分相同，变量测量内容的统计描述如表4-2所示。

表4-2 测量变量的统计描述

内容编号	有效样本	最小值	最大值	均值		标准差
				统计值	标准误	
IR1	895	1	5	2.86	0.038	1.089
IR2	895	1	5	2.79	0.043	0.878
IR3	895	1	5	3.06	0.039	1.011

续表

内容编号	有效样本	最小值	最大值	均值		标准差
				统计值	标准误	
IR4	895	1	5	3.03	0.037	0.868
IR5	895	1	5	2.51	0.048	1.185
CE1	895	1	5	2.82	0.047	0.878
CE2	895	1	5	2.81	0.036	0.886
CE3	895	1	5	3.02	0.031	0.766
CE4	895	1	5	2.78	0.039	1.051
RH1	895	1	5	2.55	0.033	0.983
RH2	895	1	5	2.57	0.031	0.733
RH3	895	1	5	2.81	0.040	0.998
PC1	895	1	5	2.56	0.038	0.941
PC2	895	1	5	2.38	0.042	0.991
PC3	895	1	5	2.72	0.036	0.761
PC4	895	1	5	3.01	0.041	1.069
OS1	895	1	5	2.66	0.038	0.939
OS2	895	1	5	3.11	0.035	0.879
OS3	895	1	5	2.78	0.039	0.966
OS4	895	1	5	2.88	0.045	1.118
FB1	895	1	5	2.59	0.031	0.783
FB2	895	1	5	2.96	0.037	1.106
FB3	895	1	5	3.01	0.046	1.128
FB4	895	1	5	2.98	0.045	1.109
RD1	895	1	5	2.66	0.037	0.836
RD2	895	1	5	2.87	0.044	1.121
RD3	895	1	5	2.72	0.037	0.912
FR1	895	1	5	3.05	0.036	0.906
FR2	895	1	5	2.81	0.033	0.919
FR3	895	1	5	2.88	0.045	1.113
FR4	895	1	5	2.83	0.032	0.803
ES1	895	1	5	2.79	0.037	0.910
ES2	895	1	5	2.68	0.037	0.924

续表

内容编号	有效样本	最小值	最大值	均值		标准差
				统计值	标准误	
ES3	895	1	5	2.57	0.034	0.846
ES4	895	1	5	3.18	0.035	1.126
SC1	895	1	5	2.66	0.043	1.070
SC2	895	1	5	2.95	0.028	0.761
SC3	895	1	5	2.62	0.042	0.929
SC4	895	1	5	3.13	0.033	1.016
PT1	895	1	5	2.43	0.035	0.964
PT2	895	1	5	2.33	0.044	0.979
PT3	895	1	5	3.32	0.029	0.752
PT4	895	1	5	3.28	0.031	0.769
PT5	895	1	5	2.56	0.042	1.062
RI1	895	1	5	2.96	0.039	1.024
RI2	895	1	5	3.10	0.040	0.855
RI3	895	1	5	2.99	0.037	0.877
RI4	895	1	5	2.76	0.032	1.134
DA1	895	1	5	2.61	0.032	0.792
DA2	895	1	5	2.57	0.034	0.957
DA3	895	1	5	2.71	0.033	0.863
DA4	895	1	5	2.56	0.038	0.914
DA5	895	1	5	2.72	0.041	1.051
DA6	895	1	5	3.11	0.033	0.867

2. 测量变量的质量检验

(1)正态检验

为了下一步使用验证性因子分析声誉约束机制与借款可得性之间的关系，首先需确认数据是否服从正态分布。一般认为，当偏度绝对值小于3，峰度绝对值小于10的时候，样本基本上服从正态分布(邱皓政、林碧芳，2009)。

测量变量正态检验的统计描述如表4-3所示。

表 4-3　测量变量正态检验的统计描述

内容编号	有效样本	偏斜度		峰度	
		统计值	标准误	统计值	标准误
IR1	895	−0.107	0.099	−1.126	0.195
IR2	895	−0.492	0.099	0.177	0.195
IR3	895	0.197	0.099	−1.179	0.195
IR4	895	0.041	0.099	−0.098	0.195
IR5	895	0.111	0.099	−1.172	0.195
CE1	895	−0.383	0.099	−0.317	0.195
CE2	895	0.291	0.099	−0.295	0.195
CE3	895	−0.131	0.099	−0.596	0.195
CE4	895	0.134	0.099	−0.973	0.195
RH1	895	0.201	0.099	−0.697	0.195
RH2	895	0.803	0.099	−0.671	0.195
RH3	895	−0.129	0.099	−0.106	0.195
PC1	895	0.277	0.099	−0.633	0.195
PC2	895	−0.153	0.099	−0.978	0.195
PC3	895	0.312	0.099	−0.305	0.195
PC4	895	−0.431	0.099	−0.843	0.195
OS1	895	0.404	0.099	−0.677	0.195
OS2	895	−0.231	0.099	0.342	0.195
OS3	895	−0.088	0.099	−0.483	0.195
OS4	895	−0.136	0.099	−0.171	0.195
FB1	895	0.477	0.099	−0.896	0.195
FB2	895	0.183	0.099	−0.561	0.195
FB3	895	−0.125	0.099	−1.011	0.195
FB4	895	−0.319	0.099	−0.423	0.195
RD1	895	0.322	0.099	0.862	0.195
RD2	895	−0.057	0.099	0.109	0.195
RD3	895	−0.186	0.099	−0.796	0.195
FR1	895	0.289	0.099	−0.082	0.195
FR2	895	0.331	0.099	0.596	0.195
FR3	895	−0.107	0.099	−0.281	0.195

续表

内容编号	有效样本	偏斜度		峰度	
		统计值	标准误	统计值	标准误
FR4	895	0.522	0.099	−0.783	0.195
ES1	895	0.817	0.099	−0.069	0.195
ES2	895	0.157	0.099	−0.251	0.195
ES3	895	0.212	0.099	−0.901	0.195
ES4	895	0.098	0.099	1.103	0.195
SC1	895	0.180	0.099	−0.354	0.195
SC2	895	0.056	0.099	−0.419	0.195
SC3	895	0.167	0.099	−0.566	0.195
SC4	895	0.033	0.099	−0.373	0.195
PT1	895	0.279	0.099	−0.249	0.195
PT2	895	0.306	0.099	−0.803	0.195
PT3	895	0.556	0.099	−0.452	0.195
PT4	895	0.326	0.099	−0.617	0.195
PT5	895	0.498	0.099	−0.122	0.195
RI1	895	0.477	0.099	−0.808	0.195
RI2	895	0.313	0.099	0.468	0.195
RI3	895	0.581	0.099	−0.091	0.195
RI4	895	0.156	0.099	0.398	0.195
DA1	895	−0.406	0.099	−0.267	0.195
DA2	895	0.617	0.099	1.289	0.195
DA3	895	−0.535	0.099	−0.066	0.195
DA4	895	0.976	0.099	0.471	0.195
DA5	895	0.032	0.099	−0.917	0.195
DA6	895	−0.421	0.099	−0.726	0.195

各测量变量偏度绝对值均小于 2，峰度绝对值均小于 5，可以判定各测量变量基本服从正态分布。

(2)信度检验

对于服从正态分布的变量进行信度检验，检验规则是测量变量的 CITC(修正后项目总体相关系数)值大于 0.5，整体变量的 α 值大于 0.7，具体统计描述如表 4-4 所示。

表 4-4　声誉约束机制构成变量信度检验的统计描述

变量名称	内容编号	CITC	删除该项后的 α 系数	变量整体的 α 系数
人际关系（IR）	IR1	0.613	0.698	0.771
	IR2	0.627	0.641	
	IR3	0.681	0.613	
	IR4	0.734	0.621	
	IR5	0.607	0.677	
借贷经验（CE）	CE1	0.593	0.687	0.796
	CE2	0.716	0.653	
	CE3	0.534	0.762	
	CE4	0.556	0.783	
偿还历史（RH）	RH1	0.611	0.596	0.744
	RH2	0.515	0.726	
	RH3	0.643	0.622	
个人品行（PC）	PC1	0.626	0.735	0.807
	PC2	0.652	0.761	
	PC3	0.711	0.704	
	PC4	0.623	0.767	
经营状况（OS）	OS1	0.726	0.701	0.786
	OS2	0.586	0.712	
	OS3	0.526	0.723	
	OS4	0.651	0.733	
收支情况（FB）	FB1	0.645	0.738	0.801
	FB2	0.571	0.746	
	FB3	0.693	0.627	
	FB4	0.546	0.787	
偿还意愿（RD）	RD1	0.626	0.771	0.769
	RD2	0.718	0.626	
	RD3	0.646	0.756	
资金来源（FR）	FR1	0.621	0.724	0.799
	FR2	0.718	0.698	
	FR3	0.636	0.751	
	FR4	0.572	0.768	

续表

变量名称	内容编号	CITC	删除该项后的 α 系数	变量整体的 α 系数
收入情况（ES）	ES1	0.683	0.679	0.789
	ES2	0.603	0.699	
	ES3	0.642	0.677	
	ES4	0.526	0.796	
抵押替代（SC）	SC1	0.706	0.680	0.798
	SC2	0.597	0.754	
	SC3	0.635	0.734	
	SC4	0.509	0.705	
违约成本（PT）	PT1	0.676	0.786	0.804
	PT2	0.670	0.788	
	PT3	0.641	0.740	
	PT4	0.514	0.711	
	PT5	0.676	0.768	
互惠倾向（RI）	RI1	0.703	0.725	0.816
	RI2	0.682	0.705	
	RI3	0.804	0.813	
	RI4	0.587	0.792	
借贷可得性（DA）	DA1	0.530	0.737	0.786
	DA2	0.533	0.741	
	DA3	0.543	0.736	
	DA4	0.551	0.766	
	DA5	0.513	0.762	
	DA6	0.557	0.751	

各测量变量的 CITC 值均大于 0.5，变量整体的 α 系数大于 0.7，符合信度要求。

(3)效度检验

效度检验是通过结构方程模型软件 AMOS7.0 进行验证性因子分析，以检验变量的测量效度。检验测量模型时，用于判断拟合效果的检验标准如表 4-5 所示。

表 4-5　模型拟合指标及其建议值

拟合指标	取值范围	建议值
x^2/df	大于 0	小于 5，小于 3 更佳
GFI	0～1 之间，但可能是负值	大于 0.9
RMSEA	大于 0	小于 0.10，小于 0.05 更佳
CFI	0～1 之间	大于 0.9
NFI	0～1 之间	大于 0.9
IFI	大于 0，一般在 0～1 之间	大于 0.9

x^2/df 指标是卡方与自由度之比，一般来说 x^2/df 在 2.0～5.0 之间就可以接受(侯杰泰、温忠麟、成子娟，2004)，但也有观点认为该值应小于 3.0。GFI(Goodness-of-fit Index，拟合优度指数)可以看做是假设模型能够解释的方差和协方差比例的一个测度，一般而言这个值超过 0. 90，假设模型就可以接受，表示拟合良好。RMSEA(Root Mean Square Error of Approximation，近似误差均方根)值小于 0. 05 表示理论模型很好，是“良好适配”；0.05～0.08 认为是“不错的适配”；0.08～0.10 之间是“中度适配”；大于 0. 10 则表示“不良适配”(黄芳铭，2005)。CFI(Comparative Fix Index，比较拟合指数)，NFI (Normed Fit Index，规范拟合指数)和 IFI(Incremental Fix Index，修正拟合指数)要超过 0. 90 才可认为模型拟合良好。

各变量效度检验的统计描述如表 4-6 所示。

表 4-6　声誉约束机制构成变量效度检验的统计描述

变量名称	x^2/df	GFI	RMSEA	CFI	NFI	IFI
人际关系(IR)	2.305	0.967	0.045	0.961	0.953	0.966
借贷经验(CE)	2.016	0.969	0.036	0.971	0.949	0.964
偿还历史(RH)	2.917	0.976	0.041	0.963	0.954	0.973
个人品行(PC)	3.011	0.947	0.048	0.942	0.925	0.934
经营状况(OS)	2.976	0.968	0.046	0.963	0.944	0.970
收支情况(FB)	2.949	0.972	0.052	0.970	0.951	0.977
偿还意愿(RD)	2.863	0.986	0.045	0.989	0.955	0.981
资金来源(FR)	2.623	0.951	0.054	0.952	0.963	0.956
收入情况(ES)	2.917	0.982	0.046	0.985	0.959	0.989
抵押替代(SC)	1.873	0.978	0.042	0.977	0.961	0.976
违约成本(PT)	2.738	0.967	0.047	0.953	0.967	0.981
互惠倾向(RI)	3.013	0.937	0.041	0.932	0.927	0.969
借贷可得性(DA)	2.891	0.964	0.044	0.962	0.938	0.957

基于验证性因子分析的检验结果显示，各组成变量均符合检验标准，且优于建议值，因此可以确定各变量的测量模型是有效的，能够进行下一步的实证分析。

4.3.3 实证结果

本节将利用结构方程模型软件 AMOS7.0，对声誉约束机制与借贷可得性的相关性进行检验。检验共分三个部分，分别是借款者声誉基本构成检验、声誉信息效应检验以及声誉资本效应检验。具体地讲，检验分为以下几个方面：其一，借款者声誉约束机制的基本组成部分检验；其二，声誉约束机制将借款者特征转化为市场信息，并由此影响借款者资金的可得性；其三，声誉约束机制为借款者提供社会资本，并由此影响借款者资金的可得性。

1. 借款者声誉的组成

以 SEM 的验证性因子分析验证借款者声誉的构成模型，数据拟合结果如表 4-7 所示。在二阶因子模型中，二阶因子与一阶因子关系比较强，并且所有一阶变量对二阶变量的标准化参数估计均为显著水平，表明一阶变量可以有效地反映二阶变量之间的关系；并且，模型拟合优度指标表明模型拟合较好，该二阶因子模型可以接受。

由模型拟合结果可知，借款者声誉的组成部分至少包括人际关系、借贷经验、偿还历史、个人品行和经营状况五个方面。

表 4-7　借款者声誉构成的二阶验证性因子分析的统计描述

二阶因子		一阶因子	二阶因子负荷	显著性 P
人际关系	→	借款者声誉	0.63	***
借贷经验			0.34	**
偿还历史			0.66	***
个人品行			0.59	**
经营状况			0.37	**
模型拟合优度指标：$x^2/df=2.659$，GFI＝0.949，RMSEA＝0.046，CFI＝0.957，NFI＝0.966，IFI＝0.942				

注：P** ＜0.01，P*** ＜0.001，N＝895。

2. 非正规金融交易中的声誉信息效应

在前文的理论推导中，借款者声誉能够反映并传递借款者交易特征的内在信息，而贷款者的贷款意愿是衡量交易成功与否的主要测量指标。

因此，借方的收支情况、偿还意愿以及资金来源等信息效应变量影响借款者资金可得性。借款者声誉信息效应的作用路径是：借款者声誉与反映借款者内在特征的三个信息效应变量相关度越高，声誉对借款者特征的显示与传递效果越好；这些内在特征信息暴露越充分，越有利于贷款者了解借款者，解决交易中的信息不对称问题，提高资金可得性。数据拟合结果如表4-8所示。

表4-8　借款者声誉信息效应因子分析的统计描述

变量间关系			系数	显著性P
相关关系			相关系数	
借款者声誉	↔	收支情况	0.569	**
		偿还意愿	0.633	***
		资金来源	0.478	*
因果关系			路径系数	显著性P
收支情况	↔	借贷可得性	0.626	**
偿还意愿			0.598	***
资金来源			0.361	**

模型拟合优度指标：$x^2/df=2.798$，GFI=0.951，RMSEA=0.051，CFI=0.946，NFI=0.937，IFI=0.953

注：$P^{*}<0.05$，$P^{**}<0.01$，$P^{***}<0.001$，N=895。

实证结果显示，收支情况与借款者声誉正相关，在0.01水平上显著；偿还意愿与借款者声誉正相关，在0.001的水平上显著；资金来源与借款者声誉正相关，在0.05水平上显著。收支情况与借贷可得性之间的路径系数为0.626，在0.01水平上显著；偿还意愿与借贷可得性之间的路径系数为0.598，在0.001水平上显著；资金来源与借贷可得性之间的路径系数为0.361，在0.01水平上显著。

声誉约束机制的信息效应表明，借款者声誉具有信号传递作用，可以解决交易中的信息不对称问题。当信息不对称问题减少时，市场效率就会提高，本部分实证结果显示，借款者声誉与其收支情况、偿还意愿、资金来源显著正相关。这说明，在非正规金融市场中，声誉水平较高的借款者具备较好的收支情况与较大的偿还意愿，因此成功获得资金的可能性较大；而且，非正规金融交易具有明显的从众心理，具有多个资金来源的借款者更容易获得贷款者青睐。

3. 非正规金融交易中的声誉资本效应

本部分将利用调查数据分析借款者声誉通过影响"社会资本"而影响

借款者资金的可得性。与检验声誉信息效应不同，声誉资本效应运用中介效应检验，研究借款者声誉通过四个资本中介变量影响借款者借贷可得性。借款者声誉资本效应的作用路径是：声誉是一种无形资本，好的声誉能为借款者带来超额收益(货币或非货币)，差的声誉会使借款者遭受损失，因而对借款者会进行自我约束，在非正规金融市场中，贷款者依据借款者声誉，预判该借款者未来收益和偿还能力，以及借款者的自我约束程度，由此影响借款者借贷可得性。数据拟合结果如表 4-9 所示。

表 4-9　借款者声誉资本效应因子分析的统计描述

变量间关系(因果关系)			路径系数	显著性 P
借款者声誉	→	收入情况	0.517	**
		抵押替代	0.509	**
		违约成本	0.501	**
		互惠倾向	0.369	*
收入情况		借贷可得性	0.389	**
抵押替代			0.377	**
违约成本			0.356	**
互惠倾向			0.315	*
模型拟合优度指标：$x^2/df=2.861$，GFI＝0.942，RMSEA＝0.043，CFI＝0.958，NFI＝0.962，IFI＝0.937				

注：P* <0.05，P** <0.01，P*** <0.001，N=895。

模型拟合结果表明，中介效应检验的各项拟合优度指标都在标准范围内，借款者声誉对资本效应四个中介变量的路径系数，以及中介变量对因变量借贷可得性的路径系数在 0.05 或 0.01 的水平上均显著。

声誉约束机制的资本效应表明，借款者声誉具有价值，是“社会资本”的一种，可以为借款者提供声誉租金，代替抵(质)押物帮助贷款者约束借款者机会主义行为。本部分实证结果显示，声誉水平较高的借款者，收入情况较好，借款时声誉的抵押替代作用和互惠倾向更为明显，其违约成本也较高。同时，收入情况、抵押替代、违约成本和互惠倾向与借贷可得性正相关，前四个变量越大，借款者获得资金的可能性越大。

基于问卷的验证性因子分析，有力证明了前文理论推导出的结论，借款者所具有的声誉在非正规金融市场上能够发挥信息和资本双重效应，帮助借款者获得所需资金；声誉约束机制的信息效应能够解决市场中存在的信息不对称问题，抑制了借款者潜在的逆向选择行为，使贷款者挑选出最合适的借款者，提高了市场效率；而声誉约束机制的资本效应使得声誉可以为借款者带来“货币或非货币”收入，抑制了借款者潜在的机会主义行为（道德风险），为贷款者提供资金的安全保障。

4.4　声誉机制发生作用的条件

4.4.1　声誉约束的实施机制

作为一种隐性契约，声誉约束机制的正常运转主要依靠社会惯例、道德规范、民间习俗乃至行为主体的心理约束。根据实施惩罚的行为主体及其影响范围，可以分为三种实施机制，每个实施主体的惩罚效果在不同条件下存在差异。

1. 个人实施机制

这一实施机制是指有贷款者直接施加给违约借款者的报复。当非正规金融参与者中的借款者有拖欠、欺骗甚至违约等机会主义行为时，就暴露了该参与者类型，交易对手将选择停止交易等触发战略（Trigger Strategy），比如针锋相对（Tit for Tat）或冷酷战略（Grim Strategy）直接报复对方。无名氏定理及 KMRW 声誉模型讨论的内容都隐含依赖于这种实施机制。在非正规金融的借贷交易中，由贷款者直接施加给违约借款者的惩罚，就是个人实施机制。

2. 第三方实施机制

第三方实施机制是指通过声誉约束机制的信号传递效应，将违约的借款者的欺骗行为信息传递给其他潜在交易者，于是潜在交易者拒绝与有违约前科的参与人交易，此时违约者受到了更多的惩罚。在 Diamond（1989），Tirole（1996）建立的叠代模型中，将借贷博弈的借款者看做是固定的，另一方贷款者则是不断变换的。针对选择了机会主义行为的借款者，将会遭受被损害贷款者以外的第三方惩罚。这一实施机制的基本特点包括：其一，实施惩罚的主体超越了受害者本人，还包括了与违约借款者进行潜在交易的其他贷款者；其二，借款者与贷款者或是潜在贷款者的借贷博弈结构是相同的；其三，博弈中的借款者没有发生变化，而贷款者则是不断发生变化的。例如，当潜在交易者获得借款者机会主义行为的信息之后，将会拒绝该借款者未来的借款要求，这个潜在贷款者就成为惩罚违约借款者的第三方。

3. 社会实施机制

这是一个基于社会嵌套理论的实施机制，通过声誉约束机制的资本效应，声誉水平较低的借款者不仅在直接的经济交易中受到排挤，而且在借贷交易之外的其他社会交易中也受到排挤。按照青木昌彦(2001)的观点，参与者的博弈域发生变化，将会产生关联博弈，这中更大范围或者规模收益的变化，强化了对机会主义行为的约束。与前两个实施机制相比，这一实施机制的基本特点包括：其一，潜在的博弈参与者数量增加了；其二，交易者间的博弈结构不同，借款者与贷款者之间不再是一个独立的博弈，而是关联博弈或者嵌套博弈；其三，博弈域扩大了，借贷双方的总收益不仅来自前两个机制下的博弈均衡，还包括社会性非货币化抽象的收益(例如邻里关系、内心归属等)。事实上，非正规金融交易几乎都是依靠声誉机制进行调节与约束。

4.4.2 声誉约束的作用条件

1. 交易必须是重复或者非孤立

重复博弈或关联博弈(嵌套博弈是一类特殊的关联博弈)是声誉约束机制发挥作用的必要条件，二者必具其一。如果借贷双方的博弈是一次性或者孤立的，那么该博弈缺乏对参与者创建和维护声誉的有效激励，贷款者也无法拥有对违约借款者进行惩罚的机会。博弈的非孤立条件可以弱化对双方博弈重复性的要求，通过嵌套博弈分析可以看出，如果一次性博弈嵌套进其他关联博弈，借贷双方的激励相容条件会明显放宽。借贷博弈及嵌套博弈的最终均衡结果说明，非正规金融参与者交易的频率越高，潜在交易者的数量越多，交易者就越有遵守契约的激励，贷后发生道德风险的可能性就越低。

2. 有效的信息传递

有效的信息传递不仅是声誉约束机制发挥作用的关键条件，也是声誉约束机制形成的基础。无论是声誉约束机制的信息效应还是声誉约束机制的资本效应，都必须以有效的信息传递为基础。所谓“有效”是指：其一，信息是准确、客观的；其二，信息传递的速度足够快；其三，信息的传播范围足够广，至少能够到达与借款者有关的潜在交易者。

对于声誉约束机制而言，信息传递的速度越快，传递的范围越广，借款者越珍惜声誉；相反，借款者就越不珍惜声誉。信息的有效传递是约束借款者行为的基础，如果一个借款者不守信誉的行为不能被其他贷款者及时发现，他就越有放弃声誉的动机。

3. 对违约行为有力且及时的惩罚

对于违约借款者的惩罚，可以由不同的行为主体(贷款者、潜在交易者或社会)具体实施，这三类主体既可以单独对违约者进行惩罚，也可以共同进行惩罚，而且共同惩罚的叠加力度更大，使违约者承受更高的违约成本。在本部分的博弈分析中，隐含了一个重要假设，即惩罚是及时的(例如，行为主体对借款者违约行为反应迅速，而且在博弈的下一阶段就实施惩罚策略)。对违约行为及时有力的惩罚不仅对借款者潜在的机会主义行为具有威慑力，更重要的是，及时有力的惩罚对市场乃至社会上的其他潜在交易者具有警示作用，这对维持社会惯例、道德规范、民间习俗，保证市场或者社区的其他交易活动意义非凡。而且，对违约者的惩罚越及时有力，借款者就越重视自身声誉，声誉约束机制也就越容易发挥作用。

4.5　小结：声誉约束机制是非正规金融赖以生存的基础

本章围绕非正规金融的声誉约束机制展开研究，具体结论包括以下几个方面。

1. 声誉既是信息又是资本

声誉的内涵包括信息与资本两个方面：一方面，声誉是行为主体过去行为及导致结果的综合性信息，这些信息表明并传递行为主体类型；另一方面，声誉是一种特殊的“资产”或“资本”，能给行为主体带来“声誉租金”，并形成竞争优势。非正规金融参与者声誉的内涵包括以下几个方面：参与者的声誉是动态变化的；参与者的声誉来源于其过去的行为及导致结果；参与者的声誉是一个外在的认知与评价；参与者的声誉揭示了参与者的内在特征信息；参与者的声誉是一项无形资产，能为参与者创造价值。

2. 声誉的形成是外界对借款者长期动态评价过程

声誉是一种在复杂的社会认知过程中形成的信号，这一形成过程是指行为主体过去的行为及其结果的相关信息在其社会网络中的评价、传递、扩散以及对其他交易参与者行为产生的影响。按照博弈论的研究范式，声誉是在行为主体参与社会交易的博弈过程中逐渐形成的，是其他交易参与者对该交易主体的总体认知与评价。本期借款者的声誉是贷款者以及潜在交易者依据此前借款者行为以及导致结果而形成的总体认知与评价；本期借款者行为将影响贷款者以及潜在交易者下期对借款者的认知与评价，形成新的声誉水平，因而借款者声誉是动态变化的。

3. 声誉约束机制的信息效应可以有效抑制贷前逆向选择行为

声誉信号传递博弈证明，借款者的声誉约束机制是一种信息筛选机制，能够帮助贷款者有效区分潜在的借款者，成功防范借贷中的逆向选择。即使在不对称信息条件下，非正规金融参与者间长期的叠代重复博弈使得机会主义倾向严重的借款者不可能获得良好的声誉，因此声誉约束机制在参与者间博弈的均衡路径中起着极为重要的作用。通过显示借款者内在特征，反映借款者综合信息，成为贷款者以及潜在交易者可信赖的借款者识别信号，有效抑制市场中的逆向选择问题。

4. 声誉约束机制的资本效应可以有效抑制贷后机会主义行为

非正规金融交易者间博弈与交易者的人际关系和社会结构密切相关，受到交易者之间人际关系、传统习俗以及道德规范的约束，即非正规金融行为嵌套在更广泛的社会交易当中。每一个交易者的行为选择不仅受到借贷关系的影响，还被互助要求、邻里关系、家庭名声、社会地位等无形的社会网络约束，这些博弈的共同结果才是交易双方的总收益，即建立在人情关系基础之上的“社会资本”。非正规金融参与者在借贷中发生的机会主义行为将暴露出借款者是个没有声誉的“坏人”，会被排除在以后的交易活动之外，从而损失其“社会资本”。

5. 声誉约束机制发挥作用的条件

声誉机制发挥作用的条件如下。首先，交易必须是重复或者非孤立。重复博弈或关联博弈(嵌套博弈是一类特殊的关联博弈)是声誉约束机制发挥作用的必要条件，二者必居其一。其次，需要有效的信息传递。有效的信息传递不仅是声誉约束机制发挥作用的关键条件，也是声誉约束机制形成的基础。最后，需要对违约行为进行有力且及时的惩罚。对违约行为及时有力的惩罚不仅对借款者潜在的机会主义行为具有威慑力，更重要的是，及时有力的惩罚对市场乃至社会上的其他潜在交易者具有警示作用，这对维持社会惯例、道德规范、民间习俗，保证市场或者社区的其他交易活动意义非凡。

第 5 章　非正规金融风险：声誉约束机制失灵

正如前文所述，非正规金融的存在是一种客观需要，非正规金融内部具有的声誉约束机制则保证了非正规金融契约的顺利执行。然而以历史的视角看来，平稳美好的状态总不会留下太多印象，最为深刻的记忆往往来自于非正规金融风险的爆发与非正规金融体系的坍塌。正因为非正规金融极为脆弱，且爆发风险后破坏力惊人，所以非正规金融长期处于地下状态，难以获得政府认可。本部分将分析非正规金融声誉约束机制失灵的原因，以及声誉约束机制失灵导致的非正规金融风险爆发，同时，还必须认识到每次严重危机之后，非正规金融都能重新发展起来，这充分反映了其强大的自我修复能力。

5.1　非正规金融的弊端

如同硬币的两面，非正规金融灵活性和节约交易成本方面的具有优势，但同样呈现出高风险特征。基于声誉约束机制的非正规金融能够聚集社会上的富余资金，使其参与到生产或流通环节，帮助资金需求者解决无法通过正规金融渠道解决的资金困难，在正常运转条件下，非正规金融参与者都有利可得，可以提高个人福利水平。但无法否认的是，非正规金融存在着许多不容忽视的弊端，而且在资金配置效率上，也有一定的局限性。

5.1.1　我国的民间金融风潮

史晋川等曾以温州民间金融风潮为例，阐明非正规金融的负面作用，说明非止规金融存在“趋利性”，为谋取高利率而产生连环套利行为。

首先，非正规金融衍生了一大批“食利者”。温州民间金融的最主要形式是“会”，因此存在各式各样的大小会主，利用这种信用活动牟取高利。他们本身没有资本，完全依靠“空手套白狼”，通过发起“会”聚集他人资金办理借贷业务，牟取巨额利息。作为食利者，他们获取了大量非法的收入。

其次，民间金融风潮扰乱当地及附近区域金融秩序。在民间金融运转过程中，有一部分资金被市场中的食利者和投机分子利用，偏离正常运行轨道，导致温州地区三次规模较大的民间金融风潮和危机，包括1985年席卷温州的“抬会”风潮，1986年的苍南、平阳“排会”案以及1988年的“平会”倒会、“银背”破产案。非正规金融的自发性，决定了非正规金融行为缺乏一定的法律规范与政府监管，参与者容易受到高利率诱惑，导致资金没有进入生产或流通环节，而是以“会养会”的形态吸引了大量资金，形成垄断资金市场的主要力量。在这种利率不受限制进行哄抬的情况下，最终形成了非理性的“博傻机制”，所有卷入“会”中的经济联系被切断，生产或流通被中断，造成极坏的社会影响；另外一些由于无法偿还高利率，最终倒闭，牵扯当地的民间资金有一半之多；此外，发起或参与“会”最为繁荣的时候，平均每户居民同时加入2.2个“会”，80％的新进资金被用来发展新的“平会”，这种“以会养会”的恶性循环更加速了“倒会”的进程。这些非理性的金融行为不再单纯是非正规金融行为，更像是金融投机或是金融诈骗，对正规金融机构的业务经营产生巨大影响，同时还影响货币流通的正常运转以及货币政策传导机制。

最后，偏离正常轨道的非正规金融行为形成社会不安定因素，产生巨大的社会问题。规模庞大的“倒会”风潮严重危及了“会脚”(贷款者、存款者)的资金安全，损害了非正规金融参与者的切身利益，极易造成社会问题。1988年“平会”倒会和“银背”破产案发生后，温州地区为索债引起的非法拘禁、扣押人质、焚烧住宅以及伤人杀人案频发，短短9个月内达80多起，严重危害了当地社会环境和居民安全。

5.1.2 非正规金融的局限性

按照前文论述，基于声誉约束机制的非正规金融行为，是一个非常好的福利改进方式，或者说声誉约束机制发挥作用的条件下，在一定的区域和时间限度内，非正规金融资金配置效率非常高。但是，从一个更大的市场空间和更长的期限时间角度分析，非正规金融行为的经济效率存在争议。

首先，与正规金融相比，非正规金融涉及的资金量很小。借款者可以从非正规金融部门获得的资金量非常有限，如果借款者是一个相对庞大的经济体，那么非正规金融所能提供的金融支持将远远不够；同时，非正规金融市场的资金供给者缺乏延续性和持久性，因此借款者从非正规金融部门难以获得一个稳定长期的资金流。

其次，非正规金融行为主要发生在一定地缘、血缘、商缘或者友缘关系的“圈子”内，所以非正规金融的高效只能体现在一个范围较小的分割市场内。一旦超越了区域界限，随着贷款者甄别和监督借款者的信息成本逐渐增加，声誉机制对逆向选择行为和道德风险的约束力不断减弱，因此在关系极为疏远的交易者间很难观察到非正规金融交易。因此，非正规金融对整个经济资源合理配置的贡献将会非常有限，经济增长始终需要正规金融体系发挥主导作用。

即使非正规金融在中国台湾地区非常繁荣，并被事实证明成功、有效地帮助了中小微型企业甚至拥有较高价值抵押物的大企业进行融资，但这种以非正规金融以及自我融资机制为主导的发展模式存在一个很大问题，就是影响了整个金融体系流动性，阻碍了现代金融体系的发展，导致现代化金融体系发展的滞后。

更为重要的是，与中国台湾地区不同，中国大陆地区的经济规模巨大，经济形式多种多样，整体经济的增长不能单纯依靠出口或者中小微型企业。作为一个规模庞大的经济体，经济增长不仅需要依靠中小微型企业，更需要依靠大型企业在管理与技术中的领导创新作用。这些大型企业如果缺乏现代化金融体系支持，难以获得进步发展，而中国许多成功的中小微型企业已经逐渐发展壮大为大型企业，同样需要现代化金融体系支持。更为关键的是，非正规金融和自我融资体制对于技术创新投资帮助有限，因此，钱颖一和黄海洲(2001)认为，如果仅仅依靠非正规金融和自我融资，中国在任何领域可能都无法成为技术领先者。所以，相对于正规金融而言，非正规金融更像是一个完美的补充，而非蹩脚的替代。

5.2　声誉约束机制失灵的诱因

与正规金融相比，非正规金融资金价格(利率)市场化程度很高，利率水平不仅与正规金融利率差别非常大，不同非正规金融交易间差别也非常大：如果低的话，可以为零；如果高的话，可以达到天文数字。这种独特的利率特征引起学者们的广泛关注。

Bouman(1990)认为，低利率非正规金融交易主要发生在以下三类情况：第一，贷款者已经参与到借款者的投资项目中，可以分享投资收益，提供低(无)息贷款是为了保证自身前期投入收益的实现，机会成本的损失成为贷款者投资成本的一部分；第二，贷款者没有直接参与借款者的投资项目，但借款者是贷款者的上游或下游客户，为了保证产业链的顺畅，贷款者愿意提供低(无)息贷款支持；第三，互助目的信贷，贷款者为了借款者将来的物质或非物质回报，选择现阶段低(无)息贷款支持。

而关于高利率的非正规金融交易，Aryeetey(1996)和 Atieno(2001)认为，非正规金融市场上的贷款者可以根据借款者个体特征和独特要求设计适合不同借款者的信贷合同，很大程度上降低了借款者的交易成本，较高的非正规金融借贷利率并没有增加借款者融资总成本，因此借款者愿意支付高于正规金融利率的非正规金融利率；江曙霞、秦国楼(2000)则认为非正规金融交易涉及资金量较小，难以实现规模经济，因而非正规金融贷款者提供贷款的单位成本偏高，为了保证必要的资金利润率，必然需要将这些偏高的成本以较高的贷款利率形式转嫁给借款者。

正如前两章的分析，非正规金融可以体现借款者的声誉价值，而声誉约束机制则保证了基于借款者声誉价值而形成的非正规金融契约的履行，本部分则分析非正规金融交易者如何围绕声誉确定资金价格，并且随着这一价格脱离正常状态，导致声誉约束机制失灵进而产生的非正规金融风险。

5.2.1 个人借贷中的高利率

1. 基本假设

遵循前文假设，声誉约束机制使得信息不对称不再是非正规金融面临的主要问题，因此可以考虑决定非正规金融个人借贷利率水平的其他因素，包括：项目的自然风险、借款人的声誉水平、项目收益率、贷款期限、贷款规模、贷款紧急程度、信贷市场的竞争程度以及制度风险等，这些因素决定了借款者谈判能力。另外，非正规金融个人借贷利率主要通过双方商议来确定，利率水平则取决于双方谈判地位。

Nash(1950)给出了对称信息条件下的议价模型解(Symmetric Nash Bargaining Solution)：

$$X^* = ArgMax_{x\in S}[U_b(x)-B_b][U_l(x)-B_l] \tag{5-1}$$

其中 U_b、U_l 是在方案 x 下双方的效用函数，B_b、B_l 是双方的保留效用(Utility of Breakdown Point)，X^* 是帕累托最优(Pareto－Efficiency)时的方案，S 是可能方案的集合。

Kalai 和 Smorodinsky(1975)对纳什给出的对称信息条件下的议价模型解放松了条件，从而给出了基本对称信息条件下的纳什议价模型解(Drop Asymmetric Nash Bargaining Solution)：

$$X^* = ArgMax_{x\in S}[U_b(x)-B_b]^{\varphi}[U_l(x)-B_l]^{1-\varphi} \tag{5-2}$$

原条件不变，φ 是交易双方的相对议价力量(Relative Bargaining Power)。假设借款者的有一个投资项目 $F(B)$，该项目投资收益率为 $\lambda\in[0, H](H>0)$，收益率的密度函数为 $f(\lambda)$，项目预期收益的期望为 $E\lambda=\bar{\lambda}=\int_0^H \lambda f(\lambda)\mathrm{d}\lambda$ 。假设借款者需要借入总投资中 $\bar{\omega}(\bar{\omega}\in[0, 1])$部分的资金，借贷双方商议的非正规金融利率为 i，于是资金到期时借贷双方的收益情况为：若 $\lambda\leqslant\bar{\omega}(1+i)$，借款者收益为 0，贷款者收益为 λ，这意味着投资项目收益低于资金价格，借款者将不会借款进行投资；若 $\lambda>\bar{\omega}(1+i)$，借款者收益为 $\lambda-\bar{\omega}(1+i)$，贷款者收益为 $\bar{\omega}(1+i)$。假设相对议价力量的经验函数 $\varphi=\varphi(n, m, t, e, A, v)$，即相对议价力量 φ 是非正规金融市场中借款者数量 n、非正规金融市场中贷款者数量 m、贷款期限 t、贷款紧急程度 e、借款者声誉 A 以及制度风险 v 等变量的函数，易得：

$$\frac{\partial\varphi}{\partial n}<0,\ \frac{\partial\varphi}{\partial m}>0,\ \frac{\partial\varphi}{\partial t}<0,\ \frac{\partial\varphi}{\partial e}<0,\ \frac{\partial\varphi}{\partial A}>0,\ \frac{\partial\varphi}{\partial v}<0 \tag{5-3}$$

借贷双方在方案 x 下的效用函数以收益函数代替，有：

$$U_b=\int_{K(1+i)}^{H}[\lambda-\bar{\omega}(1+i)]f(\lambda)\mathrm{d}\lambda \tag{5-4}$$

$$U_l=\int_0^{K(1+i)}\lambda f(\lambda)\mathrm{d}\lambda+\int_{K(1+i)}^{H}\bar{\omega}(1+i)f(\lambda)\mathrm{d}\lambda \tag{5-5}$$

借贷双方的保留效用则以成本函数代替，令 C_b 为借款者交易成本，正规金融市场贷款利率为 r，C_l 为贷款者交易成本，正规金融市场存款利率为 g，有：

$$B_b=C_b+(1-\bar{\omega})(1+r),\ B_l=C_l+\bar{\omega}(1+g) \tag{5-6}$$

2. 求解过程

依据假设以及式(5-2)求解非正规金融参与者的最优借贷利率 i^* 为：

$$\begin{gathered}i^*=\underset{i}{Max}[U_b(i)-B_b]\phi[U_l(i)-B_l]^{1-\varphi}\\ s.t.\ U_b(i)-B_b\geqslant 0,\ U_l(i)-B_l\geqslant 0\end{gathered} \tag{5-7}$$

求解最优化的一阶条件为：

$$\begin{aligned}&[(U_b-B_b)^{\varphi}(U_l-B_c)^{1-\varphi}]'=\varphi(U_b-B_b)^{\varphi-1}(U_l-B_l)^{1-\varphi}U'_b+\\ &\quad(1-\varphi)(U_b-B_b)^{\varphi}(U_l-B_l)^{-\varphi}U'_l\end{aligned} \tag{5-8}$$

同时，将式(5-4)和式(5-5)分别对 i 求导，有：

$$U'_b=\frac{\partial U_b}{\partial i}=-\bar{\omega}\int_{K(1+i)}^{H}f(\lambda)\mathrm{d}\lambda,U'_l=\frac{\partial U_l}{\partial i}=\bar{\omega}\int_{K(1+i)}^{H}f(\lambda)\mathrm{d}\lambda \tag{5-9}$$

易得：

$$U'_b=-U'_l \tag{5-10}$$

将式(5-4)、式(5-5)、式(5-6)以及式(5-10)代入式(5-8)可得：

$$\int_{K(1+i^*)}^{H}[\lambda-\bar{\omega}(1+i^*)]f(\lambda)\mathrm{d}\lambda-\varphi[\bar{\lambda}+\bar{\omega}(r-g)]-$$

$$(1-\varphi)C_b+\varphi C_1-(1-\bar{\omega}-\varphi)(1+r) \tag{5-11}$$

决定最优利率 i^* 的一阶条件如式(5-11)所示，由投资项目自然风险水平、投资项目预期收益率、贷款占比、借款者交易成本、贷款者交易成本、正规金融的利率(贷款利率和存款利率)以及借款人的相对议价力量(贷款期限、贷款紧急程度、借款者声誉、非正规金融市场竞争程度以及制度风险)等因素共同决定。

在不考虑借款者违约风险情况下有贷款者无损失概率函数 $P=\int_{K(1+i^*)}^{H}f(\lambda)\mathrm{d}\lambda$，对 i^* 求导，可得：

$$\frac{\partial P}{\partial i^*}=-\tilde{\omega}f[\tilde{\omega}(1+i^*)]<0\Rightarrow\frac{\partial i^*}{\partial P}<0 \tag{5-12}$$

这说明非正规金融利率是贷款者无损失概率的减函数，而贷款者无损失概率可以衡量投资项目的自然风险水平，项目自然风险水平低，贷款者无损失概率就大；项目自然风险水平高，贷款者无损失概率就小。因此，非正规金融利率与贷款项目自然风险水平正相关，贷款者会根据项目自然风险水平要求相应的风险溢价，于是得到结论：

结论一：非正规金融市场的资金价格与借款者投资项目的自然风险水平正相关，贷款者会根据借款者投资项目的自然风险水平要求相应的风险溢价。

合并式(5-8)和式(5-9)，并将最优利率 i^* 对议价力量 φ 求导，得：

$$\frac{\partial i^*}{\partial \varphi}=-\frac{(\bar{\lambda}-B_b-B_l)}{\tilde{\omega}\int_{K(1+i^*)}^{H}f(\lambda)\mathrm{d}\lambda}<0 \tag{5-13}$$

而 $\frac{\partial \varphi}{\partial n}<0$，$\frac{\partial \varphi}{\partial m}>0$，$\frac{\partial \varphi}{\partial t}<0$，$\frac{\partial \varphi}{\partial e}<0$，$\frac{\partial \varphi}{\partial A}>0$，$\frac{\partial \varphi}{\partial v}<0$，代入式(5-13)，得到：

$$\frac{\partial i^*}{\partial n}>0,\ \frac{\partial i^*}{\partial m}<0,\ \frac{\partial i^*}{\partial t}>0,\ \frac{\partial i^*}{\partial e}>0,\ \frac{\partial i^*}{\partial A}<0,\ \frac{\partial i^*}{\partial v}>0 \tag{5-14}$$

$\frac{\partial i^*}{\partial n}>0$，$\frac{\partial i^*}{\partial m}<0$ 说明非正规金融市场资金价格与借款者人数正相关、与贷款者人数负相关，即非正规金融市场上借方竞争程度高，利率水平相应就高；贷方竞争程度高，利率水平相应就低。

$\frac{\partial i^*}{\partial t}>0$，$\frac{\partial i^*}{\partial e}>0$ 说明贷款期限越长，贷款要求越紧急，非正规金

融市场资金价格就越高。资金具有时间价值，资金期限越长、需求越迫切，贷款者需要承担的机会成本与交易成本越大，因而会要求更高的利率补偿。

$\frac{\partial i^*}{\partial A}<0$ 说明非正规金融资金价格是借款者声誉水平的减函数，即借款者声誉水平越高，借贷利率越低，这与本书 3.3.3 部分的结论一致。

$\frac{\partial i^*}{\partial v}>0$ 说明制度风险对非正规金融资金价格具有正向的刺激作用。在高制度风险环境中，非正规金融不被官方认可，随时都有被政府取缔或限制的可能，增加了非正规金融交易的风险和成本，因此贷款者需要较高的利率作为补偿。因此，制度风险也是非正规金融利率的一个重要影响因素。

结论二：除借款者投资项目本身风险外，非正规金融市场内外的其他因素同样会推高资金价格，增大非正规金融市场利率。

然而不断上升的非正规金融市场利率并不能一直获得项目投资收益率的支持。假设借款者投资项目收益率的密度函数 $f(\lambda)$ 服从标准差为 σ 的正态分布函数，并扩展 $\lim H=\infty$，令：

$$f(\lambda)=\frac{1}{\sigma\sqrt{2\pi}}\exp\left|-\frac{(\lambda-\bar{\lambda})^2}{2\sigma^2}\right| \tag{5-15}$$

将式(5-15)代入式(5-11)，可得：

$$\int_{\bar{\omega}(1+i^*)}^{\infty}[\lambda-\bar{\omega}(1+i^*)]\left|\frac{1}{\sigma\sqrt{2\pi}}\exp\left|-\frac{(\lambda-\bar{\lambda})^2}{2\sigma^2}\right|\right|\mathrm{d}\lambda-\varphi(\bar{\lambda}-B_b-B_l)-B_b=0 \tag{5-16}$$

令：

$$F(\bar{\lambda},i^*)=\int_{K(1+i^*)}^{\infty}[\lambda-\bar{\omega}(1+i^*)]\left|\frac{1}{\sigma\sqrt{2\pi}}\exp\left|-\frac{(\lambda-\bar{\lambda})^2}{2\sigma^2}\right|\right|\mathrm{d}\lambda-$$

$$\varphi(\bar{\lambda}-B_b-B_l)-B_b$$

分别对 $\bar{\lambda}$，i^* 求导，可得：

$$F'_{i^*}(\bar{\lambda},i^*)=-\bar{\omega}\int_{K(1+i^*)}^{\infty}\frac{1}{\sigma\sqrt{2\pi}}\exp\left|-\frac{(\lambda-\bar{\lambda})^2}{2\sigma^2}\right|\mathrm{d}\lambda$$

$$=-\bar{\omega}\int_{K(1+i^*)}^{\infty}f(\lambda)\mathrm{d}\lambda=-KP \tag{5-17}$$

$$
\begin{aligned}
F'_{\bar{\lambda}}(\bar{\lambda},i^*) &= \frac{1}{\sigma\sqrt{2\pi}}\left|\int_Z^{\infty}(\lambda-Z)\exp\left|-\frac{(\lambda-\bar{\lambda})^2}{2\sigma^2}\right|\mathrm{d}\lambda\right|'-\varphi \\
&= \frac{1}{\sigma\sqrt{2\pi}}\left|\int_Z^{\infty}(\lambda-\bar{\lambda})\exp\left|-\frac{(\lambda-\bar{\lambda})^2}{2\sigma^2}\right|\mathrm{d}\lambda\right|' \\
&\quad+\frac{1}{\sigma\sqrt{2\pi}}\left|\int_Z^{\infty}(\bar{\lambda}-Z)\exp\left|-\frac{(\lambda-\bar{\lambda})^2}{2\sigma^2}\right|\mathrm{d}\lambda\right|'-\varphi \\
&= \frac{1}{\sigma\sqrt{2\pi}}\left|(Z-\bar{\lambda})\exp\left|-\frac{(Z-\bar{\lambda})^2}{2\sigma^2}\right|+\int_Z^{\infty}\exp\left|-\frac{(\lambda-\bar{\lambda})^2}{2\sigma^2}\right|\mathrm{d}\lambda\right. \\
&\quad\left.-(Z-\bar{\lambda})\exp\left|-\frac{(\lambda-\bar{\lambda})^2}{2\sigma^2}\right|\right|-\varphi \\
&= \int_Z^{\infty}\frac{1}{\sigma\sqrt{2\pi}}\exp\left|-\frac{(\lambda-\bar{\lambda})^2}{2\sigma^2}\right|\mathrm{d}\lambda-\varphi=\int_Z^{\infty}f(\lambda)\mathrm{d}\lambda-\varphi=P-\varphi \\
&\text{(其中 } Z=K(1+i^*)\text{)}
\end{aligned}
\tag{5-18}
$$

易得：

$$
\frac{\partial i^*}{\partial\bar{\lambda}}=-\frac{F'_{\bar{\lambda}}(\bar{\lambda},\ i^*)}{F'_{i^*}(\bar{\lambda},\ i^*)}=\frac{P-\varphi}{\tilde{\omega}P}
\tag{5-19}
$$

而式(5-16)说明，必然存在 i_0 使得 $\int_{K(1+i_0)}^{H}f(\lambda)\mathrm{d}\lambda-\varphi=0$ 。因此，若 $i^*<i_0$，则$\frac{\partial i^*}{\partial\bar{\lambda}}>0$，说明借贷利率处于较低水平时，项目预期收益率与贷款利率同向变化；若 $i^*>i_0$，则$\frac{\partial i^*}{\partial\bar{\lambda}}<0$，说明借贷利率处于较高水平时，项目预期收益率与贷款利率反向变化。如图 5-1 所示。

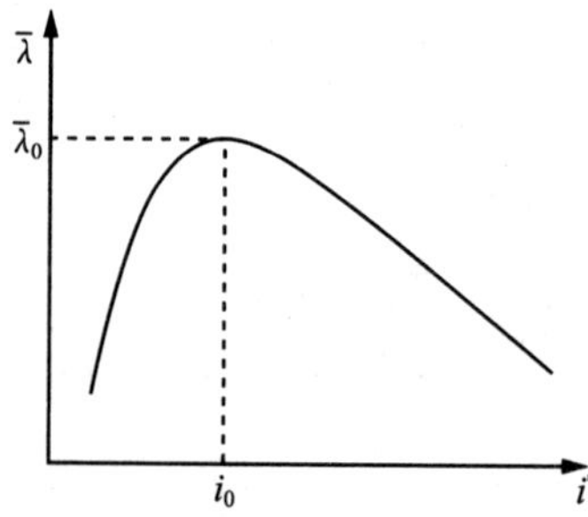

图 5-1　项目预期收益率与借贷利率之间的关系

结论三：非正规金融市场参与者间个人谈判达成的资金价格与借款者投资项目预期收益率之间并不是单一的同向变化关系。

结论一、结论二和结论三说明，非正规金融市场参与者在商议资金价格时，会受市场以外的其他因素影响，形成较高水平的非正规金融市场利率，而项目预期收益率与借贷利率间并非始终同方向变动，因而造成非正规金融市场中个人间交易的脆弱性。那么，所谓的“会”(轮转基金)是否可以成功克服这一脆弱性呢？

5.2.2　非正规金融组织中的“博傻”行为

上一部分分析了非正规金融市场个人参与者间基于声誉以及市场内外其他影响因素形成的较高水平资金价格，以及潜在的风险脆弱性，并且引出一个问题，多个参与者共同形成的非正规金融组织，是否可以有效克服这一脆弱性呢？本部分将针对非正规金融组织最为普遍的形式——“标会”，分析非正规金融组织中存在的“博傻”行为。

1. 标会的利率期限结构

标会是非正规金融组织中引起最多争议的组织形式。标会参与者可以划分为会头和会脚，会头的主要职责是充当中介提供组织和信息沟通服务，当个别会脚违约时他还需要承担赔偿责任；会脚根据参与目的不同可以分为借款者和贷款者。借款者是资金需求者，为了获取贷款资金参与标会；贷款者是资金供给者，为了获取贷款利息参与标会，会头同样可以作为会脚参与标会活动。

假设一个标会的参与人数为 M，为简便起见，假设每人只参与一份，每份资金金额为 K，标会的频率为每月投标一次，会头不参与投标。这样，在标会成立时，会头获得了总额为 MK 的资金，会脚则提供获得这笔资金的意愿折扣(或者贷款利率)。假如会脚 M_1 通过提供 p_1 折扣竞标成功，则其他会脚按照 p_1 折扣向他提供资金，即 $(M-1)(K-p_1)$。必须说明的是，成功中标的会脚被称为“死会脚”，不能再参与竞标，从下一次竞标直至最后一次竞标前，每次必须支付资金 K 偿还贷款；其他未中标的会脚称为“活会脚”，有权参与下一次竞标。按照这样的逻辑，在第 i 个月，共有 $i-1$ 名参与者成为“死会脚”，剩余 $M-i+1$ 个“活会脚”竞标，中标者 M_i 愿意提供的折扣为 p_i，这样可获得资金 $(i-1)K+(M-i)(K-p_i)$。在最后一个月，只有一名参与者没有获得过资金，将获得由会头支付的资金 MK，至此，标会结束。

一个经历了完整的成立到结束过程的标会，参与者竞标的次数有

$M-1$次，令竞标时间点为$t=t_i(i=1,2,\cdots,M-1)$，标会结束的时间点为t_M，会头现金流为C_0，会脚M_i现金流为C_i，易得会头的现金流为：

$$C_{0,t_1}=MK,\ C_{0,t_M}=-MK \tag{5-20}$$

会脚M_1在t_1获得现金流$(M-1)(K-p_1)-K$，从t_2开始直到t_{M-1}，需要每期付出K，t_M的现金流为0。

会脚$M_i(i<M)$的现金流为：

$$\begin{aligned}&C_{i,t_1}=-2K+p_1,\\&C_{i,t_j}=-K+p_j,\ j=2,\cdots,t_{i-1}\\&C_{i,t_i}=(i-1)K+(M-i)(K-p_j),\\&C_{i,t_k}=-K,\ k=t_{i+1},\cdots,t_{M-1}\\&C_{i,t_M}=0\end{aligned} \tag{5-21}$$

会脚M_M的现金流为：

$$\begin{aligned}&C_{M,t_1}=-2K+p_1,\\&C_{M,t_i}=-K+p_i,\ i=2,\cdots,M-1\\&C_{M,t_M}=MK\end{aligned} \tag{5-22}$$

由此，可以计算出每一名会脚的折扣率D(中标得到的资金总额与本金总额的比率)为：

$$\begin{aligned}&D_i=\frac{(i-1)K+(M-i)(K-p_i)-p_i}{MK},\ i=1,\cdots,M-2\\&D_{M-1}=\frac{(M-2)K+2(K-p_{M-1})}{MK},\\&D_M=\frac{MK}{MK}=1\end{aligned} \tag{5-23}$$

这说明随着时间的推移，会脚的折扣率逐渐增加，这是由于越早中标的会脚，面临的违约风险越小，因此需要给晚些时候中标的会脚进行风险补偿。

进一步假设会脚进行个人借贷谈判商议的最优利率为i^*，那么所有标会参与者的现金流按照这一利率进行贴现并加总等于0，即：

$$\sum_{i=0}^{M}\sum_{k=1}^{M}C_{i,t_k}e^{-i^*(k-1)}=0 \tag{5-24}$$

减去会头的现金流，则会脚的总盈亏为：

$$\sum_{i=1}^{M}\sum_{k=1}^{M}C_{i,t_k}e^{-i^*(k-1)}=MK(e^{-i^*(M-1)}-1) \tag{5-25}$$

对会脚中的资金需求者而言，为了较早中标，其折扣率较低；而对于会脚中的资金供给者而言，愿意较晚中标，因此折扣率较高。于是需求资金的会脚的总收益为：

$$\sum_{k=1}^{M} C_{i,t_k} e^{-i^*(k-1)} < 0 \tag{5-26}$$

供给资金的会脚的总收益为：

$$\sum_{k=1}^{M} C_{i,t_k} e^{-i^*(k-1)} > 0 \tag{5-27}$$

结论四：对会脚中的资金需求者而言，其现金流按照个人借贷利率进行贴现，现值为负，即实际支付的利率高于个人借贷利率；对会脚中的资金供给者而言，其现金流按照个人借贷利率进行贴现，现值为正，即实际获得的利率高于个人借贷利率。

然而标会仍然优于个人借贷，因为个人借贷的偿还需要一次性付清本息，借款者资金压力较大，而标会是分期偿还，借款者资金压力较小；另外，个人借贷需要贷款者一次性支付本金，对贷款者资金要求较大，而标会是分期提供，对贷款者资金要求较小。

进一步，可以通过总收益现值 Pr（$\sum_{i=1}^{M} C_{i,t_i}$）得到求解标会各期利率的方程组：

$$(M-1)(K-p_1)-K-\sum_{k=2}^{M-1} Ke^{-(k-1)r_{k-1}}=0$$

$$-2K+p_1+[(M-2)(K-p_2)+K]e^{-r_1}-\sum_{k=3}^{M-1} Ke^{-(k-1)r_{k-1}}=0$$

……

$$-2K+p_1+\sum_{j=2}^{i-1}(-K+p_j)e^{-(j-1)r_{j-1}}+[(i-1)K+(M-i)(K-p_1)]e^{-(i-1)r_{i-1}}$$
$$-\sum_{k=i+1}^{M-1} Ke^{-(k-1)r_{k-1}}=0$$

……

$$-2K+p_1-\sum_{k=2}^{M-1}(K-p_k)e^{-(k-1)r_{k-1}}+MKe^{-(M-1)r_{M-1}}=0$$

(5-28)

因此，标会利率的形成机制类似于拍卖制度，资金由愿意提供最大折扣（或出价最高）的参与者依次获得。在正常情况下，愿意提供的折扣是递减的，反映在利率水平上就是标会利率递减。但是，与个人借贷类似，标会的参与人数也是有限的，形成资金供求关系同样受到非正规金融市场内外的突发事件影响，使得短期利率急剧波动。但与个人借贷不同，标会的参与者中有一部分是稳定的资金供给者，愿意提供的折扣（或利率)非常稳定，所以标会的长期利率较为稳定。

2. 标会中的套利策略

在较为稳定或者合理的标会利率期限结构下，隐藏着巨大套利机会，而所有会脚均参与的群体套利则逐渐演变为“博傻”行为。

考虑简单的情形，以四人标会为例，每人会金为 K，第二期和第三期得会者标价分别为 p_2 和 p_3，于是整个标会的现金流可用矩阵表示：

$$\begin{pmatrix} 3K & -K & -K & -K \\ -K & 3K & -K & -K \\ -K & -K-p_2 & 3K+p_2 & -K \\ -K & -K-p_2 & -K-p_3 & 3K+p_2+p_3 \end{pmatrix} \tag{5-29}$$

各列依次表示各参与者的现金流，其中首列是会头的现金流，末列是最后得会者的现金流；各行依次表示 $t=1$，2，3，4 各期；正号表示资金流入，负号表示资金流出。且式(5-29)可分解为：

$$\begin{aligned}
&\begin{pmatrix} 3K & -K & -K & -K \\ -K & 3K & -K & -K \\ -K & -K-p_2 & 3K+p_2 & -K \\ -K & -K-p_2 & -K-p_3 & 3K+p_2+p_3 \end{pmatrix} \\
&= \begin{pmatrix} K & -K & 0 & 0 \\ -K & K & 0 & 0 \\ 0 & 0 & 0 & 0 \\ 0 & 0 & 0 & 0 \end{pmatrix} + \begin{pmatrix} K & 0 & -K & 0 \\ 0 & 0 & 0 & 0 \\ -K & 0 & K & 0 \\ 0 & 0 & 0 & 0 \end{pmatrix} + \begin{pmatrix} K & 0 & 0 & -K \\ 0 & 0 & 0 & 0 \\ 0 & 0 & 0 & 0 \\ -K & 0 & 0 & K \end{pmatrix} \\
&+ \begin{pmatrix} 0 & 0 & 0 & 0 \\ 0 & K & -K & 0 \\ 0 & -K-p_2 & K+p_2 & 0 \\ 0 & 0 & 0 & 0 \end{pmatrix} + \begin{pmatrix} 0 & 0 & 0 & 0 \\ 0 & K & 0 & -K \\ 0 & 0 & 0 & 0 \\ 0 & -K-p_2 & 0 & K+p_2 \end{pmatrix} \\
&+ \begin{pmatrix} 0 & 0 & 0 & 0 \\ 0 & 0 & 0 & 0 \\ 0 & 0 & K & -K \\ 0 & 0 & -K-p_3 & K+p_3 \end{pmatrix}
\end{aligned} \tag{5-30}$$

其中，$\begin{pmatrix} 0 & 0 & 0 & 0 \\ 0 & K & -K & 0 \\ 0 & -K-p_2 & K+p_2 & 0 \\ 0 & 0 & 0 & 0 \end{pmatrix}$表示：

在 $t=2$ 期，当期中标者向 $t=3$ 期中标者借入资金 K，并于 $t=3$ 期偿还资金 $K+p_2$，p_2 相当于该笔贷款的利息。因此，标会可以分解为一系列两两之间的借贷协议，每一名参与者都有义务向先于自己中标的其他会员提供贷款，也有权利向后于自己中标的其他会员借入资金。其中，会头是纯粹的资金借入方，最后中标者是纯粹的资金贷出方，每一名会脚中标前是资金贷出方，中标后是资金借入方。这种现金流的分解同样适用于其他类型的非正规金融组织(如轮会、摇会等)。

考虑普遍的情形，对 M 名参与者的标会 BM_i，每名参与者的会金为 K_i，各期 $t=2, 3, \cdots, M-1$ 中标者的标价依次为 $p_{i,2}$，$p_{i,3}$，…，$p_{i,n-1}$。K_i 和 $p_{i,2}$，$p_{i,3}$，…，$p_{i,n-1}$ 可以确定 BM_i 的现金流。令 $t=k$ 期中标者的现金流为 $CF(BM_i, k)$，引入 $n\times 1$ 维 0—1 向量 e_l(第 l 个元素为 1，其余元素为 0)，则 $CF(BM_i, k)$ 可以表示为：

$$CF(BM_i, k)=\begin{cases}\sum_{l=2}^{n}(K_ie_1-K_ie_l), & k=1\\ \sum_{l=1}^{k-1}[-K_ie_l+(K_i+p_{i,l})e_k]+\sum_{l=k+1}^{n}[K_ie_k-(K_i+p_{i,k})e_l], & 2\leqslant k\leqslant n-1\\ \sum_{l=1}^{n-1}[-K_ie_l+(K_i+p_{i,l})e_n], & k=n\end{cases}$$

(5-31)

其中 $p_{i,1}=0$ 表示会头可以获得零息贷款。

在 $CF(BM_i, k)(2\leqslant k\leqslant n-1)$ 中，$-K_ie_l+(K_i+p_{i,l})e_k$ 表示 $t=l$ 期贷出资金 K_i，$t=k$ 期收到还款 $K_i+p_{i,l}$；$K_ie_k-(K_i+p_{i,k})e_l$ 表示 $t=k$ 期借入资金 K_i，$t=l$ 期偿还 $K_i+p_{i,k}$。从而在标会 BM_i 中，当 $k=1$ 时，会头以零利息 $p_{i,1}=0$ 借入资金；当 $2\leqslant k\leqslant n-1$ 时，会脚以利息 $p_{i,2}$，$p_{i,3}$，…，$p_{i,n-1}$ 贷出资金，以利息 $p_{i,k}$ 借入资金；当 $k=n$ 时，最后中标者以利息 $p_{i,2}$，$p_{i,3}$，…，$p_{i,n-1}$ 贷出资金。因此，通过标会参与者可以实现借入资金或贷出资金的目的，如果能以低利息借入资金，以高利息贷出资金，则该参与者可以赚取利差，进行套利。

假设某参与者参加多个标会，实现了现金流 $CF=(CF_1, CF_2, \cdots, CF_n)$，若用 CF_l 表示该参与者 $t=l$ 期的现金流，则该参与者实现标会套利的定义为：

$$CF_1=0,\ CF_l\geqslant 0,\ 2\leqslant l\leqslant M \text{ 其中至少有一个不等号严格成立。}$$

(5-32)

该定义的含义为，$t=1$ 期投入为 0，而在 $t=l$，$2\leqslant l\leqslant M$ 期产出非负，且至少有一期获得了正产出，就意味着该非正规金融参与者通过标会成功套利。进一步假设有 M 个 M 人标会为 BM_1，BM_2，…，BM_M，这些标会的竞标是同步的，均发生在 $t=1$，2，3，…，M 各期，对每一个 $t=l$，$2\leqslant l\leqslant M$ 期，竞标的先后次序依次为 BM_1，BM_2，…，BM_M。于是各标会中标价出现的先后次序为：

$$p_{1,2},\ p_{1,2},\ \cdots,\ p_{M,2};\ p_{1,3},\ p_{2,3},\ \cdots,\ p_{M,3};\ \cdots;\ p_{1,l},\ p_{2,l},\ \cdots,\ p_{M,l};\ \cdots;\ p_{1,M-1},\ p_{2,M-1},\ \cdots,\ p_{M,M-1} \tag{5-33}$$

如果有策略：在 BM_1 中做会头，现金流为 $CF(BM_1,1)$，在 BM_2 中最后一个得会，现金流为 $CF(BM_2,M)$；对每一个 $t=l$，$3\leqslant l\leqslant M$，在 BM_l 中第 $M+2-l$ 个得会，现金流为 $CF(BM_l,M+2-l)$。根据该策略，在 $BM_l(3\leqslant l\leqslant M)$中，须确保在 $t=M+2-l$ 期得会，相应的标价为 $p_{l,M+2-l}$。根据式(5-31)，这一策略实现的现金流为：

$$\begin{aligned} CF &= CF(BM_1,1)+CF(BM_2,M)+\sum_{l=3}^{M}CF(BM_l,M+2-l) \\ &= (MK_1-\sum_{i=1}^{M}K_i)e_1+(MK_2-\sum_{i=1}^{M}K_i)e_2 \\ &\quad +\sum_{l=3}^{M}(MK_{M+2-l}-\sum_{i=1}^{M}K_i+\sum_{j=2}^{l-1}p_{M+2-l,j}-\sum_{j=2}^{l-1}p_{M+2-j,j})e_l \end{aligned} \tag{5-34}$$

式(5-34)中 e_l 的系数即为 $t=l$ 期的净现金流，根据式(5-32)，实现套利的条件为：

$$MK_1-\sum_{i=1}^{M}K_i=0 \tag{5-35}$$

$$MK_2-\sum_{i=1}^{M}K_i\geqslant 0 \tag{5-36}$$

$$MK_{M+2-l}-\sum_{i=1}^{M}K_i+\sum_{j=2}^{l-1}p_{M+2-l,j}-\sum_{j=2}^{l-1}p_{M+2-j,j}\geqslant 0,\ 3\leqslant l\leqslant M \tag{5-37}$$

且式(5-35)、式(5-36)和式(5-37)中至少有一个不等号严格成立。

显然，式(5-35)和式(5-36)在参与者竞标前就可以确定是否成立，而式(5-37)则可以按时间顺序展开：在 $t=l$，$2\leqslant l\leqslant M-1$ 期，确保在 BM_{M+2-l}中得会，且标价 $p_{M+2-l,l}$满足：

$$MK_{M+1-l}-\sum_{i=1}^{M}K_i+\sum_{j=2}^{l-1}p_{M+1-l,j}+p_{M+1-l,l}\geqslant\sum_{j=2}^{l-1}p_{M+2-j,j}+p_{M+2-l,l} \tag{5-38}$$

由于 $p_{M+1-l,j}(2\leqslant j\leqslant l-1)$和 $p_{M+2-j,j}(2\leqslant j\leqslant l-1)$在 $t=l$ 期均为已

知；$p_{M+1-l,l}$是 BM_{M+1-l} 在 $t=l$ 期的标价，而 BM_{M+1-l} 的竞标发生在 BM_{M+2-l}之前，所以决定 $p_{M+2-l,l}$时，$p_{M+1-l,l}$是已知的。因此在理论上，式(5-38)同样是成立的。

这意味着，标会的运行机制为参与者提供了套利的可能，而会头凭借声誉以零利息获得资金说明不需要自有资金，也可以实现套利。一旦会头的套利行为被其他参与者模仿以后，该地区将会同时出现多个标会。

结论五：非正规金融组织的运行机制为参与者提供了套利空间，套利策略的存在会使标会数量增加，大量参与者使用套利策略将会迅速增加标会数量，进而导致标会利息飙升以及倒会概率趋于极大值，非正规金融组织的参与者掉入“博傻”陷阱。

由于非正规金融组织所在地区的资金总量在一定时期内是有限的，而标会潜在的套利空间迅速增加了该地区标会数量，相应的会息将逐步上升，从而吸引原来其他形式的金融资产(如现金、活期储蓄和定期储蓄等)转化为标会资金。当该地区标会数量达到一定限度时，标会套利者自有资金的缺乏导致其资金链开始绷紧，于是被迫进一步提升会息，以动员新的资金进入标会。这样，越来越多更大资金规模、更高会息、更短会期的标会将被组织，标会参与者进入非理性的“博傻”狂热。

事实上，在标会竞标中，给出更高标价的会脚往往存在更高的风险，按价高者中标原则，高风险者将中标，因此标会总会将资金配置给高风险者，这就是标会中的逆向选择；如果会脚中标后可以进行实业投资，也可以参与一个新标会，恰好参加新标会能获得比实业投资更高的收益，则该会员在中标后会参加新标会，以赚取利息差，但这种套利行为损害了原标会中资金贷出者的利益，相当于道德风险；如果这种套利行为一直进行下去，标会利息将逐步升高，倒会概率将趋于极值。

5.2.3 声誉约束机制失灵的其他内外部原因

非正规金融参与者间个人借贷的高利率以及非正规金融组织中的“博傻”行为是声誉约束机制失灵的主要原因，但还需要二者之外的其他因素共同作用，才能使声誉约束机制失灵，导致非正规金融风险爆发。

按照这些因素的来源，可有内外部之分。其中，内部因素除了前文提到的道德风险和高利率风险以外，还主要包括以下两种。其一，操作风险。与正规金融相比，非正规金融的组织程度较低，缺乏严密的系统内部制度，而这些不健全的制度基础导致非正规金融交易中不完善委托—代理机制。因此，借款者获得贷款者提供的资金、或者非正规金融组织参与者得会之后，缺乏委托者的有效监管，这样的话，代理者极易因为操作失误造成资金损失，进而导致声誉约束机制失灵，非正规金融爆发风险。其二，流动性风险。正如前文所述，借款者由于某种生活或者生产目的选择非正规金融渠道进行融资，即借款者本身在资金流动性方面就存在短缺，因此非正规金融个人交易者存在流动性问题。而非正规金融组织同样存在流动性不足的问题，首先，组织参与者自有资金的匮乏使其存在流动性问题；其次，基于人际关系网络的非正规金融组织合约的经济价值不易测算，合约转让不易成交，即组织合约缺乏流动性；最后，非正规金融组织的资金供求“期限错配、结构失调”固有问题，导致非正规金融组织参与者临时资金兑现需求无法满足，进而发生挤兑，爆发流动性风险。

外部因素主要包括以下两种。其一，体制性风险。作为金融系统的一部分，非正规金融必然受到金融体制的影响。首先，在经济转轨过程中，金融体制的发展仍存在一定的“制度性抑制”；其次，金融体制的调整使得正规金融系统得到极大地发展，而非正规金融受到“制度性歧视”，长期生长在地下或隐蔽状态，甚至有被取缔、处罚的可能。这种“制度性抑制”与“制度性歧视”是非正规金融声誉约束机制失灵的主要外部因素。其二，政策性风险。个人投资具有极为显著的逐利性与“羊群性”，非正规金融参与者热衷于见效快、收益高的项目，而这些项目很可能与国家产业政策以及产业结构转型背道而驰。在如此背景下，预期投资收益无法达到，自然会导致声誉约束机制失灵，引发一系列负面影响。

更为重要的是，这些影响因素间不是孤立的，而是相互联系、相互影响的，与其他产业所具有的风险类似，这些影响因素相互间不是孤立的，而是共生又相互传导的。制度抑制和制度歧视导致贷款者需要更多的风险补偿，推高了借贷利率，而资金价格的增加使借款者(或者说非正规金融组织发起者)需要投资收益更高的项目，增加了投资项目的政策性风险、操作风险乃至道德风险，弱化了声誉机制的约束功能；而政策性风险一旦爆发，信息的扭曲传递引发非正规金融流动性风险，进而产生道德风险，同样弱化了声誉机制的约束功能；而声誉机制约束功能的弱化，则引发道德风险和逆向选择行为的增加，进而操作风险、高利率风险和流动性风险增加，导致非正规金融风险爆发，使得正规金融监管进一步加强，对非正规金融的抑制和歧视升级，如图 5-2 所示。

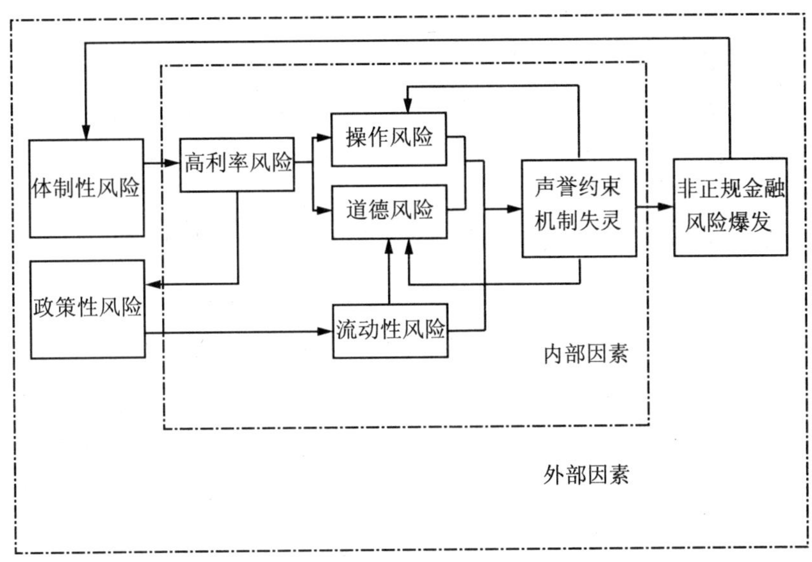

图 5-2　声誉约束机制失灵影响因素及其相互传导

5.3　声誉约束机制失灵导致非正规金融风险爆发

声誉约束机制作用下的非正规金融，其运行机制简而言之就是需要资金的借款者，发挥自身声誉资本效应替代抵押物，从贷款者处获得资金支持，并以声誉信息效应作为实现收益承诺的保障，无论是个人借贷还是组织合约，都以这样的方式运行。然而前文 5.2 中分析的结果显示，在非正规金融市场内外部各种因素影响下，借款者的承诺有可能落空，贷款者的预期收益不仅有损失可能，借贷资金同样有损失可能。于是，本部分将分析非正规金融交易如何在声誉约束机制下实现，而声誉约束机制失灵又如何导致非正规金融风险爆发。

1. 基本假设

遵循上文分析，非正规金融交易实现的成立条件有两方面：一是发起者声誉价值和承诺资金价格(高利率)；二是参与者投入资金和期望获得利润(高利息或人情收益)。将借款者与贷款者间的博弈划分为本期和下期两个阶段。本期指借款者寻找到贷款者并获得资金；下期指借款者获得资金后的投资(或生产)阶段。模型关键是，借款者放弃声誉最多会给其带来借贷资金和已有投资收益，而借款者违约行为将在未来受到惩罚，这种惩罚来自两个方面：一是他将可能受到非正规金融交易以外其他行业的经济损失；二是声誉资本的损失，以及他可能受到的法律制裁、人身攻击等。假定借贷资金为 K，双方约定的非正规金融利率为 i，借款者投资(或生产)收益率为 λ。

按照声誉约束机制发挥作用的条件，额外假设贷款者为了保证合约执行必须付出的监督成本(合约执行成本)ζ，借款者违约所受惩罚的贴现值 l。对贷款者而言，ζ 是一种沉没成本，不管借款者有没有违约，都必须支付这一成本；但对借款者而言，ζ 和 l 只有在违约时才成为支付的成本。

2. 求解过程

基于上述假定，可以得到本期借款者与贷款者之间的博弈结果如图 5-3所示。

		借款者：遵守承诺	借款者：放弃声誉
贷款者	继续贷款	$K(1+i)-\zeta$，$K(\lambda-i)$	$-(K+e)$，$K(1+\lambda)-\zeta-l$
	拒绝贷款	$K(1+i)-\zeta$，$-Ki$	0，0

图 5-3　非正规金属交易中借款者与货款者间的博弈结果

到期时，如果借款者遵守承诺，本期的效用为 $U^{r}_{(K,\lambda,i)}=K(\lambda-i)>0$；如果借款者放弃声誉，本期的效用为 $U^{d}_{(K,\lambda,\zeta,l)}\equiv K(1+\lambda)-\zeta-l=U^{d}_{(K,\lambda)}-\zeta-l$。

假设贷款者拥有资金 J，如果不贷款给借款者，有生产函数为 $F=F_{(J)}$，他可以选择将一部分资金 K 贷给借款者，也可以选择将资金全部用于其他投资：其一，在没有违约风险和执行成本 ζ 的情况下，在非正规金融市场提供贷款是有利可图的，对于一定的 i，有 $K(1+i)+F_{(J-K)}>F_{(J)}$；其二，如果非正规金融交易只维系一期，即 l 为 0，那么贷款者的监督成本 ζ 会趋于极值，即贷款者保证非正规金融合约顺利执行的监督成本使贷款者无利可图，即 $K(\lambda-i)-[K(1+\lambda)-e]>0\Rightarrow e>K(1+i)$。在本期结束时，参与者根据这一期借款者投资(或生产)能力 λ 决定是否终止与发起者的关系，假设参与者离开组织概率为 b。

最关键的是，假设借款者违约后并不是所有贷款者和潜在贷款者都会得到关于他违约的消息。假设一名借款者在寻求新的贷款者贷款时，之前声誉信息有 π 的可能性不被某些新的贷款者知道，从而他成功地获得新的资金。

在极端的情况下，借款者和贷款者只考虑本期利益最大化，不管未来如何。如果贷款者率先决策，则借款者声誉约束 l 无作用，

$K(1+i)-\zeta=K(1+i)-\zeta$，$0>-(K+e)$，即拒绝贷款是贷款者的最优选择；对借款者而言，$0>-Ki$，放弃声誉是借款者的最优选择。这意味着在无声誉约束条件下，非正规金融借贷双方不会达成交易，该博弈的纳什均衡为(放弃投资，放弃声誉)。如果借款者率先决策，此时借款者的声誉约束 l 发生作用，则在 $l>K(1+2i)-\zeta$ 约束条件下，发起者会遵守承诺，而参与者会继续投资，该博弈的纳什均衡为(继续投资，遵守承诺)。

(放弃投资，放弃声誉)，(继续投资，遵守承诺)均为该博弈的纳什均衡，说明非正规金融交易维持的最低限度依赖于市场在未来对违约者的惩罚，而这一惩罚不能低于借款者违约而获得本应属于贷款者的本息之和。

结论六：基于借款者(或者非正规金融组织发起者)的声誉，借款者(或者非正规金融组织发起者)和贷款者(或者非正规金融组织参与者)形成纳什均衡，非正规金融交易达成(或者非正规金融组织成立)。

借贷双方达成交易后，假设借款者未来所有行为产生效用的时间贴现因子为 $\beta\in(0,1)$，进一步分析借款者与贷款者间关系。在上述假定的基础之上，可以得到一名一直保持良好声誉记录并且现在与一名贷款者维持关系的借款者其生命期限内总期望效用的现值为：

$$\widehat{U}^r\equiv\beta[1-b]U_1^r+\beta^2 bU_2^r \tag{5-39}$$

即使借款者遵守承诺，贷款者在下一期也有概率 b 退出民间金融组织，这时借款者必须花一期的时间来寻求新的贷款者，由于他有良好的记录，在一期甄别结束后可以获得新的投资。

而一个上一期放弃声誉，当期正在被一个贷款者甄别的借款者(假设借款者声誉信息有 π 的可能性不被新的借款者知道，从而他成功地获得新的资金)下期行为的期望效用现值为：

$$\widehat{U}^d\equiv\beta[1-b]U_1^d+\beta^2 \pi U_2^r \tag{5-40}$$

显然，要使一个借款者的最优决策是遵守承诺，必须满足 $U^r+\widehat{U}^r\geq U^d+\widehat{U}^d-\zeta-l$。借款者是否放弃声誉取决于两方面因素：一方面，放弃声誉所获得一期收益 U^d-U^r；另一方面，放弃声誉获得未来收益贴现值的差异：$\widehat{U}^d-\widehat{U}^r\equiv\beta\{Ki[(1-b)+\beta(1-\pi)]-(1-b)(\zeta+l)\}$。只有当这种不同策略所导致的未来效用流的差异超过了违约所获得的一期收益的时候，借款者才不会主动放弃声誉。于是有如下结论：

结论七：对于一个有着良好还款记录的民间金融市场借款者来说，

只要以下条件：

$$\zeta^{*}\equiv\zeta+l\geqslant\frac{K[\lambda(\pi+b-1)+i(1+\beta-\beta b)+\beta^{2}Ki(1-\pi)]}{1+\pi+\beta-\beta b}\quad(5\text{-}41)$$

满足，他在本期的最优决策仍然是遵守承诺。

易得，$\zeta^{*'}_{(K)}\geqslant0$；$\zeta^{*'}_{(i)}\geqslant0$；$\zeta^{*'}_{(b)}>0$；$\zeta^{*'}_{(\pi)}>0$；$\zeta^{*'}_{(\beta)}<0$，$\zeta^{*}$ 随着 U^{r} 的升高而降低，随着 U^{d} 的升高而升高。涉及资金额度 K、承诺利率 i 越大，ζ^{*} 就越大；借款者兑现承诺情况下贷款者继续投资民间金融组织的概率 $(1-b)$ 越大，ζ^{*} 就越低，而 b 与 λ 负相关，因而借款者投资收益率 λ 越高，ζ^{*} 就越低；借款者寻找到新投资者可能性 π 越大，ζ^{*} 就越大；贴现因子 β 越大，借款者越看重未来继续借款的机会，ζ^{*} 就越小。ζ^{*} 由 ζ 和 l 两部分组成，给定所需要 ζ^{*} 的情况下，l 越大，说明借贷双方的人情关系越重要，如果违约可能给借款者造成借贷之外收益行动的损失越大，贷款者为了保证借款者还款所需要的监督成本 ζ 就越小；反之则越大。因此，贷款者对借款者的监督缺失或是借款者放弃声誉导致可预见损失少于放弃声誉收益时，借款者会放弃声誉。

在借款者存在放弃声誉可能下，假设非正规金融交易中信息流通没有障碍$(\pi=0)$①，有 $\zeta^{*}=\dfrac{K[\lambda(b-1)+i(1+\beta-\beta b)+\beta^{2}Ki]}{1+\beta-\beta b}$。

由于 $\beta\in(0,1)$ 时，ζ^{*} 是 β 的连续严格单调递减函数，并且当 $\beta\to1$ 时，$\zeta^{*}\to-\infty$；当 $\beta\to0$ 时，ζ^{*} 严格为正。因此必然存在一个 $\tilde{\beta}$ 使得 $\beta=\tilde{\beta}$ 时，$\zeta^{*}=0$，即借款者对未来继续交易的机会看得很重，以至于即使没有贷款者的监督努力和人际关系约束，他仍然会偿还本利。当 $\beta<\tilde{\beta}$ 时，$\zeta^{*}>0$，随着借款者时间贴现因子的下降，需要贷款者付出监督成本或者增强人际关系约束来保证贷款者归还本利。

根据假设，在 $\beta=\tilde{\beta}$ 时，贷款者给予借款者资金是有利可图的，因此在 $\beta\to\tilde{\beta}$ 时也是有利可图的，但是随着 β 逐渐减小，所需要的 ζ^{*} 越来越大，在人际关系约束不变的情况下，ζ 就越来越大，投资的盈利空间就越来越小直至不再有利可图。因此，必然存在一个 $\hat{\beta}$ 使得 $\hat{\beta}\geqslant\beta$ 时，贷款者向有良好记录的借款者投资是有利可图的。当然，$\hat{\beta}$ 大小取决于 l，如果 l 足够大，使得 $l\geqslant U^{d}-U^{r}$ 即人际关系对借款者的约束足够强，即使

① 事实上，非正规金融产生道德风险的主要原因在于交易者信息的不对称，声誉机制的存在降低了交易双方信息不对称程度，同时，声誉机制的顺利运转则有赖于信息有效传递。

$\hat{\beta}=0$（此时 $\zeta^*=U^d-U^r$），对借款者投资仍然有利可图。另外 $\hat{\beta}$ 还是 b 的函数，并且 $\beta'_{(b)}>0$，也就是说，贷款者在借款者归还本利的情况下仍然拒绝贷款的概率越高，[①] 借款者遵守承诺的回报就越低，放弃声誉动机就越强，从而需要 β 的上升来进行补偿。

因此可以得到一个集合 $\beta\in(\hat{\beta}, \tilde{\beta})$，在该集合区间中，$\zeta^*$ 严格为正，并且投资给那些有着良好记录的借款者是有利可图的，当然投资给那些 $\beta>\tilde{\beta}$ 的借款者同样是有利可图的，因为此时监督成本为 0。因此，在完美信息（$\pi=0$）的情况下，对于任何给定的 U^r，U^d 和 b，只要 $U^r>U^d>0$ 且 $0\leqslant b\leqslant 1$，那么总存在一个 β 值的集合使得 e^* 严格为正，并且投资给那些有着良好记录的借款者是有利可图的。这也就是为什么在小范围关系圈内，金融互助组织高效率的原因。

假设现在有一个贷款者给某个有放弃声誉记录的借款者投资，那么，这个借款者如果在当期偿还本利的话，他的生命期限内总期望效用的贴现值为 $\hat{U}^r\equiv\beta[1-b]U^r$，假设他再放弃声誉的话不会对他人情关系和其他收益增加新的损失，即 $l=0$，则他的效用为 $\hat{U}^d=M\lambda-\zeta$。要使该借款者不放弃声誉，要求 $\hat{U}^r\geqslant\hat{U}^d$，将上述两式整理，得到一个给有不良记录借款者投资的贷款者为了保证该借款者不再放弃声誉所需要付出的最低合约执行成本，即：

$$\zeta\geqslant K[i(1-\beta-\beta b)+\lambda(1-\beta+\beta b)]\equiv\zeta^{\times} \tag{5-42}$$

而投资给这样一个借款者可以获得的收益为：

$$K_{(i-F_{(\cdot)})}-\zeta^{\times}=K_{(i-F_{(\cdot)})}-K[i(1-\beta-\beta b)+\lambda(1-\beta+\beta b)] \tag{5-43}$$

式(5-43)是 b 的单调递减函数。当 $b=1$ 时，式(5-43)为负，此时贷款者贷款会亏损；当 $b=0$ 时，式(5-43)为正，此时贷款者贷款有利可图。因此必然存在一个 $\hat{b}$ 使得式(5-43)为 0，这样，当 $b>\hat{b}$ 时，$\zeta^{\times}$ 太高，以至于贷款者投资无利可图，而如果降低监督成本，不能满足式(5-42)，借款者必然会放弃声誉，从而使贷款者遭受更大损失。在这种情况下，贷款者投资给借款者无论如何都会遭受损失，因此，贷款者将不会给有不良记录的借款者投资。

因此如果 $b=1$ 时，$\beta>\hat{\beta}_{(b)}$，则总是存在一个 $\hat{b}\in(0, 1)$ 使得 $b>\hat{b}$ 时，

---

① 这一概率与正规金融市场资金价格（存款利率）以及其他投资渠道收益率有关，后两者越高，贷款者拒绝借款者借款请求的概率越高。

集体主义策略[①]是完美信息条件下的子博弈精炼均衡。即对于任何 β，只要存在其他投资的渠道，任何贷款者都不愿意投资给那些有不良记录的借款者。

结论八：只要非正规金融市场中信息流通没有任何障碍，贷款者有能力迫使放弃声誉的借款者离开非正规金融市场。

然而，非正规金融市场并非完美信息条件，基于声誉资本效应形成的借贷利率往往成为贷款者鉴别借款者的主要手段。这意味着理性的贷款者在其他投资渠道收益率增加时，拒绝借款者请求的概率增加，为了获得贷款者资金支持，借款者就必须提高回报率(利率)，而这一高利率总会达到投资收益率难以支撑的水平，于是放弃声誉成为了借款者的最优选择——这是一个有趣的悖论，从一个理性的起点，到达一个非理性的终点——这就解释了为什么非正规金融组织始终难逃"倒会"命运，而非正规金融风险往往爆发于经济快速发展之后的调整时期。

5.4 案例

5.4.1 案例一：北方地区某农村的私人集资行为

C 村位于我国北部牧区，当地居民并不种植农作物。非当地居民的 XYZ 发现了其中的商机，于 2001 年来到 C 村开办面粉加工厂，租住了 C 村用于储藏甜菜的仓库，并雇用当地居民，通过外地收购小麦，在 C 村加工成为面粉，向 C 村及周边销售。在这个面粉加工厂出现以前，当地居民只能从商贩手中购买外地运来的成品面粉，价格远高于运输小麦在当地加工生产的面粉。因此，面粉厂开张伊始，立刻生意兴隆、供不应求，XYZ 进而又购置了几台加工机器，并在当地雇用了更多当地居民。

2003 年，XYZ 准备进一步扩大投资，但碍于资金短缺，决定向信用社贷款，但信用社并没有批准。于是 XYZ 找来仓库房东，由房东向信用社贷款，自己做担保人，成功获得贷款 6 万元。2004 年，XYZ 又以同样的方式获得贷款 8 万元。

此外，XYZ 还以收购原材料缺乏现金为由，向 C 村居民集资，且承诺每月 1.5～3 分的利率水平(折合年利率 18%～36%)。这一远高于存款

---

① 贷款者采取统一的策略，贷款给借款者或是不贷款给借款者。

利率吸引了不少当地居民，更关键的是，当地居民或多或少都与 XYZ 具有某种联系，甚至是 XYZ 厂里的员工。2001 年至 2004 年期间，XYZ 均按时偿还本金和利息，于是慢慢的一些工人工资拖欠和小麦赊购行为大家也就觉得稀松平常。但从 2004 年开始，C 村里又有其他面粉厂开业，而且比 XYZ 的面粉厂位置更加便利，于是村民们为了方便，更多的直接到村里的面粉厂购买。

2004 年年末，许多村民去面粉厂要钱，XYZ 推说暂时没有，过几天再来。没想到 XYZ 竟连夜携面粉加工机器的电机逃走。村民听说这件事之后，都非常着急，他们或者与 XYZ 有债务关系，或者被 XYZ 拖欠工资，或者被 XYZ 拖欠货款，但大多数人心存侥幸，认为 XYZ 还会回来。而放贷给 XYZ 的村民担心自己放高利贷的事情被人知道，以至于事情发生后一个多月的时间里，都没有人去公安局报案。

根据村民的反映，XYZ 可统计的欠款共有 19.3 万元，信用社欠款 14 万元，赊购欠款 4 万元，拖欠工人工资 5 000 元，还有一些村民不愿透漏借给 XYZ 的资金数额，据说有几千元至几万元不等。

事后，村民也曾讨论 XYZ 出逃是否预谋已久，大多数村民否认了这一点。据当地居民回忆，XYZ 平时出手非常大方，与村民关系融洽。2004 年 C 村修盖戏院时，XYZ 还曾出资 2 000 元。村民们即使被骗，也相信 XYZ 出逃是因为面粉厂利润减少、资金缺乏难以周转以及累积巨额欠款而迫于无奈。

C 村私人集资的案例说明，基于声誉约束的非正规金融交易，如果缺乏声誉约束机制发挥作用的条件，极为脆弱，易发风险。在声誉约束机制发挥作用的条件无法成立的情况下，如果贷款者疏于监管，借款者会随着交易规模的扩大易发道德风险。

5.4.2　案例二：南方地区某农村的标会情况

标会也叫民间互助会，是一种民间互助筹资方式。早在 1990 年，D 村就曾经出现过，但很快于 1992 年崩盘。2003 年，标会又开始迅速升温，经过一年多的急速发展，D 村标会终于还是随着市区一名大规模标会会头的投案自首，像多米诺骨牌一样又一次崩塌。

农村标会本质上依然是一种现金运作方式，与民间借贷类似，但与民间借贷一对一的交易方式相比，标会这种多对多的交易方式更为复杂。标会非常古老，早期呈现经济互助的形式，不以营利为目的。就 D 村而言，早期的“互助会”是根据个人融资需求而设立的经济性、群众性组织，谁家遇到婚丧嫁娶、盖房子、孩子上学等大额支出时，会通过发起“会”来筹集资金应急。而随着民营经济的快速发展，标会成为了民间融资的一种主要途径和手段，其目的、性质已经与传统标会存在很大区别。D村的标会形式多样，按标会的会费规模可以分为百元会、三百元会等(百元会就是每个会脚每次缴纳一百元，三百元会依此类推)；按标会竞标周期时间的不同，可以分为月会、半月会等；一个标会大概有 30～50 名会脚，一个标会从开始到结束的月份数与会脚人数相同。

以 30 名会脚的三百元月会为例。开始时，会头将会脚召集到一起，约定会费规模的基本单位和竞标周期的时间(以三百元为会费基本单位，以月为一个竞标周期)。第一次竞标时，30 名会脚分别交纳 600 元会费由会头保管(其中 300 元为第一期的会费；另外 300 元为押金，归会头无偿使用，至本标会结束时归还会脚)。竞标采用递纸条的方式(每人只能递一次)，想要获得所有会费使用权的会脚都私下在纸条上写下一个利息标准，由会首当众打开，由愿付利息最高者中标。假如 30 名会脚中写出利息 90 元者为最高，则成功中标，可以当场把包括自己共 30 名会脚交纳的总会费 9 000 元全部拿走。但本次中标者从下一次竞标开始，就需要每次交纳 390 元，相当于每月归还其他会脚 300 元本金，并支付 90 元利息(标金)。标会利率由每月所出的标金决定，还是以 90 元利息为例，假设改名会脚在第十次竞标中中标，则他承受的月利率＝取得本月所有会费支付的总标金/(每月的会费×会脚数×剩余的月份数)＝(90×20)/(300×30×20)＝1%，即年利率为 12%；如果某月资金无人竞标，则想要的会脚可以以底数 45 元中标，这样的年利率就是 6%。一个标会的所有资金进出账目均记录在会头的一本账簿中，由会脚签字认证，很少有发票等法律凭证。每场标会中每个会脚能且只能中标一次，因此这个标会需要 30 个月才能完成。

按照上述方法计算，每个会脚都需要交纳 30 次 300 元会费，而第一个中标的会脚在中标后还需支付 29 次利息、第二个中标的会脚还需支付 28 次利息，依此类推，到最后一名会脚时，不需竞标直接获得前面 29 名会脚交纳的 8 700 元会费和各自承诺的利息。这样的话，越是后期中标的会脚，支付利息的次数就越少，得到的利息就越多；而前期中标的会脚，则因为中标利率高于一般信用社的存款利率，在整场标会的运转中发生损失。但这只是表面现象，前期中标的会脚之所以赔钱却仍坚持投标的原因，在于他们可以拿一个会里标到的资金参加到另外一个会里，这样就可以获得更多的资金，参加市区里更大规模的标会，村民称之为

“以会养会”。

最近一次 D 村标会的坍塌，源于市区大规模的标会崩盘。在市区标会崩盘之后，村里标会的会脚们不再互相信任，他们怀疑其他会脚有可能把从他们那场会中标的资金拿到市区大会中“以会养会”，若果真如此，他们的会钱将很难收回，于是会脚们都不按时交纳会费，相互之间的不信任必然导致标会的倒闭。

事实上，市区标会崩盘也有其必然原因，在崩盘前，市区的标会就已不是传统意义上的标会模式，变成了纯粹的金钱游戏，由于脱离了生产流通，资金的升值变成了天方夜谭。事实上，当地赌场盛行，许多标会的资金都流入赌场。所有“赌头”背后都有若干个“会头”，“会头”为“赌头”提供资金，希望他赢钱，以便支付许诺给会脚们的高额利息。还有一些“会头”或“会脚”本身就是赌徒，赌输之后无力还钱，最终导致市区标会的崩盘。

D 村及其所在市区标会崩盘的案例说明，声誉机制发挥作用的情况下，标会的出发点和原始目的是好的，能够平滑参与者的跨期收入水平；但随着非正规金融的趋利性以及标会运转机制本身存在的套利机会被放大，导致声誉机制最终失灵，就会变成集投机、“博傻”、诈骗为一体的非法金融组织。

5.5　小结：声誉约束机制失灵导致非正规金融风险爆发

本章围绕非正规金融的风险展开研究，具体结论包括以下几个方面。

1. 非正规金融存在弊端

所有事物都具有两面性，非正规金融也不例外。第 3 章、第 4 章论述非正规金融优越之处后，需要在第五章需要分析其有害的一面。基于声誉约束机制的非正规金融行为，是一个非常好的福利改进方式，或者说声誉约束机制发挥作用的条件下，在一定的区域和时间限度内，非正规金融资金配置效率非常高。但是，从一个更大的市场空间和更长的期限时间角度分析，非正规金融行为的经济效率存在争议。我国浙江、福建以及台湾地区曾经大面积爆发的非正规金融风险说明了这一问题，非正规金融存在合理性的同时，还具有风险脆弱性。

2. 非正规金融中的个人借贷易产生高利率风险

依据修正的纳什议价模型得出的结论一、结论二和结论三说明，非正规金融市场参与者在商议资金价格时，会受市场以外的其他因素影响，形成较高水平的非正规金融市场利率，而项目预期收益率与借贷利率间并非始终同方向变动，因而造成非正规金融市场中个人间交易的风险，一旦爆发，即产生所谓的高利率风险。

3. 无节制的衍生非正规金融组织逐渐演变成为“博傻”行为

个人参与者间借贷存在较高水平资金价格，由于个人贷款者能力有限，缺乏有效保证资金安全的手段，较为脆弱，因此市场中多个参与者会共同形成非正规金融组织。然而本课题分析认为标会的运行机制为参与者提供了套利的可能，特别是非正规金融组织发起者(会头)能够凭借声誉以零利息获得资金，即不需要自有资金也可以实现套利，当发起者(会头)的套利做法被其他参与者模仿以后，将会产生更多的非正规金融组织。

由于某一地区的资金总量在一定时期内是有限的，而非正规金融组织潜在的套利空间迅速扩大了该地区组织数量，相应的非正规金融组织内部资金价格(会息)将逐步上升，吸引原来其他形式的金融资产(如现金、活期储蓄和定期储蓄等)转化为标会资金。当该地区标会数量达到一定限度时，标会套利者自有资金的缺乏导致其资金链开始绷紧，于是被迫进一步提升会息，以动员新的资金进入标会。这样，越来越多更大资金规模、更高会息、更短会期的标会将被组织，标会参与者进入非理性的“博傻”狂热。

4. 非正规金融内外部原因导致声誉约束机制失灵

如前所述，非正规金融是一个自组织系统，这个系统的崩溃和解体不仅仅源自非正规金融参与者间个人借贷的高利率以及非正规金融组织中“博傻”行为这些内部原因，还有二者之外的其他因素共同作用，才能使声誉约束机制失灵，导致非正规金融风险爆发。

这些导致声誉约束机制失灵的原因不是孤立的，而是相互联系、相互影响的，与其他产业所具有的风险类似，这些原因相互间共生又相互传导的。例如，制度抑制和制度歧视导致贷款者需要更多的风险补偿，推高了借贷利率，而资金价格的增加使借款者(或者说非正规金融组织发起者)需要投资收益更高的项目，增加了投资项目的政策性风险、操作风险乃至道德风险，弱化了声誉机制的约束功能；而政策性风险一旦爆发，信息的扭曲传递引发非正规金融流动性风险，进而产生道德风险，同样弱化了声誉机制的约束功能；声誉机制约束功能的弱化，则引发道德风险和逆向选择行为的增加，进而操作风险、高利率风险和流动性风险增加，导致非正规金融风险爆发，使得正规金融监管进一步加强，对非正规金融的抑制和歧视升级。

5. 声誉约束机制失灵是非正规金融风险爆发的主要原因

结论八说明，在完美信息条件下，非正规金融市场的声誉约束机制有能力防范参与者的败德行为，降低风险，保证非正规金融市场的正常运转。然而完美信息条件毕竟是理想状态，基于声誉资本效应形成的借贷利率往往成为贷款者鉴别借款者的主要手段。这意味着理性的贷款者在其他投资渠道收益率增加时，拒绝借款者请求的概率增加，为了获得贷款者资金支持，借款者就必须提高回报率(利率)，而这一高利率总会达到投资收益率难以支撑的水平，于是放弃声誉成为了借款者的最优选择——这是一个有趣的悖论，从一个理性的起点，到达一个非理性的终点——这就解释了为什么非正规金融组织难逃“倒会”命运，而非正规金融风险往往爆发于经济快速发展之后的调整时期。

第6章 非正规金融演进：声誉约束机制重建

在分析了非正规金融的客观需要及其自身特有的风险约束机制之后，我们研究了非正规金融的弊端及其风险脆弱性。接下来的问题是，非正规金融是如何在正反两方面达到了平衡，一直生存并发展到现在？或者说，非正规金融如何在效率与风险间达到平衡，并且保证了自身的演进。本章旨在解释这一问题，首先从经典制度经济学理论中寻求制度变迁的内在动力，通过对国内外非正规金融演进路径的描述，总结非正规金融可能的演进方向，然后围绕“交易费用”这一制度演进的核心阐释前文所得到的结论，最后结合我国目前鼓励“民间投资”的政策背景，预测非正规金融未来的发展趋势。

6.1 非正规金融演进的动力与主体

非正规金融演进的动力来自何处？非正规金融演进的路径和主体是什么？按照制度经济学的说法，诺斯(North，1990)认为制度变迁遵循两种轨迹：合辙(Path－dependence)和闭锁(Lock－in)。他认为，在经济发展史上，制度能否演进或者制度演进的方向取决于两个因素：一是不完全市场；二是报酬递增。尽管制度演进有各种影响因素，但制度给人们带来的报酬递增往往决定了制度演进的方向：当报酬递增普遍产生时，制度的演进不仅得到认可和支持，而且能在此基础上沿着良性发展的轨迹演进，即所谓的合辙(Path－dependence)；当报酬递增不能继续时，制度的演进就易于向无效和不利于产出最大化的方向发展，出现所谓的闭锁(Lock－in)，即制度向良性方向演进的道路关闭了。

制度经济学认为，制度可以内部化个人经济行为的成本收益，从而激励生产者从事生产性活动；同时，制度具有保护性，制度会使那些已经在“制度内”的利益团体受到制度的保护，使其免受外部竞争压力的侵犯，制度的激励传导机制就会弱化。比如说专利制度对知识产权的保护，对专利持有者是一种激励，但如果保护力度过强或者保护时间过长，容易形成垄断，反而不利于科学进步和技术创新。因此，无论任何制度，都是一柄双刃剑。

另外，关于制度的边界，汪丁丁做过精彩的阐释：由于交易费用的存在，制度的制定和执行都需要成本，完美的制度并不存在。也就是说，再完美的制度也只能够规制一部分或者较大一部分的活动，总会遗漏一些没有被规制的活动，这就是那些活跃在所谓“正规制度”之外的“非正规力量”。这些非正规的力量和活动是正式制度和规则的“边际”，这一“边际”来自于执行制度和规则的成本，成本越高，“边际”就越大。在边际上，正式制度和规则不起作用。在规则的这个“边际”上，是习惯在起协调分工的作用，习惯之所以取代规则，是因为它的操作成本小得多；另一方面，习惯之所以能够操作于规则的边际上，是因为行为在这里尚无较大的变化。

诺斯(North，1990)认为，制度演进首先由正规约束的“边际”(非正式约束)开始，通过非正规约束的演变，逐渐积累到能够发生质变的“度”，于是正规约束产生变化。这意味着，制度的演进不是从既有制度本身保护的利益团体开始的，而是来自于制度以外的非正规力量。套用于金融制度本身，即金融制度的演进不始于正规金融，而始于非正规金融，既有地下的金融活动，也有公开和合法的“擦边球”活动。诺斯坚信，正是制度在“边际”上连续的演变造成了制度中正式的也是可见的规则的演进。

那么，制度在边际上演变的动力来自何处？熊彼特(Schumpeter，1912)认为，经济不断的发展来源于创新，而创新的目的在于获得打破“零利润”的创新“利润”。Nelson 和 Winter(1982)则将熊彼特的创新理论与制度演进相结合，认为制度演变的动力来源于熊彼特提出的“利润”。由于熊彼特的创新理论将除不确定性以外的其他因素都转化成为内生，而获取创新“利润”存在不确定性，因此制度演进的动力来自于降低利润的不确定性。进一步，制度演进存在强制性与诱致性之分，前者强调的由政府的法令引起的变迁，后者强调的则是一群(个)人在响应由制度不均衡引致的获利机会时所进行的自发性变迁。

因此，对非正规金融而言，特有的交易机制能够实现借款者声誉价值，弥补了因正规金融“隐性约束”产生的挤出效应，这一深厚的生存土壤使得非正规金融具有极为广泛的客观需求。但非正规金融的趋利性又导致高利率以及连环套利行为，当声誉约束机制失灵时，非正规金融爆发风险，迫使政府禁止这一金融行为。这就是非正规金融演进的合辙和闭锁。

6.2　非正规金融的扩张边界

6.2.1　非正规金融演进的悖论

转化为正规金融的非正规金融，可以克服非正规金融天生的风险脆弱性，降低非正规金融市场中声誉约束机制失灵的可能。然而正如本书第3章所述，非正规金融来源于借款者的需求，即便现有的非正规金融转化为正规金融，市场上依旧会出现新的非正规金融形式，“天下攘攘，皆为利往”，这是人类最为自然、原始的利益需求。

作为社会化分工达到较高水平的产物，正规金融以自身特殊的分工角色将原本单个借款人与单个贷款人之间的借贷行为，累积成大量借款人与大量贷款人之间的借贷行为，通过出台一系列的规章制度、业务流程并运用现代化的风险管理工具，集中、专业地处理这些海量交易，从而降低了单位资金的融通成本。显而易见，正规金融存在规模经济，即随着正规金融的组织规模、客户数量以及贷款规模的扩张，正规金融机构贷款的边际成本趋于下降，如图6-1所示。

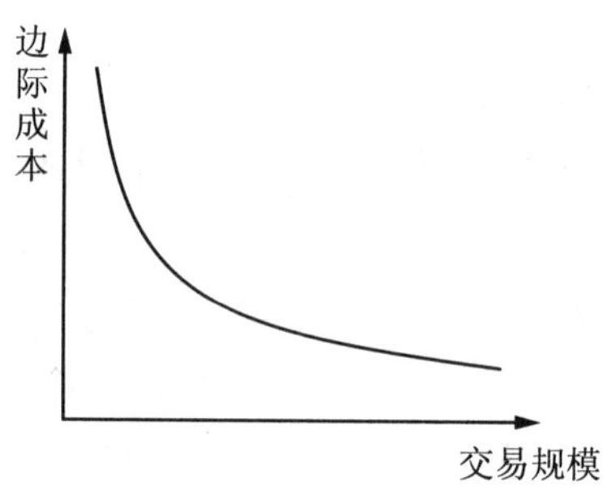

图6-1　正规金融扩张的边际成本

与正规金融相反，非正规金融并不存在规模经济效应。根据本书4.4.2的结论，保证非正规金融正常运转的声誉约束机制，需要重复(或非孤立)的交易、有效的信息传递以及有力且及时的违约惩罚三个条件才能发挥作用。因此可以断定，在一定范围内，由于非正规金融在信息方面的优势，并且可以将参与者声誉转化为社会资本，其经营的边际成本会处于较低的水平；但随着非正规金融交易规模的扩大、参与者的增加，非正规金融交易的信息传递以及监管约束的成本逐渐增加，如本书5.2所述，声誉约束机制将会失灵，非正规金融风险爆发，即非正规金融规模的扩张，其边际成本将会趋于无穷大。这就是所谓非正规金融演变过程中的“马歇尔困境”(Marshall’s Dilemma)，即随着非正规金融交易横跨的区域以及参与者的增加，声誉约束机制发生作用需要的条件愈发困难，非正规金融的效率反而会降低。因此，非正规金融的边际成本与交易规模如图 6-2 所示。

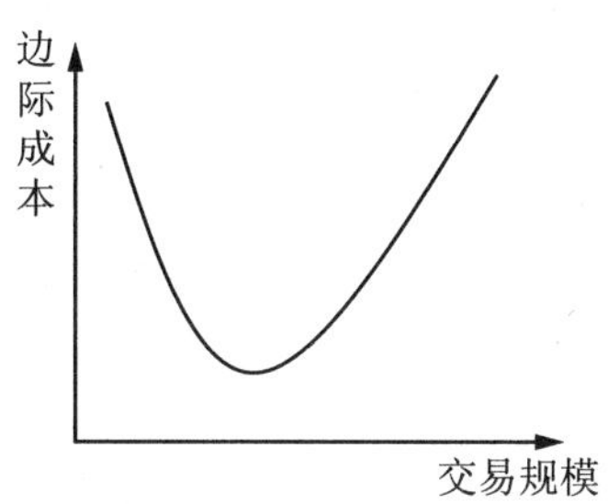

图 6-2　非正规金融扩张的边际成本

诺斯的制度变迁理论认为，如果预期的净收益超过预期的成本，一项制度安排就会被改变。所以整个非正规金融的演进路径可以简单解释为，在自然原始的状态下，金融交易主体会因为非正规金融较低的交易成本以及额外的社会资本选择非正规金融交易而放弃正规金融交易，因此独特的交易机制保证了非正规金融不会被正规金融取代，非正规金融交易不会从金融市场中消失；随着非正规金融交易规模的扩大，非正规金融交易的边际成本不断增加，而法律规章的空白以及监督管理的缺乏导致金融交易主体违约行为获得收益远大于败德行为、诈骗行为可能遭受的惩罚，因而声誉约束机制失灵，导致非正规金融风险爆发。

6.2.2　非正规金融扩张的最优区间

自上而下的打压和控制，可以将一部分非正规金融转化为正规金融，但无法阻止更大一部分非正规金融转入地下，甚至退化成为“灰黑色金融”，成为经济运行中潜伏更深、危害更大的“定时炸弹”，而非正规金融转化成为正规金融之后，势必失去了原先的灵活性以及一定范围内配置资金的高效率，因而仍然会出现新的非正规金融形式；自下而上的发展与扩张，可以繁荣非正规金融市场，为居民和中小微型企业提供高效的投融资渠道，提升整个社会的资金配置效率，但对利益的无限渴望以及非理性的“羊群行为”又会导致声誉约束机制失灵，并放大非正规金融的风险脆弱性，影响社会稳定以及经济发展。所以，非正规金融的自身发展与政府的政策干预相结合，才是非正规金融演进的上上之选。

由上文可知，经济因素和政府政策是影响民间金融演进的两个重要因素，因此，可以结合交易规模和边际成本分析非正规金融的成本压力以及政府政策干预共同作用下的扩张边界。

非正规金融存在和发展的重要原因在于声誉约束机制能够帮助其处理信息不对称问题，并将声誉演化成为具有价值的社会资本，从而为借款者带来较低的融资成本。但随着非正规金融(个人借贷或非正规金融组织)扩张，交易规模和参与者范围都会不断扩大，非正规金融交易范围也逐渐由熟人社会扩展到陌生人社会，非正规金融参与者之间资信状况、偿债能力、资金投向、经营状况、项目前景等情况的了解程度会降低，这样，非正规金融所具有的信息优势逐渐减少甚至丢失；并且，随着交易范围由熟人社会向陌生人社会扩展，血缘、友缘、商缘等社会网络对于败德行为以及投机行为的约束被弱化，从而使声誉约束机制失去了发挥作用的条件。另外，非正规金融交易规模的扩张从客观上要求更高的资产管理水平，但由于非正规金融缺乏现代化的金融组织管理制度与机制，因此当资产总量超过一定限度时，运营成本会高于正规金融。如图6-3所示。

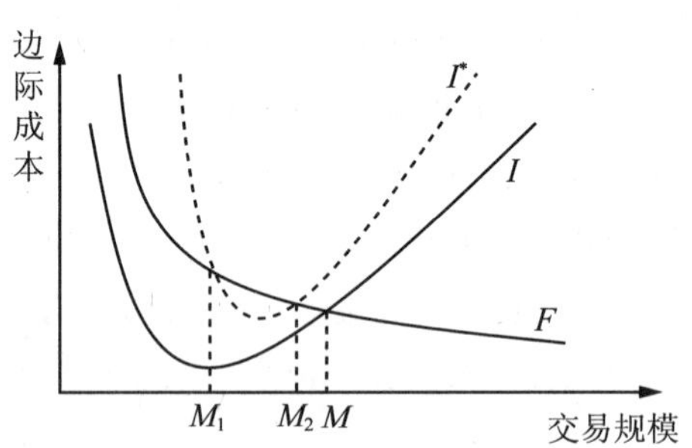

图 6-3　非正规金融的扩张边界

将图 6-1 与图 6-2 组合之后得到图 6-3，其中 F 表示正规金融的规模经济，即随着正规金融交易规模的扩大，边际成本将会减少；I 表示非正规金融的“马歇尔困境”，即随着非正规金融交易规模的扩大，边际成本将会减少，但当非正规金融交易规模扩张到 M 时，边际成本逐渐大于正规金融，此时非正规金融配置资金效率已无优势可言，而声誉约束机制的不断弱化使得非正规金融风险爆发的可能性越来越大。

那么，为什么正规金融无法代替非正规金融呢？如图 6-3 所示，在政府严厉的打压和禁止政策下，非正规金融边际成本关于交易规模的曲线为 I^*。在声誉约束机制和借款者需求的共同作用下，非正规金融的边际成本快速下降：在 M_1 处，非正规金融的扩张边际成本小于正规金融；但随着交易规模的继续扩大，在 M_2 处，非正规金融的扩张边际成本超过了正规金融，失去了配置资金效率的优势。因此，即使政府采取强硬的措施抑制非正规金融，但由于非正规金融交易本身信息获取的优势，以及将声誉转化为资本的技能，非正规金融仍然有生存的空间；更为重要的是，非正规金融此时的扩张边界 M_2 小于非正规金融自由发展时的扩张边界 M，这说明在强硬的政府干预下转化为“地下金融”或者“非法金融”的非正规金融，声誉约束机制更为脆弱，更容易爆发风险。

因此，在不存在规模经济这一现实条件下，非正规金融的扩张存在最优边界，且这一最优边界不会因为政府的打压和禁止消失，但会因为政府严格的控制干预而缩小。这意味着，单纯针对非正规金融的管制与禁止不会使得非正规金融消失或是被正规金融取代，相反，非正规金融会因为强制的政府干预更易于爆发风险。

6.3　非正规金融演进的若干经验

大量的现实证据表明，非正规金融并没有随着经济现代化和金融自由化消失。研究的结论表明，无论是发达国家还是发展中国家，都存在着对各种形式非正规金融的需求，而且，在一定范围内，非正规金融配置资金的效率反而高于正规金融。因此，有关非正规金融演进的经验，大部分为通过立法将其纳入监管范围、引导其发展成为正规金融的一部分，在保持信息和成本优势的基础上为中小微型企业和家庭户的投融资提供帮助。

6.3.1　一些成功的范例

1. 美国的社区金融

美国的社区金融由三部分组成：储蓄和贷款协会、社区商业银行以及信用社。即使经历了金融危机，美国仍然存在近万家社区银行(包括储蓄和贷款协会、社区商业银行)，其中将近六成的资产总额在一亿美元以下。而这近万家社区银行有半数分布在经济相对较为落后的美国中部地区。这些社区银行与典型的正规金融机构存在显著区别，它们更接近于传统意义上的非正规金融机构，即轮转基金、金融服务社和私人钱庄等，表现在以下方面。

第一，社区银行主要面对当地的家庭、中小微型企业和农户，而在发展中国家，这些群体是非正规金融的主要参与者。第二，社区银行的董事会大都由当地居民组成，他们的主要目标是使社区银行为当地社区的发展作出贡献。社区银行员工通常十分熟悉本地市场的客户，同时这些员工本身也是社区成员，这样的话，社区银行同样拥有了类似于非正规金融的信息优势。第三，社区银行在审批中小微型企业和家庭客户的贷款需求时，不仅考虑客户所提供的财务数据，还会考虑这些作为邻居的借款人性格特征、家庭构成、家族历史和日常开销特征等个性化的私人信息，这样声誉约束机制在交易中也能够发挥作用。第四，社区银行的贷款决策非常灵活，不需要周期漫长的层层审批，而且规模类似、地域相同等千丝万缕的联系使得社区银行服务中小微型企业时更有认同感。第五，社区银行经营的地域限制减少了当地资金的流失。事实上，美国的储蓄贷款协会(Savings and Loans Association)就是从类似于轮转储蓄和信贷协会的机构演变而来。

美国的合作金融(信用社)则是在20世纪初经济大萧条时期逐渐兴起，由于当时社会中下层阶级难以从银行取得贷款，从而在政府支持下，按照自愿、平等、互利的原则，在社区内结成了合作性质的信用社，为入会成员提供借款等信用服务，其宗旨不以营利为目的，实行自主经营和"一票制"的民主管理。目前美国已经形成了比较完备的合作金融(信用社)体系，在促进社会进步、社区发展、会员富裕等方面发挥着十分重要的作用。

与非正规金融相比，美国的社区金融在很多方面具有同样的比较优势，更为关键的是，美国的社区金融是在政府的监督和管理框架下发展的，其经营和运作受到各种法律的规范，是正规金融的一部分。这样就避免了非正规金融缺乏法律约束和惩罚的道德风险，而有效的监管同样抑制了非正规金融中的"博傻"行为，使其更为健康合理的发展。

因此，美国发达的社区金融系统一方面利用自身在信息和成本方面的比较优势，很好地填补了大银行和公开资本市场服务的空白区域，一定程度缓解了中低收入家庭和中小微型企业的融资问题；另一方面，它们在政府的监管、规范和帮助下，依靠法律强化了声誉约束机制，减少传统非正规金融中的败德行为和投机行为。

2. 日本的"轮转基金"之变

在日本，轮转基金组织(ROSCA)又被称为Mujin－ko(或者Tanomoshi－ko)，从历史悠久的互助资金组织逐渐转变为区域性互助银行(Mutual Bank)的案例，是非正规金融向正规金融转化的样板经验。

1915年，日本金融管理当局(Ministry of Finance，MOF)在研究评估Mujin组织利弊基础上，出台《Mujin金融法》(*Mujin Laws*)，对大量

Mujin 组织进行规制，全日本 831 个 Mujin(总资本约 2 亿日元)中的 80%被合并组建成多家联合股份公司(Joint－stock Company)。这是日本对 ROSCA 进行管理和规范的第一部法律，这部法案规定：参与 ROSCA 的人数不得超过 100 人，存续期不得超过 5 年，每名参与者每期缴纳的会金不得超过一万日元。最重要的是，该法律规定所有的 ROSCA 企业必须以公司形式组织，并且在注册时必须有 15 000 日元的注册资本金。这一规定使得其后 ROSCA 与传统的形式有了本质的区别，因为在传统的 ROSCA 中，发起者(组织者、会头)并无强制的会金要求，整个 ROSCA 的资金是由参与者(会脚)每次缴纳然后再分给某个参与者会员使用。该法案对 ROSCA 自有资本金的要求使得发起者(组织者、会头)必须更加诚实和有效地运作它，有效地减少了 ROSCA 发生败德行为(诈骗行为)和“博傻”行为可能。

第二次世界大战结束后不久，整个日本的经济和金融市场非常混乱，相继出现许多专门向中小微型企业提供融资的财务公司(或被称为产业促进公司)。只要向这些公司储蓄 60 次(每次至少 50 日元)之后，该客户就可以获得 10 000 日元的贷款。与 ROSCA 不同，这些财务公司不需要有固定的参与者，资金使用权也不需要通过抽签或者竞标的方式；但是，它们与传统 ROSCA 类似，要求分多次缴纳份额资金，因而在日本国内被称为 Minashi－mujin。这些 Minashi－mujin 在当时极其流行，日本金融监管当局因势利导地对《Mujin 金融法》进行了修订，将这些财务公司涵盖起来。此次《Mujin 金融法》的修订，启动了 Mujin 组织从初始的“合会”形态向更一般的金融中介的转化进程。

1951 年，日本国会通过《互助银行法案》(*Mutual Bank Act*)，使得 ROSCA 正式开始向商业银行转变。截至 1956 年，尽管还有一些小型的 Mujin 组织在日本各地继续运转，但大部分 Mujin 都转变成了互助银行。互助银行相对于 Mujin 组织在业务范围等方面得到了巨大的扩展，包括：与传统 Mujin 类似，接受定期的“会金”；吸收存款；发放贷款、办理支票业务。但必须强调的是，此时的互助银行还是存在信贷规模与经营地域的限制。

互助银行体制维持了 30 多年，在这期间，大量互助银行间进行合并和重组，迫使日本政府开始考虑能否把互助银行转化成为一般性商业银行。到 20 世纪 80 年代初期，互助银行在业务和活动等方面已同商业银行基本无异。在这种情况下，日本金融顾问研究委员会(Kinyu Seido Chosakai)改变了对互助银行的态度，于 1985 年开始倡导将互助银行转化为商业银行。至1990年，日本所有的互助银行都转化成了通常意义上的商业银行。

3. 中国台湾地区轮转基金的规范与监管

中国大陆和中国台湾地区完全相同的地域文化和风土人情，特别是中国台湾地区曾大规模爆发非正规金融风险，使中国台湾地区非正规金融的演进经验变得更加值得借鉴。在中国台湾地区经济结构中，中小微型企业具有非常突出的地位和作用，其主要融资方式是企业通过利润留存或其他渠道进行内源融资，这就为非正规金融的繁衍和发展提供了有效的需求基础。钱颖一、黄海洲(2001)将这种自我融资和非正规融资为主的模式称为"台湾模式"，认为这种模式在中国台湾地区以及其他经济体当中已经被证明取得一定效果。而"台湾模式"之所以可以取得效果，与"台湾当局"在政策和法律方面审慎对待非正规金融，为其提供发展空间和引导性路径密切相关。

根据"台湾行政院主计处"对1977—1991年间居民(户)收入分布状况的调查，即使在金融自由化改革以后，每年仍有平均30%的家庭参加轮转储蓄和信贷协会。令人感到意外的是，ROSCA的参加率和居民(户)的收入呈显著正相关，即收入越高的家庭参加ROSCA的比率越高；ROSCA的参加率和居民(户)收入的稳定程度也呈正相关，即收入越稳定的家庭参加ROSCA的比率越高(Levenson and Besley，1996)。这说明，ROSCA在中国台湾地区不再是单纯的扶贫帮困、互助互济性质的组织，已然成为居民储蓄投资的重要渠道。

正由于ROSCA在中国台湾地区的经济生活中发挥重要作用，"台湾当局"通过"立法"对其运作进行规范。1999年，"台湾当局"对"《民法债编》"进行修正，加入了专门的合会一节，对组织合会的权利义务进行了法律规范，使得组织和参加合会者的行为有了正式的法律依据。根据新的"《民法债编》"，"合会"为会首(会头)邀集二人以上为会员(会脚)，相互订立交付会款以及投标获取合会会金的契约。"合会金"指会首(会头)及会员(会脚)应交付的全部"会款"。"会款"可以是金钱，也可以是其他代替物。"《民法债编》"对于合会的主要规定有以下四个方面。

第一，限制当事人资格及权利的转让。会首及会员必须是自然人，而且无行为能力人及限制行为能力的人不得为会首，也不得参加其法定代理人为会首的合会。另外，会首不得兼为同一合会的会员。

第二，明确规定契约的方式。合会契约，必须详细记载会首、会员的身份资料等详细事项，由会首及全体会员签名和标明日期后，会首及全体会员各执一份。

第三，明确规定标会的方法及交付会款的期限。标会的存续期限、交易场所、竞标方法等标会属性由会首决定。首期合会金不需要经过投标，由会首取得，其余各期由中标会员取得，每一会份以中标一次为限。每期投标时，会员只能出标一次，出标金额最高者中标；出标最高者多于一人或无人出标时，除另有约定外，抽签确定中标者。会员于标会后二日内缴纳会款，会首于该期限内，代替中标会员收取会款，并连同自己的会份交付中标会员。会首对于已收取的会款有保管义务，即使并非自身责任或者不可抗拒的外力导致会款丧失、毁损，也需要负责。

第四，明确规定倒会时的处理方法。合会因故不能继续进行的话，应该由未中标的会员推选一人或数人处理相关事项。会首及已中标的会员应给付剩余各期会款，并于每个投标日平均交付给未中标的会员。会首需承担连带给付责任，如果拖欠的给付金额超过两期时，未中标会员可以要求会首给付自身全部会款，减少未得标会员损失。

“台湾当局”将合会纳入法律框架后，会首和会员之间的权利义务受到了严格的法律约束与保护，既保证了合会能够在规范的环境中运行，又约束了合会参与者败德行为和“博傻”行为的动机；即使在发生倒会的情况下，会员的权益也得到了法律保障。因此，通过将合会这一非正规金融组织的重要形式纳入法律约束范围，可以使企业和居民继续运用合会这种形式进行投融资，更为重要的是，有效限制了合会自身所具有的负面效应。

6.3.2　我国非正规金融演进源远流长

非正规金融在我国历史悠久，据史料记载，我国自公元前 2000 多年的夏商周时期就开始有官方之外的非正规金融存在。在春秋战国时期，由于诸侯割据和政治经济混乱，民间金融达到了一个鼎盛时期，《战国策》里面就记载了非常有名的“冯谖客孟尝君”故事，说明战国时期私人间借贷行为以及信用风险事件已屡见不鲜。在此后的 4 000 余年中，非正规金融历经变革和演进，显示了强大的生命力。自非正规金融产生到唐朝之前，非正规金融一直以简单的自由借贷形式存在，尚未产生组织形式的非正规金融行为。

到了唐朝，随着生产力的发展、经济的繁荣，非正规金融得到了很大发展，并出现了东亚地区最早的合会，还产生了当铺的前身——“质库”。到了明朝，非正规金融衍生出钱庄这一组织形式，不仅从事金、银、铜钱之间的兑换，还具备存款、放款和汇兑等近代金融服务业务雏形。到了清朝，产生了账局和票号等重要的非正规金融机构。其中，账局的主要业务是经营存放款，而票号则涵盖了近代金融业三大基本业务（存款、贷款、汇兑）。当铺、钱庄、账局和票号是中国近代几种最主要的非正规金融机构。它们都经营信用放款和存款业务，在业务上有一定程度的交叉，但同时也各自保留了特征与侧重，比如当铺以抵押放款为主、钱庄擅长货币兑换、账局倾向于进行存贷款、而票号则侧重于汇兑业务。如图 6-4 所示。

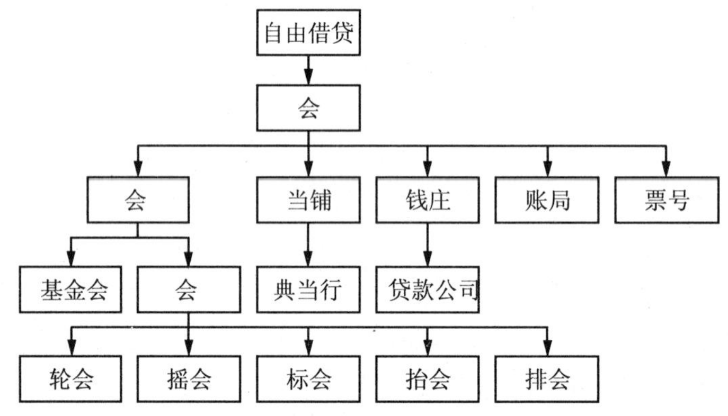

图 6-4 非正规金融组织形式演进示意图

新中国成立之后，在推行“苏联模式”计划经济体制的背景下，私营经济受到禁止，非正规金融也因为市场需求的减少和政策的打压而逐渐萧条。农村信用合作社是仅存的非正规金融形式，但由于产权模糊以及政府过度参与，并不是完全意义上真正的非正规金融组织。

1978 年改革开放之后，我国民营经济快速发展，居民手中持有的资本不断增加，相应地，非正规金融又逐渐繁荣起来。起初仅仅是亲戚朋友之间的自由借贷，但随着非正规金融市场的发展，逐渐出现了机构化程度很高非正规金融组织，如私人钱庄、基金会和标会等。法律的空白以及监管的漏洞，使得非正规金融市场进入无序的混乱状态，高利贷、欺诈、败德以及“博傻”行为屡见不鲜，最终在 20 世纪八九十年代接连数次爆发大规模的非正规金融风险，对社会稳定和经济发展产生巨大的负面影响。

于是在 1998 年 6 月 30 日，国务院第 5 次常务会议通过了《非法金融机构和非法金融业务活动取缔办法》，并于 8 月份转发了《中国人民银行整顿乱集资乱批设金融机构和乱办金融业务实施方案》，规定凡未经中国人民银行批准，擅自设立从事或者主要从事吸收存款、发放贷款、办理结算、票据贴现、资金拆借、信托投资、金融租赁、融资担保、外汇买卖等金融业务活动的机构均被界定为非法金融机构。根据《取缔办法》，我国各类基金会、互助会、储金会、资金服务部、股金服务部、结算中心、投资公司等机构超越国家政策范围所从事的非正规金融业务活动都是非法的，必须按照国务院的规定，予以清理整顿。1999 年 1 月国务院发布 3 号文件，正式宣布全国统一取缔农村合作基金会。2002 年，央行发布《中国人民银行关于取缔地下钱庄及打击高利贷行为的通知》，再次强调了禁止任何人开办私人钱庄，一经发现，立即予以取缔，并移交司法机关依法追究刑事责任。

这一系列强硬的措施迫使非正规金融转入“地下”状态，但并没有阻止其规模及影响力的不断扩大，中国人民银行(2005)的抽样调查表明，2004 年浙江、福建、河北省非正规金融的融资规模分别在 550 亿元、450 亿元和 350 亿元，相当于各省当年贷款增量的 15％～25％。这一结果其实是一种必然，如以下一系列证据：湖南省银行贷款登记咨询系统统计，2001 年 6 月底该省中小企业贷款占比从 1999 年年底的 60％下降到 47％；2001 年四川省城调队对 200 户中小企业的调查，有 61％的企业认为目前难以获得银行贷款；2002 年中国人民银行郑州中支对中小企业的问卷调查显示，在中小企业发展面临的问题中，62％的企业选择资金紧张；2002 年广西壮族自治区企调队对全区 442 户中小企业的抽样调查则显示，54.5％的企业认为当前获得贷款的难度比两年前更高了。正如本书第 3 章反复强调的，非正规金融实质上是基于金融交易者的需求而产生，因此，在存在大量非正规金融需求的情况下，单纯抵制或禁止非正规金融无法达到预期效果。

于是我国政府和金融监管机构又重新试探另一种疏导的思路来解决非正规金融问题，例如已放开的村镇银行、贷款公司、农村资金互助社以及小额贷款公司，表明我国政府和金融监管机构已不再是单纯的打压非正规金融，而于 2010 年 5 月 13 日国务院下发的《关于鼓励和引导民间投资健康发展的若干意见》使我们有理由相信，我国非正规金融的发展将进入一个新的历史阶段。

6.3.3　非正规金融可能的演进方向

根据世界各国和地区的经验，非正规金融的演进大致有三个可能方向。

第一，非正规金融继续保持其互助合作的“原始形态”。非正规金融仍保持互助性金融组织轮转模式，短期组织、只存不贷、定期运营。对于一些经济较为落后的地区，由于经济结构以自然经济为主，缺乏实现现代化金融服务业的条件，对传统互助性质的非正规金融存在巨大需求。这种情况在非洲及拉丁美洲各国非常普遍。

第二，由互助性的具有积极意义的非正规金融演化为非法的地下金融、诈骗集资、投机逐利行为等。从积极的非正规金融演变为非法的地下金融，机制和过程较为复杂，并且，这些非法金融对当地金融秩序、经济运行以及社会稳定危害极大，是当地金融风险积累与爆发的重要原因。这种演进路径较多发生在经济发展较快且政府疏于监管的地区，当然，在一些政治混乱的地区，当地利益集团也会利用非正规金融为某些非法活动提供资金支持。准确地讲，按照这一方向演进的非正规金融已经脱离了本书所研究的非正规金融，属于非法范畴，各国政府应明令禁止、坚决打击。但可惜的是，已有研究表明，这类金融行为是不会消失的。

第三，非正规金融从互助合作性质逐渐演进为具有金融服务业特征的正规金融。在这样一个演进路径中，非正规金融的运作机制发生了很大变化，比如从轮转模式(Rotating)转变为非轮转模式(Non－rotating)；从定期竞标转变为日常经营；从缴纳会金转变为存贷结合；从暂时性金融组织转变为永久性金融机构等。绝大多数发达国家和地区，非正规金融都按照这样的方向演进。

6.4 宏观背景下的非正规金融未来发展趋势

综合前文的分析，在一个充满风险的非对称信息的金融市场中，非正规金融交易特有的声誉约束机制将参与者的声誉转化为具有价值的社会资本，降低了参与者之间的交易费用，限制了参与者的败德行为和投机行为，保障了非正规金融交易的顺利运转，成功地弥补了正规金融交易所遗漏的市场空白。在微观层面上，非正规金融有效的交易契约安排和风险约束机制，提高了参与者的福利水平；在宏观层面上，非正规金融为经济发展特别是中小微型企业和民营经济的发展提供了重要支持，为正规金融提供了很好的补充，同时，非正规金融往往是我国金融制度发生变革的一个重要起点。

缺乏外界约束的非正规金融自我发展，最终会产生非理性的投机行为，爆发金融风险；而严格的金融监管又无法使非正规金融被取代，转入地下的非正规金融风险更隐蔽，危害更大。因此，在我国政府和监管部门逐渐放开对非正规金融的严格控制，以及鼓励民间投资的政策相继出台的宏观背景下，建立起一个有效监管且保障其自我演化的非正规金融系统，是决定我国未来社会发展与经济增长的重要因素。

林毅夫(2003)认为，在美国2.5亿人口当中，大约有2 500万个家庭，即7 500万人没有银行账户。这些人当中，有很大一部分通过信用协会、小额贷款公司和私人间借贷解决融资需求。同样，对于中国台湾地区经济主体的中小微型企业而言，正规金融之外的非正规金融是一个无法替代的信用筹措来源，是企业赖以建立并发展的动力来源之一。这种状况并没有因为我国台湾地区已经跻身新兴工业化经济体而消失。这说明非正规金融是金融体系极为重要的组成部分。

富兰克林·艾伦和道格拉斯·盖尔认为，世界各国的金融体系可以区分为两种：第一种是美国模式，即市场主导型的金融体系，在这种模式中，金融市场特别是证券市场是至关重要的，美国拥有世界上最发达的金融市场，这通常被看做是经济发达的标志；第二种是欧洲大陆以及日韩模式，即银行主导型的金融体系，在这种模式中，大型的商业银行是极为关键的。在此之外，还有一种以自我融资和非正规融资为主导的模式。在这种模式中，企业通过留存收益和其他方式进行自我融资、通过亲朋好友关系进行借贷、或者争取非正规金融机构的金融支持、以及由出口订单和其他抵押品担保向银行申请有限的贷款。这些金融结构模式之间的差异由各自所处的实体经济格局所制约。这三种金融体系各有利弊，关键在于如何适应实体经济发展的融资需求。

中国大陆的经济结构具有“两条腿”走路的特征：“一条腿”是广泛存在的，为就业和经济增长提供巨大帮助的中小微型企业；“另一条腿”则是与居民生活密切相关，保障国家经济命脉安全的大企业、大集团；此外，我国还存在大量的外商投资。基于我国经济结构呈现的这些特点，我国金融体系应保证足够的多元化，这就为非正规金融的发展提供了空间。

构建“多元化”的金融体系，不仅应当加强银行和金融市场的发展，同时要允许和鼓励自我融资和非正规金融的适当发展。这一思路与我国的实体经济结构非常匹配，完善的商业银行与金融市场更适合于服务现代化的大型企业，而非正规金融的良性发展则能更好地满足中小微型企业以及社会弱势群体的融资需求。更为重要的是，构建“多元化”的金融体系，对非正规金融采取适当的宽容与鼓励，将不断弱化我国金融“二元结构”，提升整个金融体系的运行效率。

当然，从长远看来，非正规金融与正规金融逐渐的融合是非正规金融演进的趋势与必经之路。1970 年以来，全世界各国金融体系中，民营银行占有的比重不断上升，国有银行占有的比重则不断下降。其中，发达国家国有银行占比从 40%左右下降到 20%，而发展中国家则从 60%下降到 40%。世界银行金融市场发展局对全球 107 个国家的金融和银行体系的调查表明，截至 2000 年年底，民营银行在全球银行资产中所占比例已经接近 70%(张新、王一文，2002)。事实上，我国非正规金融较为繁荣的江浙地区，已有许多发展较为规范的非正规金融组织逐渐融入正规金融体系，提供了良好的模板与示范，因此基于如今非正规金融组织与商业银行在资本性质方面的相似性，依据市场化原则对非正规金融组织进行改造、使其演进为民营银行，具备可操作性。但在这一转化过程中，政府应当鼓励非正规金融主体发挥自身能动性，不要给予过多政策干预，使得转化后的非正规金融失去活力，市场又出现新的非正规金融形式，落入原地踏步的窠臼。

6.5　案例：E 市的地方金融创新与非正规金融演进

E 市是一座富有魅力的年轻城市，位于福建东南沿海，地处文化历史名城泉州与经济特区厦门之间，市域三面临海，海岸线长 67.7 千米，全市面积 160 平方千米。1987 年 12 月经国务院批准建市，地理范围是从晋江县析出一部分组成的，辖 3 镇 1 乡。

建市以来，E 市国内生产总值一直呈现快速发展的态势，由 1988 年的 4.07 亿元增加到 2008 年的 240.2 亿元，20 年间增长近 60 倍。但 E 市银行业对当地经济的支持远远没有到位，金融机构贷款余额与 GDP 的比值远远低于全国平均水平。除了 1991 年与全国平均水平基本相当以外，绝大多数年份金融机构贷款余额与 GDP 的比值要比全国平均水平低 0.3～0.75；在一般年份，全国金融机构贷款余额与 GDP 之比要高出 E 市金融机构贷款余额与 GDP 之比 40%以上。这说明，相对于全国平均水平，E 市银行业对当地经济所起到的作用与当地经济发展的需求极不相称，没有起到应有的作用。在这种情况下，为了筹集资金，E 市的地方金融创新具有非常强烈的内在冲动。到目前为止，E 市已经发生了两轮金融创新。

第一轮金融创新发生在建市初期，其主要标志是标会的迅速发展。1988 年，E 市的正规金融机构还没有获得充分发展，人民银行、中国银行、工商银行、建设银行、农业银行等 E 市支行刚刚成立，辖区四个农村信用社及下辖 15 个分社、5 个储蓄所、21 个代办站从另一个县的农村信用社刚刚分离出来，还没有大量开展金融业务，1988 年 E 市金融机构贷款总量仅为 1.92 亿元，而此时正是 E 市民营中小微型企业如雨后春笋般蓬勃发展的时期。在这种情况下，E 市民间标会快速发展起来。到 1989 年，E 市的标会达到 2 000 多个。据 E 市清理标会办公室 1991 年 7 月1 日的统计，当时 E 市标会会头和抢会会脚达到 7 002 人，其中会头 2 376人，抢会会脚 4 626 人。标会债务金额 63 737.4 万元，债权 58 505.6万元，债权金额是当时金融机构贷款的三倍。

第二轮金融创新发生在 1992 年下半年到 1994 年下半年，其主要标志是城市信用社和农村合作基金会的产生与发展。在这一段时期，辖区内 7 家城市信用社相继成立。城市信用社的成立在支持 E 市经济发展方面起到了非常重要的作用。到 1999 年 3 月末，E 市城市信用社的各项存款余额达到 18.45 亿元，占 E 市各项存款余额的 28%；各项贷款余额达到 13.93 亿元，占 E 市各项贷款余额的 30%。

但由于金融机构运行不规范，且政府又监管不力，E 市两轮地方性金融创新最终都以失败告终，而且产生了比较严重的信用危机，造成了严重的财政负担，引发了一系列社会问题。

标会最初是一种民间资金互助组织，但由于缺乏政府监管，其资金运作基本处于放任自流的状态。这样标会的行为就没有规范，部分“标头”采取白条入会、开“日仔会”等恶劣手段诈骗高额会利或者侵吞会款。结果标会的性质发生了根本性的变化，演变成一种破坏金融秩序的投机诈骗性组织。据 E 市清理标会办公室 1991 年 7 月 1 日的统计，E 市标会亏空 5 607.4 万元，不仅没有为经济发展提供支持，反而挤占资金，诱导会员投机取巧，不劳而获，对社会心理的打击非常沉重。为此，E 市政府 1989 年 10 月 20 日专门召开会议，决定对标会予以坚决清理，严厉打击。1989 年 10 月 28 日，E 市 2 000 多个会头在一两天内相继宣布倒会。这实际上标志着 E 市第一轮民间金融创新的流产。

标会崩塌之后，城市信用社和农村合作基金会相继发展起来，但这两种金融机构同样遇到问题。农村合作基金会为了吸收存款，制订了极高的存款利率，而由于其对借款者资格审查的疏漏，导致入不敷出，在 1998 年之后陷入困境，被迫关闭。而城市信用社将大量资金贷给股东，这些贷款又被股东用于投机，损失惨重。1998 年以后，由于不良资产过多，E 市 8 家城市信用社陷入资不抵债的局面，从而发生信用风险，爆发挤兑危机。各项存款的不断下降迫使 2000 年 E 市城市信用社进入停业整顿阶段，到 2003 年 5 月末，各项存款余额仅为 0.35 亿元，而贷款余额仍然有 10.8 亿元。在处理城市信用社问题的过程中，中国人民银行要求 E 市政府承担起城市信用社债务，维持社会稳定。在缺乏任何化解风险的金融手段以及任何准备情况下，E 市财政承担了 7.9 亿元的本金债务，分 13 年偿还，年利率 2.25%。这样，E 市各级财政就此背上了沉重的包袱，金融危机直接转化成了地方财政负担。这实际上标志着 E 市第二轮民间金融创新的流产。

虽然 E 市金融制度的创新改革屡屡受挫，非正规金融与正规金融的融合遇到了各种难题，但民间借贷市场一直非常活跃，而且抑制在以各种方式发展和演进。在 1988—1989 年间，E 市的标会之所以能够盛行，其基础就在于 E 市民间资金量非常大。1992 年以后，E 市城市信用社和农村合作基金会之所以能够在这段时期内集中数额巨大的资金，其基础也在于此。自从标会、城市信用社和农村合作基金会相继被清理和整顿后，民营企业特别是中小民营企业对民间借贷的依赖性更大。据不完全统计，E 市至少有超过 200 亿元的民间资金在流动。

经过一系列措施之后，2003 年 10 月份，E 市农村信用社的不良资产比例已经下降到 14%以下。随着经济的发展，E 市在 2008 年财政总收入达到 22 亿元，其中地方财政收入 11.6 亿元，社会消费品零售总额 118.4 亿元，城市居民人均可支配收入 21 285 元，农民人均纯收入 10 005 元，城乡居民储蓄存款余额达 159.99 亿元，金融机构存贷比例提高到 72%。在这种背景下，E 市重新拉开了地方金融创新的序幕。

2007 年 12 月 22 日，E 市农村信用社联合社及辖内 4 家农村信用社合并组建农村合作银行。几年来，围绕创新发展主旋律，推进网点建设、人才培养、金融创新、科技进步、文化建设五项工程，实现了“资本、规模、质量、效益”协调发展，资金实力及资产质量居石狮市金融机构前列，成为支持 E 市城乡经济发展的重要金融劲旅，并组建全省首家村镇银行。

E 市地方金融创新与非正规金融演进的案例提供了如下经验。

第一，应允许非正规金融存在。自从标会倒台、农村合作基金会关闭、城市信用社整顿之后，E 市金融业发展进入一个低谷，对经济的发展极其不利。实际上，由于 E 市民间资金数量庞大，经济活力较强，民间的资金借贷活动一直比较频繁。但是，民间借贷具有明显的局限性，如交易方式不规范；规模较小，企业很难在短期内筹集较多资金；体制外资金容易失控等。因此，应当鼓励非正规金融活动浮出水面，并且向组织化、规模化、规范化的方向发展。

第二，加强针对非正规金融的服务。在非正规金融机构产生以后，金融监管机构应当及时为其提供良好的服务。这些服务包括宣传金融技术知识和法律知识，帮助其培训管理人员，引导其内部管理的规范化等。同时，要求非正规金融机构披露自身的资金使用信息和经营信息，杜绝"以钱生钱"的投机行为。此外，对于少数行为不规范、投机取巧的非正规金融组织，要采取及时迅速的行动，禁止其开展业务。对于违法犯罪行为，应当由司法机关追究相应的责任。

第三，促进非正规金融的分化。以 E 市为例，标会是最不规范、风险最大的非正规金融组织。应该引导其中规模较大的一些进行规范发展，促进其向中小银行的转化。

6.6　小结：非正规金融在风险积累与爆发过程中不断发展

本章基于前文对于非正规金融根源、特征以及弊端的研究，归纳预测非正规金融的演进路径以及未来趋势，具体结论包括以下几个方面。

1. 基于追求利益的动机，非正规金融会自发的进行扩张

遵循熊彼特经济发展理论的制度经济学派，认为制度的演进来自于制度"边界"对于利益的渴望。因此，位于金融制度"边界"的非正规金融，往往是金融制度演进的动力来源。而对于非正规金融本身，参与者对于利益的追求同样促使非正规金融不断向前发展，而这来自非正规金融系统内部的力量，成为了非正规金融自我演进的动力来源。所以，无论正规金融如何发展、政府针对非正规金融的态度如何，非正规金融会始终并长期存在。

2. 非正规金融存在扩张的最优区间和规模的最大边界

基于声誉约束机制建立起的非正规金融交易，存在演进的悖论。由于自身独特的交易机制和约束手段，随着交易规模的扩张，非正规金融的根基逐渐动摇，边际成本的不断增加也使非正规金融相对于正规金融的优势逐渐丧失。并且，在缺乏完善的法律规章制度和科学的资产管理手段的情况下，非正规金融极为脆弱，易发风险。由于非正规金融缺乏规模经济，因此在扩张规模和边际成本的共同作用下，非正规金融存在

规模的最大边界以及扩张的最优区间。

3. 世界不少国家和地区都有非正规金融演进的成功经验

美国、日本和中国台湾地区同样广泛存在非正规金融，而对非正规金融采取的措施均获得了一定效果。美国通过扩大金融市场、建立类似于非正规金融的社区金融体系，将非正规金融交易纳入金融市场的交易当中，既丰富了金融市场的交易种类，又保留了非正规金融交易的特征和优势；日本通过政府干预，将非正规金融组织逐步转变为现代化商业银行，增加银行主导型金融体系的内部层次，同时又限制了这些银行经营规模和业务范围，保证了商业银行同样可以满足非正规金融需求；中国台湾地区则通过适度的“政府”干预和监管，为非正规金融营造了有效的外部监管环境，降低非正规金融风险同时保留了非正规金融自身的优势和特长。

4. 非正规金融在我国有悠久的历史和漫长的演进过程

非正规金融在我国的起源可以追溯到私有制的出现。经过几千年的演进，非正规金融在我国具有深厚的社会基础和广泛的参与群体，也在社会、科技、经济发展过程中发挥了重要的资金支持作用，然而政治制度的变迁迫使非正规金融如浮萍般时而进入水中，时而浮出水面。特别是改革开放后，思想的解放以及管制的放开使得积累多年的非正规金融力量喷涌出来；但由于法律的缺乏和监管的疏忽，导致非正规金融风险大面积爆发，严重影响了社会稳定和经济发展。于是，非正规金融又重新被严格控制，直到最近几年，相关管制的松动和政策的放开，非正规金融有逐渐繁荣的趋势。

5. 有效监管与自我演进是非正规金融健康发展的主要路径

综合前文的研究，我们发现非正规金融的优势和劣势都非常明显，而非正规金融“自组织”的特征又决定了这种金融交易类型不会消失，所以对非正规金融而言，外部监管和自我发展的“度”极为关键。在声誉约束机制发挥作用的情况下，非正规金融能够高效配置资金；而在声誉约束机制不能发挥作用的情况下，非正规金融易于爆发风险。所以，只要保证声誉约束机制发挥作用的三个条件成立即可，即通过有效的监管实现非正规金融参与者信息的有效传递、保证交易者间互相了解对方的交易历史，通过完善的法律抑制非正规金融参与者败德行为的动机、给予短视的非正规金融参与者足够的惩罚和警示。

第 7 章　非正规金融的未来发展

传统观点认为，非正规金融是一种“非理性”的金融交易行为，不符合经济学的理性假设前提。金融自由化理论淡化了非正规金融“非理性”的色彩，认为非正规金融是金融制度发展不完善、金融管制的结果，随着金融制度的深化发展，非正规金融会逐渐消失，被正规金融取代。然而事实证明，在正规金融极为发达的条件下，同样存在非正规金融，于是交易成本理论发展并补充了有关非正规金融的理论。但这些研究结论都是非正规金融之外对非正规金融所做出的观察和分析，一直缺乏非正规金融内部的描述与研究。

行为经济学和实验经济学的兴起，为非正规金融的研究提供了崭新的思路，即非正规金融是交易者行为选择的集合，是非正规金融交易者在信息、制度、政策以及自然环境等各方面条件共同约束下的一种均衡的制度安排，是人类自发的机智的创造性行为。遵循前人的理论，按照这样的思路，我们从非正规金融内部对非正规金融行为进行了研究。

7.1　主要研究结论

7.1.1　非正规金融具有深厚的生存土壤与独特的运行机制

对正规金融机构而言，为防范经营风险会从两个方面对借款者进行约束，一方面是与授信额度相关联的实物抵押品(硬约束)；另一方面是申请程序、审批周期、还款期限等标准(软约束)。这两方面约束不会反映到正规金融机构公布的贷款价格中，但对借款者来说，却成为了正规金融机构贷款成本的一部分。因此，由双重约束(硬约束和软约束)构成的不反映在正规金融贷款名义价格中的“隐性约束”是借款者选择何种途径贷款的主要影响因素，对借款者存在挤出效应。

与正规金融“隐性约束”的挤出效应相反，非正规金融交易将人情、关系、面子等无形成本有形化，避免了正规金融机构为了防范风险而设置的“隐性约束”。声誉在非正规金融市场中获得了价值体现，可以降低借款者实际资金成本；而声誉所具有的传递信息功能，则为非正规金融市场资金供给者提供了判断的依据。在自身声誉被赋予价值的条件下，借款者有可能因为“隐性约束”的挤出效应放弃正规金融机构贷款，转而寻求非正规金融渠道融资；而资金持有者则会因为借款者声誉所包含的信息流衡量借款者违约的概率，并与借款者达成契约。

基于正反两方面原因，我们认为，非正规金融不会消失，也不会被正规金融取代。非正规金融具有一套不同于正规金融的运行机制，并以独特的路径演进。

7.1.2 声誉机制保证非正规金融在一定条件下高效配置资源

声誉机制的内涵包括信息与资本两个方面：一方面，声誉是行为主体过去行为及导致结果的综合性信息，这些信息表明并传递行为主体类型；另一方面，声誉是一种特殊的“资产”或“资本”，能给行为主体带来“声誉租金”，并形成竞争优势。非正规金融参与者声誉的内涵包括以下几个方面：参与者的声誉是动态变化的；参与者的声誉来源于其过去的行为及导致结果；参与者的声誉是一个外在的认知与评价；参与者的声誉揭示了参与者的内在特征信息；参与者的声誉是一项无形资产，能为参与者创造价值。

声誉信号传递博弈证明，借款者的声誉约束机制是一种信息筛选机制，能够帮助贷款者有效区分潜在的借款者，成功防范借贷中的逆向选择。即使在不对称信息条件下，非正规金融参与者间长期的叠代重复博弈使得机会主义倾向严重的借款者不可能获得良好的声誉，因此声誉约束机制在参与者间博弈的均衡路径中起着极为重要的作用。通过显示借款者内在特征，反映借款者综合信息，成为贷款者以及潜在交易者可信赖的借款者识别信号，有效抑制市场中的逆向选择问题。

非正规金融交易者间博弈与交易者的人际关系和社会结构密切相关，受到交易者之间人际关系、传统习俗以及道德规范的约束，即非正规金融行为嵌套在更广泛的社会交易当中。每一个交易者的行为选择不仅受到借贷关系的影响，还被互助要求、邻里关系、家庭名声、社会地位等无形的社会网络约束，这些博弈的共同结果才是交易双方的总收益。非正规金融参与者在借贷中发生的机会主义行为将暴露出借款者是个没有声誉的“坏人”，会被排除在以后的交易活动之外，从而损失其“社会资本”。

但是声誉(约束)机制发挥作用需要一定的条件，包括交易必须是重复或者非孤立、需要有效的信息传递以及对违约行为有力且及时的惩罚。

因此，只有当声誉(约束)机制发挥作用的条件得以满足时，才可以保证非正规金融配置资金的高效率。

7.1.3　非正规金融风险应以不同方法予以防范

基于声誉约束机制的非正规金融行为，是一个非常好的福利改进方式，或者说声誉约束机制发挥作用的条件下，在一定的区域和时间限度内，非正规金融资金配置效率非常高。但是，从一个更大的市场空间和更长的期限时间角度分析，非正规金融行为的经济效率存在争议。正如前文所阐述的，非正规金融是一个自组织系统，这个系统的崩溃和解体不仅仅源自非正规金融参与者间个人借贷的高利率以及非正规金融组织中“博傻”行为这些内部原因，还有二者之外的其他因素共同作用，才能使声誉约束机制失灵，导致非正规金融风险爆发。

这些导致声誉约束机制失灵的原因不是孤立的，而是相互联系、相互影响，与其他产业所具有的风险类似，这些原因相互间共生又相互传导的。例如，制度抑制和制度歧视导致贷款者需要更多的风险补偿，推高了借贷利率，而资金价格的增加使借款者(或者说非正规金融组织发起者)需要投资收益更高的项目，增加了投资项目的政策性风险、操作风险乃至道德风险，弱化了声誉机制的约束功能；而政策性风险一旦爆发，信息的扭曲传递引发非正规金融流动性风险，进而产生道德风险，同样弱化了声誉机制的约束功能；而声誉机制约束功能的弱化，则引发道德风险和逆向选择行为的增加，进而操作风险、高利率风险和流动性风险增加，导致非正规金融风险爆发，使得正规金融监管进一步加强，对非正规金融的抑制和歧视升级。

我们认为，非正规金融风险爆发的原因多样，而且在完美信息条件下，非正规金融市场的声誉约束机制有能力防范参与者的败德行为，降低风险，保证非正规金融市场的正常运转。所以，政府和金融监管机构应充分发挥非正规金融的自我约束和自我调节能力，针对不同的风险因素采取不同的防范手段。例如针对高利率风险，央行就规定了借贷利率的浮动上限；针对非正规金融组织的“套利风险”，监管部门应明令禁止“以会养会”。最终通过建立非正规金融外部的社会信用环境和金融生态环境，为非正规金融的声誉约束机制发挥作用提供条件。

7.1.4　非正规金融不断由低级向高级演进发展

来自非正规金融系统内部的力量，即参与者对于利益的追求促使非正规金融不断向前发展，这是非正规金融自我演进的动力来源，无论正规金融如何发展、无论政府针对非正规金融的态度如何，非正规金融会始终并长期存在。然而，基于声誉约束机制建立起的非正规金融交易存在演进悖论，随着交易规模的扩张，非正规金融的根基逐渐动摇，边际成本的不断增加使得非正规金融相对于正规金融的优势逐渐丧失。在缺乏完善的法律规章制度和科学的资产管理手段的情况下，非正规金融极为脆弱，易发风险。由于非正规金融缺乏规模经济，因此在扩张规模和边际成本的共同作用下，非正规金融存在规模的最大边界以及扩张的最优区间。

参照美国、日本和中国台湾地区针对非正规金融采取的措施均取得一定效果，事实上，有效监管与自我演进是非正规金融健康发展的主要路径。由于非正规金融的优势和劣势都非常明显，而非正规金融"自组织"的特征又决定了这种金融交易类型不会消失，所以对非正规金融而言，外部监管和自我发展的"度"极为关键。在声誉约束机制发挥作用的情况下，非正规金融能够高效配置资金；而在声誉约束机制不能发挥作用的情况下，非正规金融易于爆发风险。所以，只要保证声誉约束机制发挥作用的三个条件成立即可，即通过有效的监管实现非正规金融参与者信息的有效传递、保证交易者间互相了解对方的交易历史，通过完善的法律抑制非正规金融参与者败德行为的动机、给予短视的非正规金融参与者足够的惩罚和警示。

7.2 非正规金融的今天和明天

倾全书之力、十余万字之功，不过是想将非正规金融锋利的"两刃"尽可能客观地呈现于前。我们借鉴了诸多科学手段、计量方法对这样一种自发的金融形式进行深入分析和探讨，就是希望能够尽可能发挥其优势的作用、削弱其劣势的影响。对于非正规金融这样一个与人类文明、私有产权一同出现的古老话题，始终都有值得思考和借鉴的地方。

正如上文所述，公元前 2 000 多年的夏商周时期，随着私有化的出现，私人间借贷随之出现，在此后的 4 000 多年里，以民间借贷为主要表现形式的非正规金融一直占据了金融体系的主导地位。如果说非正规金融是第三次社会大分工的产物，那么正规金融，或者说以金融中介为代表的专业化、高水平金融从业者的出现，则不过短短 400 余年而已。更为关键的是，无论正规金融专业化技能和水平如何提高，非正规金融始终都没有失去其生存土壤。

因而对于民间金融，我们需要澄清两个观点。首先，非正规金融不是中国特色。本书在第1章罗列的遍布全球的证据表明，无论是发展中地区还是发达地区，都有非正规金融的身影。在美国，有很多被商业银行忽略的小城镇及居民，参与到原始的非正规金融活动中。日本和中国台湾地区则将非正规金融当中的个人借贷以及具有一定组织程度的非正规金融机构逐步纳入金融监管范围，具有防范非正规金融风险的示范意义。其次，非正规金融不会消亡。无论理论上是否重视非正规金融的研究，这一类原始的金融行为从未远离人们生活。非正规金融独特的运行机制能够在一定程度上减少交易成本，从而受到居民和中小微型企业的青睐。正是由于正规金融难以克服的交易成本存在，非正规金融才可以屡次在风险爆发之后，重新于坍塌的信用体系基础上建立起来。

7.2.1　非正规金融存在广泛的需求基础

1. 正规金融机构防范风险产生的挤出效应

在正规金融体系当中，为了克服信息不对称问题，金融机构特别是商业银行会从两方面对借款者进行约束：一方面是与授信额度相关联的实物抵押品(硬约束)；另一方面是申请程序、审批周期、还款期限等标准(软约束)。这两方面约束不反映在贷款价格中，但对借款者而言，却成为融资成本的一部分。

而且对金融机构而言，借款者克服交易成本越高，意味着对借款者约束越严格，贷款风险越低，因此越乐于发放贷款；而当这一成本高于借款者愿意承受的最大限度时，借款者将放弃正规金融的贷款，这就是我们在第2章反复讨论的“隐性约束”对借款者产生挤出效应。这也意味着，无论金融体系有多么发达，金融机构多么乐于支持贫困居民或是中小微型企业的发展，始终都有借款者无法获得正规金融机构的贷款支持。这种借款者与正规金融之间无法解决的悖论，是双方基于自身特征做出合理个体选择之后最终产生的无理组合。

与正规金融“隐性约束”的挤出效应相反，非正规金融将人情、关系、面子等无形成本有形化，而地域、血缘、亲缘等先天关系克服了信息不对称问题，从而使借款者的性格特征、行为偏好、财务状况等信息体现在资金价格当中。通过降低交易成本，减少了名义资金价格高于银行贷款的部分，反而使实际融资成本低于正规金融。

2.“快、少、密、短”的借款者融资特征

非正规金融与借款者融资特征的契合不仅体现在节省交易费用方面，

还体现在非正规金融所具有的弹性对借款者融资需求的满足。在这里，我们特别讨论一下中小微型企业的经营特征，主要体现在四个方面：一是生产经营机动灵活，时刻跟随市场变化，适应市场需要；二是没有较大的资本投入，特别是固定资产投资在总资产当中占比不高；三是这类企业中大部分缺乏透明经营信息和财务信息，除非与所有者和管理层熟识，否则难以获得真实准确的企业信息；四是企业生产周期短，资金流转迅速。

在这种情况下，中小微型企业融资需求可以用“快、少、密、短”四个字概括。“快”是指资金要求快捷，只要有资金需求，一般都非常急切。企业的生产经营方式，决定了这类企业筹资目的主要是用于资金周转，应付不时的企业流动资金短缺。除非有明确且收益确定的扩张计划，这类企业一般不会进行融资。这就解释了为什么这些企业偏好通过简便快速的融资手段获取企业生产所需资金。“少”是指资金需求量小，与大型企业相比，中小微型企业并不需要大规模前期投资，也不需要购置大量的厂房、机器、设备等，因而资金需求规模并不大。这就解释了为什么许多中小微型企业仅仅通过规模有限的融资手段就获得了企业生产所需资金。“密”是指中小微型企业或受规模限制、或出于成本考虑，并不会建立完成的财务管理制度和公司治理结构，甚至出于保护家族利益，企业主并不愿意透露企业的生产经营信息。这就解释了为什么许多中小微企业的非正规金融交易更多局限于某一区域或某一人际圈子。“短”与“快”相互关联，是指中小微型企业融资约定的期限很短或者很有弹性，甚至是隔夜或者隔天。如果没有特定的扩张计划，企业融资后很快就会归还，即使借入较为长期的资金，往往也会在资金宽裕时要求提前归还。

7.2.2 非正规金融风险脆弱性掣肘其发展

1. 非正规金融风险来自于自身内在矛盾

如上文所述，市场当中有一类借款者的特征使更注重规范、技术等制式方法管理风险的金融机构无法满足其需求，机动灵活而富有弹性的非正规金融反而可以与其达到高度的契合。正如本书第 6 章所述，非正规金融已不仅是原始、草根的金融行为，它已经蕴含了绕过现有制度的探索精神，但恰恰是这种无组织、无约束的尝试，成为非正规金融风险脆弱性的根源所在。

因此，与其说非正规金融容易受到外部冲击、被外部因素左右，倒不如说非正规金融有其一整套内在的运转机制和演进路径，在外部因素影响下，导致其内部运转机制失灵，产生过度反应，进而引发信用体系崩溃，最终爆发非正规金融风险。简而言之，非正规金融的内在矛盾，集中体现在以下四个方面。

第一，借款者资产信息变化与贷款者信用评价滞后的矛盾。在非正规金融当中，借款者之所以能够获得资金，就在于非正规金融的交易机制可以将借款者相关信息转化为声誉，为借款者提供担保；而贷款者之所以愿意提供资金，则源于自己通过借款者声誉给出的借款者信用评价，如果信用水平和风险补偿符合自己的要求，则贷款者就会提供资金。这种内在逻辑帮助借款者获得声誉租金，从而降低交易成本，贷款者则获得借款者声誉担保下的风险补偿，并有可能收获人情、关系等隐性收入。但是，在缺乏强制披露信息的情况下，借款者有隐瞒声誉水平变化的动机和能力，而贷款者的信用评价则产生滞后。

第二，非正规金融资金筹集方式统一与资金用途异化的矛盾。非正规金融既与资金互助周转、中小微型企业融资等行为相联系，又与金融诈骗、非法集资相联系，使非正规金融始终集天使与魔鬼于一身。诚然，贫困居民或者中小微型企业在无法获得正规金融贷款时，只能通过非正规金融满足资金需求。但是，资本的逐利性使获得的资金用途异化，而这些非生产途径获得的资金回报通过比价效应进一步推高资金价格，最终成为“高利贷”。资金用途异化爆发的风险又反作用于非正规金融这种资金筹集方式，使其受到牵连，正是“城门失火，殃及池鱼”。

第三，非正规金融交易机制正常运转的保障条件之间的矛盾。非正规金融的正常运转需要三个前提条件同时成立，即借贷双方的重复交易、借贷双方信息的有效传递以及借贷双方行为的可置信威胁。非正规金融交易中，可置信威胁往往来自于现有法律之外的其他手段，这就与法律存在冲突，保证非正规金融正常运转的前提反而有可能成为违法行为。而且在借款者相关信息及个人资产等声誉信息担保下，贷款者往往忽略借贷交易的重复性，出于“博一次”的目的追求一次性的到期还本付息。更为关键的是，贷款者在承诺高收益的诱惑下，忽略了资金风险以及借款者承诺本身的真实性。

第四，非正规金融降低交易成本与易于爆发风险的矛盾。无论是数学推导、实证检验还是案例分析，所能获得的结论始终是非正规金融一方面可以降低中小微企业融资的交易成本，另一方面太过灵活和缺乏管理的交易方式导致风险不断累积。事实上，非正规金融归根结底还是资金试用权的让渡，为了节省交易成本，省略必要的风险管理和行为监督成本，导致违约风险终究会随着资金规模和投资收益的增加而增加。

2. 有限理性与非正规金融的扩张边界

套用一句流行用语，非正规金融“以人为本”，从关系、人情、面子等这些充满“人性”主观特征的属性出发，对资金交易进行决策。然而更为关键的是，“理性人”的“有限理性”，导致非正规金融存在扩张边界，一旦超出这个边界，爆发风险几乎是种必然。

基于声誉、信用约束风险的非正规金融，在理论推导看来完美，是一种非常好的福利改进方式。而且，在一定区域和时间限度内，非正规金融配置资金的效率非常高。但从一个更大市场空间和更长期限时间的角度，非正规金融爆发风险并不是新鲜的话题。“有限理性”在非正规金融交易当中体现在以下三个方面。

一是非正规金融交易双方在商议资金价格时，会受市场以外其他因素影响，形成较高水平的利率，而项目预期收益率与借贷利率间并非始终同方向变动，因而非正规金融容易产生利率虚高的风险，即所谓高利率风险。

二是非正规金融当中无节制的衍生使金融交易逐渐演变成为“博傻”行为。借贷双方商议的资金价格会受到市场以外其他因素影响，最典型的就是在经济快速上升时期，借贷双方对未来好的预期会使资金价格偏高，吸引其他形式的金融资产(如现金、活期储蓄和定期储蓄等)投入到民间借贷当中。然而一定时期内的金融资产总是有限，于是对经济“好”的预期会演变成为资金投机的“博傻”行为。

三是市场内外部原因导致声誉、信用等非正规金融风险约束机制失灵。市场内外部各种原因，不仅形成非正规金融较高的资金价格，也对非正规金融风险产生扩大效用。在经济快速上升期确定的资金价格，一旦遇到经济放缓或者突发的外部冲击，爆发风险也就属于预料之中。

在完美的市场条件下，非正规金融当中的声誉、信用等信息可以有效防范借款者的败德行为，降低风险，保证非正规金融的正常运转。但当非正规金融交易双方对未来持有“好”的预期时，只有不断攀升的资金价格才能保证供给方向需求方提供资金。“有限理性”将导致资金价格最终达到投资收益率难以支撑的水平，于是败德行为、放弃信用成为借款者的最优选择——这是一个有趣的悖论，非正规金融从一个节约交易费用的理性起点，到达一个相互“博傻”的非理性终点。这就解释了为什么非正规金融风险爆发具有周期性，而且往往爆发于经济快速发展之后的调整时期。

7.2.3　降低非正规金融风险：“制度”胜于“数量”

我们认为，非正规金融风险爆发归根结底属于制度问题，流动性短缺或者资金短缺的数量问题倒是其次。因此，降低非正规金融风险，“制度”手段终究优于“数量”手段。

第一，非正规金融风险属于制度层面问题体现在两个方面。首先，非正规金融源自借款者为减少交易成本，以声誉、信用等无形资产为担保，将交易成本转化为利差的资金借贷。这实际上是对现有制度的突破和创新，并非社会流通当中的资金短缺，而是金融机构风险管理制度产生的挤出效应。一言以蔽之，降低非正规金融风险，需要的是突破性的制度创新。其次，非正规金融风险属于市场行为引发的风险，需要市场机制而不是数量支援解决问题。目前解决非正规金融采相关问题用的策略依然是依靠发展正规金融，这存在三个问题：一是非正规金融本身就是绕过正规金融的交易行为，无论正规金融多么发达，非正规金融的身影终究不会消失；二是需要考虑正规金融机构的风险承受能力，正规金融机构是独立经营的企业，而其中的一些大型机构，则涉及整个金融体系的稳定，所以又涉及政府信用；三是如果一定要通过正规金融机构解决非正规金融的相关问题，则有可能将非正规金融风险转嫁到政府，那么这既是对“投机者”的鼓励，更是对“老实人”的不公。更关键的是，非正规金融本身是为了谋取利益，是最典型的市场行为。于情于理，市场行为引发的风险还是应当由市场机制解决。

第二，防范非正规金融风险需要依靠完善市场机制。集中体现在以下三个方面。一是应允许非正规金融浮出水面，发挥非正规金融与借款者融资特征的契合优势。正如前文所述，目前存在的中小微型企业融资难是中小微型企业融资特征与正规金融机构风险管理要求两者各自合理选择产生的无效悖论，而非正规金融则是与中小微型企业融资特征高度契合而产生的制度突破。而且非正规金融有其内在风险约束机制，只要“交易重复、信息传递有效以及可置信威胁”三者同时成立，那么非正规金融将声誉、信用等无形资产转化为有形的过程则可以有效地降低风险。二是非正规金融本身能够生存并发展，在于能够将借款者社会属性和财产信息转化为声誉，提供资金担保。因此，控制非正规金融风险需要从信息传递和投资者教育等完善市场机制的角度进行管理。对于非正规金融及其风险而言，严格管制将对借款者特别是中小微型企业融资产生影响，放任自流又导致风险频发、影响恶劣，即“抓则死，放则乱”。所以控制非正规金融风险只能跳脱出针对金融行为本身，从市场信息传递的有效性角度，尽可能降低借贷双方信息不对称程度。并且，以知识普及、风险警示的方式对贷款者进行教育，减少交易当中的“博傻”行为，有效控制比价效应所产生的“高利贷”。三是尊重偏好风险投资者的选择。必须承认，市场当中存在偏好高风险高收益的投资群体，非正规金融的资金供给方正是这一类风险偏好投资者。非正规金融始终都是一种市场行为，如果要严格禁止，它将转入地下，以更为隐蔽的形式运转循环且积累巨大风险。因此，需要因势利导，逐渐建立多层次的资本市场，适时推出高收益高风险的金融产品，满足市场当中风险偏好者的投资需求。

第三，非正规金融相关问题，需要一种新式的市场管理方式。对于这种完全非正规金融这种完全市场自发的行为，严格的政府管理收效甚微，因为这种市场行为本身就是绕过制度的产物；放松的政府管理更加危险，因为市场永远无法达到声誉约束机制所要求的完美状态。所以，对于非正规金融及其相关问题，需要一种新式的市场管理方式。

首先，金融市场中弱势的借款者需要政府予以帮助。正如前文所述，非正规金融存在这广泛的需求基础，而这一基础的构成者大多是主动放弃正规金融融资渠道的“弱势群体”，如中小微型企业。对于这类借款者融资难问题，需要依靠市场机制，通过发挥市场发现价值、优化配置的功能进行解决。但在开展这些工作之前，需要明确企业的市场地位。虽然正规金融机构特别是商业银行，对中小微型进行信贷配给，是出于自身风险控制的考虑。但从整个市场的角度来说，中小微型企业与其他市场参与者相同，应当成为平等的市场主体，先天的弱势地位需要政府予以帮助。

其次，需要超然于市场的针对非正规金融资金用途异化的监督。正如我们在第 5 章当中的分析，非正规金融风险爆发，主要是参与“高利贷”的个人或企业的资金链断裂，而将资金投入到实际生产当中的企业，虽有挑战但运转良好。这说明非正规金融当中的资金用途异化，是非正规金融最大的风险隐患。这就需要一个超然于市场的信息收集和提供方，保障信息的有效传递，并监督资金用途。

再次，非正规金融当中涉及的风险补偿不应超出合理范围，需要法律予以约束。非正规金融交易中，偏好高风险高收益的贷款者愿意向借款者提供资金支持，但要求一定的风险补偿。如果缺乏客观统一标准评判风险，这一溢价往往由借贷双方商议形成。在非正规金融交易中，这一溢价具有明显的顺周期且进一步放大的效应，即在经济上升和繁荣阶段，资金价格不断攀升，最终超出借款者本身盈利能力，形成“高利贷”或是“钱生钱”。因此，非正规金融中的风险补偿，需要控制在合理范围内，特别需要打击非法集资，遏制高利贷化倾向。

最后，淡化非正规金融需要持续不断的金融创新。非正规金融是市场自发的绕过现有正规金融制度的产物，相应地，如果希望淡化非正规金融，则需要正规金融跳脱既有制度框架和思维定式，持续不断地进行金融创新，特别是在发展理念和建设思路上的创新。

参考文献

[1]McKinnon R I. Money and capital in economic development [M]. Washington, DC：Brookings Institution, 1973.

[2]Shaw E S. Financial deepening in economic development [M]. London：Oxford University Press, 1973.

[3]Smith T E, Smith M M, Wackes J. Alternative financial service providers and the spatial void hypothesis [J]. Regional Science and Urban Economics, 2008, 38(3)：205-227.

[4]Light I, Pham M. Beyond creditworthy：Microcredit and informal credit in the United States [J]. Journal of Developmental Entrepreneurship, 1998, 3(1).

[5]Severens, Kays. Directory of U. S. microenterprise programs [M]. Washington DC：The Aspen Institute, 1997.

[6]Levenson A R, Besley T. The anatomy of an informal financial market：Rosca participation in Taiwan [J]. Journal of Development Economics, 1996, 51(1)：45-68.

[7]Besley T, Levenson A R. The role of informal finance in household capital accumulation：Evidence from Taiwan [J]. Journal of Development Economics, 1996, 51(1)：45-68.

[8]钱小安. 金融民营化与金融基础设施建设[J]. 金融研究，2003(2).

[9]卢慧. 温州民间金融的发展演化——从借贷关系向民间资本市场的演变路径研究[D]. 西安交通大学，2009：31-33.

[10]李丁富. 温州之谜——中国脱贫致富的成功模式[M]. 光明日报出版社，2000.

[11]陈明衡. 温州民间借贷的运作机制及最新发展[G]. 中国人民银行温州市中心支行，温州金融与生态建设探索与实践(内部资料)，2006：346-363.

[12]张和平. 温州“草根金融”抗危机[EB/OL]. 温州都市报网络版，http://www.wzdsb.com.cn /system/2009/08/04/ 101372626.sht-

ml,2009-08-04.

[13]中国人民银行广州分行课题组. 从民间借贷到民营金融：产业组织与交易规则[J]. 金融研究，2002(10)：101-109.

[14]中央财经大学课题组. 私募基金合法化是市场发展的大趋势——中国证券市场私募基金规模及影响的调查与测估[N]. 证券时报，2004-07-29.

[15]罗家德. 人际关系连带、信任与关系金融：以镶嵌性观点研究台湾民间借贷[G]. 台湾的企业组织结构与竞争力，联经出版社，2001.

[16]Steel W F，Aryeetey E，Hettige H et al. Informal financial markets under liberalization in four African countries [J]. World Development，1997，25(5)：817-830.

[17]El-Hawary D，Grais W，Iqbal Z. Diversity in the regulation of Islamic Financial Institutions [J]. The Quarterly Review of Economics and Finance，2007，46(5)：778-800.

[18]朱德林，胡海鸥. 中国的灰黑色金融[M]. 立信会计出版社，1997.

[19]Camera G. Dirty money [J]. Journal of Monetary Economics，2001，47(2)：377-415.

[20]姜旭朝. 中国民间金融研究[M]. 山东人民出版社，1996.

[21]史晋川，孙福国，严谷军. 市场深化中民间金融业的兴起——以浙江路桥城市信用社为例[J]. 经济研究，1997(12).

[22]李丹红. 农村民间金融发展现状与重点改革政策[J]. 金融研究，2000(5).

[23]郭斌，刘曼路. 民间金融和中小企业发展对温州的实证研究[J]. 经济研究，2002(10).

[24]张杰. 中国体制外增长中的金融安排[J]. 经济学家，1999(2).

[25]汪应洛主编. 系统工程[M]. 机械工业出版社，2003：5-6.

[26]李富有. 民间资本供求及其自组织系统研究[J]. 经济学家，2002(6).

[27]Jain S. Symbiosis vs. crowding-out：the interaction of formal and informal credit markets in developing countries [J]. Journal of Development Economics，1999，59(2)：419-444.

[28]Hoff K，Stiglitz J E. Imperfect information and rural credit markets：Puzzles and policy perspectives [J]. The World Bank Economic

Review，1990，4(3)：235-250.

[29]谢平. 中国农村信用合作社体制改革的争论[J]. 金融研究，2001(1).

[30]Fry M J. The permanent income hypothesis in underdeveloped economies：Additional evidence [J]. Journal of Development Economics，1978，5(4)：399-402.

[31]Bester H. Screening vs. rationing in credit markets with imperfect information [J]. The American Economic Review，1985，75(4)：850-855.

[32]Adams D W，Vogel R C. Rural financial markets in low income countries：Recent controversies and lessons [J]. World Development，1986(14)：477-487.

[33]Kropp E et al. Linking self-help groups and banks in developing countries [M]. Escborn：GTZ-Verlag，1989.

[34]Krahnen J P，Schmidt R H. Developing finance as institution building，boulder [M]. San Francisco and Oxford：Westview，1994.

[35]Gupta M R，Chaudhuri S. Formal credit，corruption and the informal credit market in agriculture：A theoretical analysis [J]. Economica，New Series，1997，64(254)：331-343.

[36]Vandenberg P. Adapting to the financial landscape：Evidence from small firms in Nairobi [J]. World Development，2003，31(11)：1829-1843.

[37]Tsai K S. Imperfect substitutes：The local political economy of informal finance and microfinance in rural China and India [J]. World Development，2004，32(9)：1487-1507.

[38]Giuliano P，Ruiz-Arranz M. Remittances，financial development，and growth [J]. Journal of Development Economics，2009，90(1)：144-152.

[39]Gupta S，Pattillo C A，Wagh S. Effect of remittances on poverty and financial development in Sub-Saharan Africa [J]. World Development，2009，Vol. 37，No. 1：104-115.

[40]中国人民银行赣州市中心支行课题组. 市场分割与信贷配给：利率市场化的体制及经济效应[J]. 金融研究，2006(1)：127-138.

[41]汪本学，李琪. 民间金融及融资利率分析——以浙江衢州民间

金融状况为例[J]. 农村经济与科技，2008(3)：67-68.

[42]中国人民银行曲靖中心支行课题组. 民间金融利率与银行贷款利率差异比较——以曲靖市为个案[J]. 时代金融，2008(2)：96-98.

[43]Stiglitz J E，Weiss A. Credit rationing in market with imperfect information [J]. The American Economic Review，1981，71 (3)：393-410.

[44]Diamond D. Financial intermediation and monitoring [J]. Review of Economics Studies，1984(53)：393-414.

[45]Roemer，Jones. Markets in developing countries：Parallel，fragmented and black [R]. International Center for Economic Growth and Harvard Institute for International Development，San Francisco，1991.

[46]林毅夫，孙希芳. 信息、非正规金融与中小企业融资[J]. 经济研究，2005(7)：35-44.

[47]Stanley D，Bhattacharya R. The informal financial sector in the U. S.：The role of remittances [J]. The Quarterly Review of Economics and Finance，2008，48(1)：1-21.

[48]Freund C，Spatafora N. Remittances，transaction costs，and informality [J]. Journal of Development Economics，2008，86 (2)：356-366.

[49]Cull R，Davis L E，Lamoreaux N R，Rosenthal J. Historical financing of small- and medium-size enterprises [J]. Journal of Banking & Finance，2006，30(11)：3017-3042.

[50]Beck T，Demirguc-Kunt A. Small and medium-size enterprises：Access to finance as a growth constraint [J]. Journal of Banking & Finance，2006，30(11)：2931-2943.

[51]Guirkinger C. Understanding the coexistence of formal and informal credit markets in Piura，Peru [J]. World Development，2008，36 (8)：1436-1452.

[52]Nichter S，Goldmark L. Small firm growth in developing countries [J]. World Development，2009，37(9)：1453-1464.

[53]Kar S，Marjit S. Urban informal sector and poverty [J]. International Review of Economics and Finance，2009，18(4)：631-642.

[54]Ayyagari M，Demirguc-Kunt A，Maksimovic V. Formal versus informal finance：Evidence from China [R]. World Bank Policy Research

Working Paper, No. 4465, 2007.

[55]Zhang G. The choice of formal or informal finance: evidence from Chengdu, China [J]. China Economic Review, 2008, 19(4): 659-678.

[56]Zhou W. Bank financing in China's private sector: The payoffs of political capital [J]. World Development, 2009, 37(4): 787-799.

[57]朱信凯，刘刚. 二元金融体制与农户消费信贷选择——对合会的解释与分析[J]. 经济研究，2009(2)：43-55.

[58]李富有，梁俊茹. 创业周期、资本需求与民营科技企业效率改善[J]. 改革，2009(3)：95-102.

[59]李富有，匡桦. 隐性约束与非正规金融市场融资：基于借款人选择的解释[J]. 南开经济研究，2010(2).

[60]Kreps D, Wilson R. Reputation and perfect information [J]. Journal of Economic Theory, 1982(27): 53-79.

[61]Akerlof G. The market for "lemons": Quality and the market mechanism [J]. Quarterly Journal of Economics, 1970(84): 488-500.

[62]Spence A M. Job market signaling [J]. Quarterly Journal of Economics, 1973(87): 355-374.

[63]Williamson O. Markets and hierarchies [M]. New York, NY: The Free Press, 1975.

[64]符加林. 企业声誉效应对联盟伙伴机会主义行为约束研究[D]. 浙江大学，2007.

[65]Coase R H. The nature of the firm [J]. Economica, New Series, 1937, 4(16): 386-405.

[66]Kreps D, Milgrom P, Roberts J, Wilson R. Rational cooperation in the finitely repeated prisoner's dilemma [J]. Journal of Economic Theory, 1982(27): 245-252.

[67]Milgrom P, Roberts J. Predation, reputation and entry deterrence [J]. Journal of Economic Theory, 1982(27): 280-312.

[68]余津津. 国外声誉理论研究综述[J]. 经济纵横，2003(10)：60-63.

[69]Kandori M. Cooperation in finitely repeated games with imperfect private information [M]. Mimeo, 1991.

[70]Kandori M. Introduction to repeated games with private moni-

toring [J]. Journal of Economic Theory, 2002, 102(1): 1-15.

[71]张维迎. 产权、政府与信誉[M]. 生活·读书·新知三联书店, 2001.

[72]Fudenberg D, Levine D K. Continuous time limits of repeated games with imperfect public monitoring [J]. Review of Economic Dynamics, 2007, 10(2): 173-192.

[73]Perea A, Flesch J. Repeated games with voluntary information purchase [J]. Games and Economic Behavior, 2009, 66(1): 126-145.

[74]Tomala T. Perfect communication equilibria in repeated games with imperfect monitoring [J]. Games and Economic Behavior, 2009, 67(2): 682-694.

[75]Kaya A. Repeated signaling games [J]. Games and Economic Behavior, 2009, 67(2): 841-854.

[76]Gossner O, Hörner J. When is the lowest equilibrium payoff in a repeated game equal to the minmax payoff? [J] Journal of Economic Theory, 2010, 145(1): 63-84.

[77]刘江会. 证券承销商声誉的理论与实证研究——基于中国证券发行市场的分析[D]. 复旦大学, 2004.

[78]吴少新, 王国红. 中国农村非正规金融的履约机制与管制政策研究[J]. 财贸经济, 2007(7): 30-34.

[79]李富有, 匡桦. 基于声誉约束的民间金融组织风险及其防范[J]. 华南农业大学学报, 2010(1): 37-43.

[80]Kennes J, Schiff A. The value of a reputation system [A]. Economics Working Paper Archive at WUSTL, 2002.

[81]Manfred S. Components and parameters of corporate reputation: An empirical study [J]. Schmalenbach Business Review, 2004(1): 46-72.

[82]Lester A E. A shared imitation: Cistercian convents and crusader families in thirteenth-century Champagne [J]. Journal of Medieval History, 2009, 35(4): 353-370.

[83]Tadelis S. Pareto optimality and optimistic stability in repeated extensive form games [J]. Journal of Economic Theory, 1996(69): 470-489.

[84]Whitmeyer J. Effects of positive reputation systems [J]. Social

Science Research，2000(29)：188-207.

[85]Tadelis S. Firm reputation with hidden information [J]. Economic Theory，2003(21)：635-651.

[86]Arrow K J. Introductory remarks on the history of game theory [J]. Games and Economic Behavior，2003，45(1)：15-18.

[87]Parker G. The country code and the ordering of countryside citizenship [J]. Journal of Rural Studies，2006，22(1)：1-16.

[88]叶敬忠，朱炎洁，杨洪萍. 社会学视角的农户金融需求与农村金融供给[J]. 中国农村经济，2004(8)：31-43.

[89]张杰. 农户、国家与中国农贷制度：一个长期视角[J]. 金融研究，2005(2)：1-12.

[90]王芳. 我国的农村金融需求与农村金融制度：一个理论框架[J]. 金融研究，2005(4)：89-98.

[91]Chan W，Suen W，Choi K F. Investing in reputation：Strategic choices in career-building [J]. Journal of Economic Behavior & Organization，2008，67(3-4)：844-854.

[92]Ely J，Fudenberg D，Levine D K. When is reputation bad? [J]. Games and Economic Behavior，2008，63(2)：498-526.

[93]Wiseman T. Reputation and exogenous private learning [J]. Journal of Economic Theory，2009，144(3)：1352-1357.

[94]Servátka M. Does generosity generates generosity? An experimental study of reputation effects in a dictator game [J]. Journal of Socio-Economics，2010，39(1)：11-17.

[95]黄晓红. 农户借贷中的声誉作用机制研究[D]. 浙江大学，2009：36.

[96]Klein B，Leffler K. The role of market forces in assuring contractual performance [J]. Journal of Political Economy，1981，81(41)：615-641.

[97]Diamond D W. Reputation acquisition in debt markets [J]. The Journal of Political Economy，1989(97)：828-862.

[98]Diamond D W. Monitoring and reputation：The choice between bank loans and directly placed debt [J]. The Journal of Political Economy，1991(99)：268-322.

[99]Huck S，Lünser G K. Group reputations：An experimental for-

ay [J]. Journal of Economic Behavior & Organization, 2010, 73(2): 153-157.

[100]Grief A. Contract enforceability and economic institutions in early trade: The Maghribi traders' coalition [J]. The American Economic Review, 1993(83): 525-548.

[101]Grief A, Milgrom P, Weingast B R. Co-ordination, commitment and enforcement: The case of merchant guild [J]. The Journal of Political Economy, 1994(102): 745-776.

[102]Levine D K, Martinelli C. Reputation with noisy precommitment [J]. Journal of Economic Theory, 1998, 78(1): 55-75.

[103]贾生华，吴波. 基于声誉的私人契约执行机制[J]. 南开经济研究，2004(4): 16-20.

[104]Cripps M W, Mailath G J, Samuelson L. Disappearing private reputations in long-run relationships [J]. Journal of Economic Theory, 2007, 134(1): 287-316.

[105]Hausken K. Reputation, incomplete information, and differences in patience in repeated games with multiple equilibria [J]. Economics Letters, 2007, 97(2): 138-144.

[106]Autore D M, Billingsley R S, Schneller M I. Information uncertainty and auditor reputation [J]. Journal of Banking & Finance, 2009, 33(2): 183-192.

[107]Huang R D, Li H. Does the market dole out collective punishment? An empirical analysis of industry, geography, and Arthur Andersen's reputation [J]. Journal of Banking & Finance, 2009, 33(7): 1255-1265.

[108]Hoff K, Stiglitz J E. Moneylenders and bankers: Price-increasing subsidies in a monopolistically competitive market [J]. Journal of Development Economics, 1997, 52(2): 429 462.

[109]Pitt M M, Khandker S R. The impact of group-based credit Programs on poor households in Bangladesh: Does the gender of participants matter? [J]. The Journal of Political Economy, 1998, 106(5): 958-996.

[110]Ghatak M, Guinnane T W. The economics of lending with joint liability: theory and practice [J]. Journal of Development Econom-

ics，1999，60(1)：195-228.

[111]李援亚．民间金融：风险分析和监管探索——从福安标会崩盘说起[J]．统计与决策，2005(1)：105-106.

[112]张翔，邹传伟．标会会案的发生机制[J]．金融研究，2007(11)：129-142.

[113]Stiglitz J E，Weiss A. Credit rationing in market with imperfect information [J]. The American Economic Review，1981，71(3)：393-410.

[114]Bester H. Screening vs. rationing in credit markets with imperfect information [J]. The American Economic Review，1985，75(4)：850-855.

[115]黎支兵．对荆门市民间借贷问题的调查与思考[J]．武汉金融，2005(11)：57-58.

[116]潘意志，曹明华，方鸿．我国民间金融的风险影响分析及其控制对策[J]．山地农业生物学报，2005(6)：540-543.

[117]赵惠春，郑海旭．民间标会风险成因与防范的调查[J]．福建金融，2006(2)：16-18.

[118]刘冬梅．民间融资现状分析及政策建议[J]．企业经济，2006(3)：186-188.

[119]章仲云．我国民间金融制度问题探讨[J]．浙江金融，2007(4)：15-16.

[120]张玲，陕立勤．非对称信息、民间金融与中小企业融资的经济学研究[J]．生产力研究，2007(17)：133-134.

[121]邹新阳，王贵彬．农村民间金融面临的风险及防范策略研究[J]．当代经济管理，2008(2)：49-52.

[122]Banerjee，Besley，Guinnane. Why neighbor's keeper：The design of a credit cooperative with theory and a test [J]. The Quarterly Journal Economics，1994，109(5)：491-515.

[123]Kochar A. An empirical investigation of rationing constraints in rural credit markets in India [J]. Journal of Development Economics，1997，53(2)：339-371.

[124][美]德布拉吉·瑞，陶然等译．发展经济学[M]．北京大学出版社，2005：125-158.

[125]张余文．国有商业银行从农村的退出与农村金融体系的重建

[J]. 财贸经济，2003(6)：29-33.

[126]蔡灵跃，刘守谦，陈明衡. 温州民间资本的发展与引导[J]. 上海金融，2005(2)：48-50.

[127]蔡灵跃. 对温州民间借贷市场的类型分析及对策建议[J]. 浙江金融，2007(1)：26-27.

[128]蔡灵跃，周荣俊，吴晓梦. 民间商会融资担保机制及模式选择[J]. 上海金融，2009(2)：83-87.

[129]李锐，李宁辉. 农户借贷行为及其福利效果分析[J]. 经济研究，2004(12)：96-104.

[130]熊嫕. 以加强信任关系推进农村小额信贷——基于农民信任度的因子分析[J]. 农村经济，2009(7)：77-80.

[131]毕德富. 宏观调控与民间借贷的相关性研究[J]. 金融研究，2005(8)：188-191.

[132]于瑞华，余红. 论农村民间借贷的成因与管理[J]. 农业经济，2006(7)：60-61.

[133]胡金焱，李永平. 正规金融与非正规金融：比较成本优势与制度互补[J]. 东岳论丛，2006(2)：115-119.

[134]张立光，胡金焱. 基于生态位理论的我国农村金融体系构建问题研究[J]. 理论学刊，2010(4)：42-44.

[135]祝文峰. 农村民间金融风险防范机制研究[J]. 市场周刊(理论研究)，2007(10)：69-70.

[136]姜旭朝，丁昌锋. 民间金融理论分析：范畴、比较与制度变迁[J]. 金融研究，2004(8)：100-111.

[137]黄鉴晖. 山西票号史(修订本)[M]. 山西经济出版社，2002.

[138]王劲松. 非正规金融市场研究——微观结构、利率与资金配置效率[D]. 复旦大学，2004：21.

[139]王曙光，邓一婷. 民间金融扩张的内在机理、演进路径与未来趋势研究[J]. 金融研究，2007(6)：69-79.

[140]王卉彤. 民间金融呈现社会网络化发挥再生性要素作用[N]. 证券日报，2005 年 6 月 15 日.

[141]董继斌，景占魁. 晋商与中国近代金融[M]. 山西经济出版社，2002.

[142]叶世昌. 中国金融通史(第一卷)[M]. 中国金融出版社，2002.

[143]林毅夫，蔡昉，李周. 中国的奇迹：发展战略与经济改革[M]. 上海三联书店和上海人民出版社，1999：2-9.

[144]芒露. 鼓励民间金融，新 36 条挽救地下信贷者[EB/OL]. 中国经营网，2010 年 05 月 18 日.

[145]Williamson S D. Costly monitoring，financial intermediation and equilibrium credit rationing [J]. Journal of Monetary Economics，1986，18：159-179.

[146]谢平，陆磊. 金融腐败：非规范融资行为的交易特征和体制动因[J]. 经济研究，2003(6).

[147][美]朱·弗登博格，[法]让·梯若尔，黄涛等译. 博弈论[M]. 中国人民大学出版社，2002：322-324.

[148]Tirole J. A theory of collective reputation [J]. Review of Economic Studies，1996，63：1-22.

[149]Tadelis S. The market for reputation as an incentive mechanism [J]. The Journal of Political Economy，2002，4：854-882.

[150]何广文. 从农村居民资金借贷行为看农村金融抑制与金融深化[J]. 中国农村经济，1999(10)：42-48.

[151]温铁军. 农户信用与民间借贷研究——农户信用与民间借贷研究课题主报告[EB/OL]. 中国经济信息网，2001-7-5.

[152]周天芸，李杰. 农户借贷行为与中国农村二元金融结构的经验研究[J]. 世界经济，2005(11)：19-25.

[153]周立. 农村金融市场四大问题及其演化逻辑[J]. 财贸经济，2007(2)：56-63.

[154]Harsanyi J C. Individualistic and functionalistic explanations in the light of game theory：The example of social status [J]. Studies in Logic and the Foundations of Mathematics，1968，49：305-348.

[155]张维迎. 博弈论与信息经济学[M]. 上海三联书店和上海人民出版社，2004：189-192.

[156]Cole H L，Kehoe T J. A self-fulfilling model of Mexico's 1994-1995 debt crisis [J]. Journal of International Economics，1996，41(11)：309-330.

[157]Tadelis S. Firm reputation with hidden information [J]. Economic Theory，2003，21：635-651.

[158]Lafferty B A，Goldsmith R E. Cause - brand alliances：does

the cause help the brand or does the brand help the cause? [J]. Journal of Business Research, 2005, 58(4): 423-429.

[159]Bull G. Using computers: The human factors of information systems [J]. International Journal of Information Management, 1987, 7(1): 60-61.

[160]程宏伟. 隐性契约与企业财务政策研究[M]. 中国经济出版社, 2005.

[161][日]青木昌彦, 周黎安译. 比较制度分析[M]. 上海远东出版社, 2001.

[162]Kreps D. A course in microeconomics [M]. Princeton University Press, 1990.

[163]Fudenberg D, Holmstrom B, Milgrom P. Short-term contracts and long-term agency relationships [J]. Journal of Economic Theory, 1990, 51(1): 1-31.

[164]Fudenberg D, Kreps D M. Learning in extensive-form games I. Self-confirming equilibria [J]. Games and Economic Behavior, 1995, 8(1): 20-55.

[165]Bodenhorn H. Usury ceilings and bank lending behavior: Evidence from nineteenth century New York [J]. Explorations in Economic History, 2007, 44(2): 179-202.

[166]Fishman A. Financial intermediaries as facilitators of information exchange between lenders and reputation formation by borrowers. International Review of Economics and Finance, 2009, 2: 301-305.

[167]Reka S S. Three essays on reputation in rural credit markets: A Honduran case study [D]. University of Wisconsin-Madison, 2005.

[168]Granovetter M. Economic action and social structure: The problem of embeddedness [J]. American Journal of Sociology, 1985, 91(3): 481-510.

[169][美]罗杰·麦凯恩. 博弈论: 战略分析入门[M]. 机械工业出版社, 2006.

[170]黄晓红. 农户借贷中的声誉作用机制研究[D]. 浙江大学, 2009: 105-113.

[171]马庆国. 管理统计——数据获取、统计原理、SPSS工具与应用[M]. 科学出版社, 2002.

[172]邱皓政，林碧芳．结构方程模型的原理与应用[M]．中国轻工业出版社，2009.

[173]侯杰泰，温忠麟，成子娟．结构方程及其应用[M]．教育科学出版社，2004.

[174]黄芳铭．结构方程模式：理论与应用[M]．中国税务出版社，2005.

[175]易丹辉编著．结构方程模型——方法与应用[M]．中国人民大学出版社，2008.

[176]史晋川等．制度变迁与经济发展：温州模式研究[M]．浙江大学出版社，2002：219-225.

[177]钱颖一，黄海洲．加入世贸组织后金融的稳定与发展[J]．经济社会体制比较，2001(5).

[178]Bouman F J. Informal rural finance：An Aladdin's lamp of information [J]. Sociologia Ruralis，1990(3)：155-173.

[179]Aryeetey E. The relationship between the formal and informal sectors of the financial market in Ghana [C]. African Economic Research Consortium Research Paper 10，Nairobi，1996.

[180]Atieno R. Formal and informal institutions lending policies and access to credit by Small-scale Enterprises in Kenya：An empirical assessment [C]. African Economic Research Consortium Research Paper 111，Nairobi，2001.

[181]江曙霞，秦国楼．信贷配给理论与民间金融中的利率[J]．农村金融研究，2000(7).

[182]Nash J. The bargaining problem [J]. Econometrica，1950，28：155-162.

[183]程昆．非正规金融利率决定机制——一个信息基本对称的Nash议价解析[J]．上海经济研究，2006(5)：37-45.

[184]郑振龙，林海．民间金融的利率期限结构和风险分析：来自标会的检验[J]．金融研究，2005(4)：133-143.

[185]North D C. Institutions，institutional change and economic performance [M]. Cambridge University Press，1990：48-117.

[186]汪丁丁．制度创新的一般理论[J]．经济研究，1992(5).

[187][美]熊彼特，何畏等译．经济发展理论[M]．商务印书馆，1990：73-74.

[188] Nelson R，Winter S. An evolutionary theory of economic change [M]. Harvard University Press，1982.

[189] 马歇尔. 经济学原理(上卷)[M]. 商务印书馆，1964：259-328.

[190]中国人民银行. 2004年中国区城金融运行报告[EB/OL]. http：//www. pbc. gov. cn/.

[191]林毅夫. 金融改革和农村经济发展[C]. 北京大学中国经济研究中心工作论文，No. 020030260，2003.

[192][美]富兰克林·艾伦，道格拉斯·盖尔，王晋斌等译. 比较金融系统[M]. 中国人民大学出版社，2002：20-36.

[193] 张新，王一文. 世界各国民营银行的基本状况和发展趋势如何？[G]. 载于徐演庆编《金融改革路在何方——民营银行200问》，北京大学出版杜，2002：87-88.

后 记

传统观点认为，非正规金融是一种“非理性”的金融交易行为，不符合经济学的理性假设前提。金融深化理论淡化了非正规金融“非理性”的色彩，认为非正规金融是金融制度发展不完善、金融管制的结果，随着金融制度的深化发展，非正规金融会逐渐消失，被正规金融取代。然而事实证明，正规金融极为发达的条件下，同样存在非正规金融，于是交易成本理论发展并补充了有关非正规金融的理论。但这些研究结论都是非正规金融之外对非正规金融所做出的观察和分析，一直缺乏非正规金融内部的描述与研究。

行为经济学和实验经济学的兴起，为非正规金融研究提供了崭新的思路，即非正规金融是交易者行为选择的集合，是非正规金融交易者在信息、制度、政策以及自然环境等各方面条件共同约束下的一种均衡的制度安排，是人类自发的机智的创造性行为。遵循前人的理论，按照这一思路，我们从非正规金融内部对非正规金融行为进行了研究，获得了五个结论。

一是非正规金融具有深厚的生存土壤与独特的运行机制。对正规金融机构而言，为防范经营风险会从两个方面对借款者进行约束，一方面是与授信额度相关联的实物抵押品(硬约束)，另一方面是申请程序、审批周期、还款期限等标准(软约束)。这两方面约束不会反映到正规金融机构公布的贷款价格中，但对借款者来说，却成为了正规金融机构贷款成本的一部分。

与正规金融“隐性约束”的挤出效应相反，非正规金融交易将人情、关系、面子等无形成本有形化，避免了正规金融机构为了防范风险而设置的“隐性约束”。声誉在非正规金融市场中获得了价值体现，可以降低借款者实际资金成本；而声誉所具有的传递信息功能，则为非正规金融市场资金供给者提供了判断的依据。在自身声誉被赋予价值的条件下，借款者有可能因为“隐性约束”的挤出效应放弃正规金融机构贷款，转而寻求非正规金融渠道融资；而资金持有者则会因为借款者声誉所包含的信息流衡量借款者违约的概率，并与借款者达成契约。基于正反两方面原因，我们认为，非正规金融不会消失，也不会被正规金融取代。非正规金融具有一套不同于正规金融的运行机制，并以独特的路径演进。

二是声誉约束机制保证非正规金融在一定条件下高效配置资源。声誉约束机制的内涵包括信息与资本两个方面：一方面，声誉是行为主体过去行为及导致结果的综合性信息，这些信息表明并传递行为主体类型；另一方面，声誉是一种特殊的“资产”或“资本”，能给行为主体带来“声誉租金”，并形成竞争优势。非正规金融参与者声誉的内涵包括以下几个方面：参与者的声誉是动态变化的，参与者的声誉来源于其过去的行为及导致结果，参与者的声誉是一个外在的认知与评价，参与者的声誉揭示了参与者的内在特征信息，参与者的声誉是一项无形资产，能为参与者创造价值。声誉信号传递博弈证明，借款者的声誉约束机制是一种信息筛选机制，能够帮助贷款者有效区分潜在的借款者，成功防范借贷中的逆向选择。即使在不对称信息条件下，非正规金融参与者间长期的叠代重复博弈使得机会主义倾向严重的借款者不可能获得良好的声誉，因此声誉约束机制在参与者间博弈的均衡路径中起着极为重要的作用。通过显示借款者内在特征，反映借款者综合信息，成为贷款者以及潜在交易者可信赖的借款者识别信号，有效抑制市场中的逆向选择问题。非正规金融交易者间博弈与交易者的人际关系和社会结构密切相关，受到交易者之间人际关系、传统习俗以及道德规范的约束，即非正规金融行为嵌套在更广泛的社会交易当中。每一个交易者的行为选择不仅受到借贷关系的影响，还被互助要求、邻里关系、家庭名声、社会地位等等无形的社会网络约束，这些博弈的共同结果才是交易双方的总收益。非正规金融参与者在借贷中发生的机会主义行为将暴露出借款者是个没有声誉的“坏人”，会被排除在以后的交易活动之外，从而损失其“社会资本”。

三是声誉约束机制失灵是非正规金融风险爆发的主要原因。声誉机制发挥作用需要三个前提条件同时成立。首先，交易必须是重复或者非孤立。重复博弈或关联博弈(嵌套博弈是一类特殊的关联博弈)是声誉约束机制发挥作用的必要条件，二者必具其一。其次，需要有效的信息传递。有效的信息传递不仅是声誉约束机制发挥作用的关键条件，也是声誉约束机制形成的基础。最后，需要对违约行为有力且及时的惩罚。对违约行为及时有力的惩罚不仅对借款者潜在的机会主义行为具有威慑力，更重要的是，及时有力的惩罚对市场乃至社会上的其他潜在交易者具有警示作用，这对维持社会惯例、道德规范、民间习俗，保证市场或者社区的其他交易活动意义非凡。在完美信息条件下，非正规金融市场的声誉约束机制有能力防范参与者的败德行为，降低风险，保证非正规金融市场的正常运转。然而完美信息条件毕竟是理想状态，基于声誉资本效应形成的借贷利率往往成为贷款者鉴别借款者的主要手段。这意味着理性的贷款者在其他投资渠道收益率增加时，拒绝借款者请求的概率增加，为了获得贷款者资金支持，借款者就必须提高回报率(利率)，而这一高利率总会达到投资收益率难以支撑的水平，于是放弃声誉成为了借款者的最优选择——这是一个有趣的悖论，从一个理性的起点，到达一个非理性的终点——这就解释了为什么非正规金融组织难逃“倒会”命运，而非正规金融风险往往爆发于经济快速发展之后的调整时期。

四是非正规金融风险应以不同方法予以防范。基于声誉约束机制的非正规金融行为，是一个非常好的福利改进方式，或者说声誉约束机制发挥作用的条件下，在一定的区域和时间限度内，非正规金融资金配置效率非常高。但是，从一个更大的市场空间和更长的期限时间角度分析，非正规金融行为的经济效率存在争议。正如前文所阐述的，非正规金融是一个自组织系统，这个系统的崩溃和解体不仅仅源自非正规金融参与者间个人借贷的高利率以及非正规金融组织中“博傻”行为这些内部原因，还有两者之外的其他因素共同作用，才能使声誉约束机制失灵，导致非正规金融风险爆发。这些导致声誉约束机制失灵的原因间不是孤立的，而是相互联系、相互影响，与其他产业所具有的风险类似，这些原因相互间共生又相互传导的。例如，制度抑制和制度歧视导致贷款者需要更多的风险补偿，推高了借贷利率，而资金价格的增加使借款者(或者说非正规金融组织发起者)需要投资收益更高的项目，增加了投资项目的政策性风险、操作风险乃至道德风险，弱化了声誉机制的约束功能；而政策性风险一旦爆发，信息的扭曲传递引发非正规金融流动性风险，进而产生道德风险，同样弱化了声誉机制的约束功能；而声誉机制约束功能的弱化，则引发道德风险和逆向选择行为的增加，进而操作风险、高利率风险和流动性风险增加，导致非正规金融风险爆发，使得正规金融监管进一步加强，对非正规金融的抑制和歧视升级。我们认为，非正规金融风险爆发原因多样，而且在完美信息条件下，非正规金融市场的声誉约束机制有能力防范参与者的败德行为，降低风险，保证非正规金融市场的正常运转。所以，政府和金融监管机构应充分发挥非正规金融的自我约束和自我调节能力，针对不同的风险因素采取不同的防范手段。例如针对高利率风险，央行就规定了借贷利率的浮动上限；针对非正规金融组织的“套利风险”，监管部门应明令禁止“以会养会”。最终通过建立非正规金融外部的社会信用环境和金融生态环境，为非正规金融的声誉约束机制发挥作用提供条件。

五是非正规金融不断由低级向高级演进发展。来自非正规金融系统内部的力量，即参与者对于利益的追求促使非正规金融不断向前发展，这是非正规金融自我演进的动力来源，无论正规金融如何发展、政府针对非正规金融的态度如何，非正规金融会长期存在。然而，基于声誉约束机制建立起的非正规金融交易存在演进悖论，随着交易规模的扩张，非正规金融的根基逐渐动摇，边际成本的不断增加使得非正规金融相对于正规金融的优势逐渐丧失。在缺乏完善的法律规章制度和科学的资产管理手段的情况下，非正规金融极为脆弱，易发风险。由于非正规金融缺乏规模经济，因此在扩张规模和边际成本的共同作用下，非正规金融存在规模的最大边界以及扩张的最优区间。

参照美国、日本和我国台湾地区针对非正规金融采取的措施均取得一定效果，事实上，有效监管与自我演进是非正规金融健康发展的主要路径。由于非正规金融的优势和劣势都非常明显，而非正规金融“自组织”的特征又决定了这种金融交易类型不会消失，所以对非正规金融而言，外部监管和自我发展的“度”极为关键。在声誉约束机制发挥作用的情况下，非正规金融能够高效配置资金；而在声誉约束机制不能发挥作用的情况下，非正规金融易于爆发风险。所以，只要保证声誉约束机制发挥作用的三个条件成立即可，即通过有效的监管实现非正规金融参与者信息的有效传递、保证交易者间互相了解对方的交易历史，通过完善的法律抑制非正规金融参与者败德行为的动机、给予短视的非正规金融参与者足够的惩罚和警示。

希望上述五个结论能够为我国进一步深化金融制度改革，在防范非正规金融风险基础上，有效解决中小微型企业融资难题，使金融体系更好服务实体经济。

杨农 匡桦